# SURVIVAL

## Handbuch für die Wildnis



von

**RAINER HÖH**

# TRAVEL AIDS 4
## FÜR DIE WILDNIS

# SURVIVAL
## Handbuch für die Wildnis


Buchvertrieb Gerda Schettler
Postfach 64
D-3415 Hattorf am Harz, Germany

Verantwortlich für den Inhalt
Rainer Höh

Composer-Satz
Gisela Marquardt, Northeim

Illustrationen
Rainer Höh

Cover-Zeichnungen
Hering-Design, Meerbusch

Korrektur
Gisela Marquardt, Northeim
Rolf Schettler, Herzberg

**TRAVEL AIDS für die Wildnis 4:**
**SURVIVAL – Handbuch für die Wildnis**

ISBN 3-921 628-06-7



**Dieses Reise-Handbuch ist gegen eine Überweisung von 18,00 DM (Stand Frühjahr 1981) auf das Postscheckkonto Buchvertrieb Gerda Schettler, Hattorf, Postscheckkonto ESSEN 450 79-434 oder Scheck an**

BUCHVERTRIEB GERDA SCHETTLER,
POSTFACH 64, D-3415 HATTORF AM HARZ, GERMANY

**erhältlich.**

Gute-Lesertips oder Verbesserungen werden in der nächsten Auflage von TRAVEL AIDS 4: SURVIVAL unter Namensnennung veröffentlicht. Der Einsender erhält für veröffentlichte Verbesserungen ein Belg-Exemplar der neuen Auflage.

Dieses Buch wurde auf Umweltschutzpapier gedruckt.

# S U R V I V A L

**– Handbuch für die Wildnis –**

WHAT OLD PEOPLE SAY
YOU CANNOT DO
YOU TRY AND FIND THAT YOU CAN

— H.D. Thoreau —

**Teil B DURCHFÜHRUNG**

# Vorwort

Durch unzerstörte Wildnis zu reisen, auf sich selbst gestellt mit einfachsten Mitteln zu überleben und zu erfahren, wie vieles in unserer Überflußgesellschaft tatsächlich überflüssig ist, das ist ein Traum zahlreicher zivilisationsübersättigter Menschen unserer Zeit. Man braucht sich nur aufmerksam die Bilder anzusehen, mit denen die Werbung uns zu ködern versucht – und man wird feststellen, daß gleich nach den Reizen entblößter Weiblichkeit die Reize unzerstörter Wildnis zu diesem Zwecke herhalten müssen. Und die Werbepsychologen, dessen können wir sicher sein, wissen über unsere 'geheimen Wünsche' oft besser Bescheid als wir selbst. Viele von uns sind sich dieses Wunsches offensichtlich nicht bewußt und glauben dann – bzw. werden glauben gemacht – der Sinn stünde ihnen eigentlich doch mehr nach einem gewissen Rasierwasser oder einer gewissen Zigarettenmarke.

Dabei ist jeder gesunde Mensch, der seine fünf Sinne beisammen hat, dazu imstande, solche Reisen selbst zu unternehmen, sofern er sich nur entsprechend darauf vorbereitet und nicht für die erste Fahrt gleich die entlegensten Gebiete im subpolaren Nordamerika oder im Amazonasurwald zum Ziele setzt.

Aber auch auf Touren, die wie ein Sonntagsspaziergang aussehen mögen, sollte man stets sorgfältig vorbereitet sein. Jedes Jahr passiert es in den Nationalparks Nordamerikas, daß Leute "nur mal eben ins Gebüsch gehen", und man nie wieder etwas von ihnen sieht. Dabei spielen Bären, Schlangen oder sonstige vielgefürchtete "Gefahren der Wildnis" eine unbedeutende Rolle; die eigentliche und bei weitem größte Gefahr in der Wildnis ist die eklatante Unfähigkeit vieler Menschen, ihre eigenen Fähigkeiten zu nutzen – eine weit verbreitete Krankheit, die immer extremere Formen annimmt. Um ein Beispiel aus der nächsten Umgebung zu nennen: Da ist es im Schwarzwald passiert, daß ein Mann im sogenannten "besten Alter" nur wenige Kilometer vom nächsten Dorf entfernt im Schnee erfror, nur weil ihn die Dunkelheit überraschte, und er seinen Begleiter aus den Augen verloren hatte.
Wie man sieht, kann es jeden treffen, und man braucht dazu nicht erst in die Wildnis zu gehen – die heimische Fichtenschonung genügt.

Was kann man tun, um solch unnötige Risiken zu vermeiden ? Was kann ein Buch in dieser Hinsicht leisten ? Selbstverständlich

# Vorwort

kann es nicht die Fähigkeit ersetzen, eigene Fähigkeiten zu nutzen, aber es kann dazu beitragen, diese Fähigkeiten zu erkennen und sie zu entwickeln. Es kann dabei behilflich sein, sich sorgfältig auf eine Fahrt vorzubereiten: Bei der Auswahl einer zuverlässigen Ausrüstung beraten sowie bei der Zusammenstellung des Proviantes etc. Und es kann überdies eine Fülle von Tips und Informationen liefern, die einem u.U. manch eigene unangenehme Erfahrung ersparen.

Seit Jahren schon suche ich auf dem deutschen Markt nach einem solchen Buch – ohne Erfolg, wenn man von H.O. Meissners "Die überlistete Wildnis" absieht, das mir jedoch mehr für den Bücherschrank geeignet scheint und für's stille Weiterträumen, als für die Praxis. Schließlich kam mir im letzten Sommer, während ich auf einem Floß in der Sonne lag, das gemächlich den Yukon abwärts trieb, der Gedanke, meine eigenen bisherigen Erfahrungen in Buchform zusammen zu fassen und so all denen zugänglich zu machen, denen Zigarette und Rasierwasser als Ersatz nicht mehr genügen, und die den Mut haben, ihre Träume zu verwirklichen.

Dieses Buch enthält hauptsächlich persönliche Erfahrungen und Tips von Leuten, die ich unterwegs getroffen habe, ergänzt durch einige Informationen aus englischsprachigen Büchern. Meine Erfahrungen habe ich hauptsächlich auf Fahrten in nördlichen Breiten gesammelt. Daher kann ich auf die speziellen Verhältnisse in Tropen- und Wüstengebieten nicht im einzelnen eingehen. Da aber auch innerhalb einer Klimazone die lokalen Bedingungen oft stark variieren – z.B. hinsichtlich eßbarer Pflanzen, Wetterregeln etc. – scheint es mir ohnehin nicht sinnvoll, sehr ausführlich auf spezielle Detailfragen einzugehen.

Ein Führer für Wildnis-Trips kann ein Leitfaden sein und kann Beispiele anführen – er kann aber unmöglich alle denkbaren Einzelfälle erörtern.

Dieses Buch enthält daher weitgehend Informationen von so grundlegender und allgemeingültiger Natur, daß es wohl für jeden inter-

# Vorwort

essant sein dürfte, der einen Wildnistrip plant – egal in welcher Gegend oder Klimazone.

Leuten, die eine Tour in den Tropen oder in Wüstenzonen planen, möchte ich jedoch empfehlen, sich darüber hinaus anhand weiterer Literatur eingehend über die besonderen Anforderungen in solchen Gebieten zu informieren. Allerdings muß ich darauf hinweisen, daß es schwierig ist, geeignete Literatur zu finden; mir jedenfalls ist es bisher nicht gelungen – für Hinweise wäre ich sehr dankbar.

Inzwischen habe ich ein Buch gefunden, das sich unter anderem speziell mit den Survival-Bedingungen und -Möglichkeiten in tropischen Zonen und Wüstengebieten befaßt. Es heißt: 'How to Survive on Land & Sea und ist erschienen bei Naval Institute Press, Annapolis, Maryland.

Am besten wird es sein, man wendet sich direkt an zuständige Stellen in den Ländern, in die die Reise führen soll (z.B. Forstämter, Department for Mines and Resources, Game Department).

Da dieses Buch weitgehend auf persönlichen Erfahrungen beruht, sind die Informationen, die es enthält, notgedrungen einseitig und unvollständig. Ich bin sicher, daß es eine Fülle weiterer nützlicher Tips und Hinweise gibt, die dieses Buch ergänzen könnten. Daher wäre ich dankbar für alle Informationen von Leuten, die weitere oder auch andere Erfahrungen gemacht haben. Ich meinerseits bin gerne dazu bereit, auf weitere Anfragen betreffs Vorbereitung von Wildnis-Trips einzugehen, soweit ich das vermag.

Da ich derzeit selbst mit der Vorbereitung einer längeren Fahrt nach Kanada und Alaska beschäftigt bin, blieb mir leider nicht die Zeit, sämtliche Hilfsmittel, Methoden etc., die ich angeführt habe, selbst auszuprobieren. Ich beabsichtige das in diesem Jahr auf mehreren Fahrten in Kanada und Alaska nachzuholen, und dann die Ergebnisse sowie eventuelle Tips, Anregungen und Verbesserungsvorschläge von Ihrer Seite in eine mögliche Neuauflage einzuarbeiten.

Viel Spaß bei der Planung und Durchführung Ihrer Reise !

Freiburg im Breisgau, Ostern 1981

## Survival

Dieses Buch soll kein ausschließlicher Survival-Führer sein, sondern darüber hinausgehend alle grundlegenden Fragen behandeln, die Planung, Vorbereitung und Durchführung einer Reise in unerschlossene Wildnisgebiete aufwerfen. Innerhalb dieses Rahmens kommen natürlich, besonders im zweiten Teil, auch Möglichkeiten des Überlebens in der Wildnis mit begrenzten Mitteln (Survival) eingehend zur Sprache.

Der sogenannte 'Survival-Fall' läßt sich nicht eindeutig vom "Alltag" einer Wildnisfahrt trennen, da man ja vermutlich am Überleben interessiert sein wird, auch dann, wenn man genau weiß, wo man sich befindet und genügend Proviant im Rucksack hat – und es andererseits noch nicht unbedingt eine akute Gefahr darstellen muß, wenn man die Orientierung verloren hat und die Vorräte knapp werden. Aus diesem Grunde ist es nicht möglich, beides klar getrennt in gesonderten Abschnitten zu behandeln. Vorab einige grundsätzliche Worte zum Survival im engeren Sinne:

Wie bereits erwähnt, kann die Überlebensfrage – nicht nur auf extremen Wildnisfahrten – jederzeit akut werden. Wesentlich, um ihr zu begegnen und zu überleben, scheint mir in erster Linie das Wissen um die eigenen Fähigkeiten und deren richtiger Einsatz. Das bedeutet im einzelnen:

1. Die Fähigkeit, in einer gefährlich anmutenden Situation nicht den Kopf zu verlieren und in Panik unüberlegt zu handeln.

   Also: Ruhe bewahren ! und erst dann handeln, wenn man – wieder – klar denken kann. Angst ist eine natürliche Reaktion auf plötzliche eintretende, schwierige Situationen. Man sollte sich ihrer ruhig bewußt sein und sie nicht verdrängen. Aber man sollte andererseits dazu fähig sein, im Zustand der Angst sein Handeln unter Kontrolle zu halten, anstatt unüberlegte Schritte zu tun.

2. Die Fähigkeit, seine Situation klar einzuschätzen; d.h. einerseits die geänderten Bedingungen zu erkennen sowie die Konsequenzen, die daraus resultieren, und andererseits die verbleibenden Möglichkeiten abzuschätzen. Erst nachdem man diese Punkte in aller Ruhe durchdacht hat, sollte eine Entscheidung getroffen werden. Dabei ist in der Regel der sicherere Weg demjenigen vorzuziehen, der schnellen Erfolg zu versprechen scheint, aber mit größeren Risiken verbunden ist. Ein Großteil aller Unfälle in der Wildnis, sofern sie nicht schon einer mangelhaften oder falschen Vorbereitung zuzuschreiben sind, wird verursacht durch unüberlegtes Handeln und die Unfähigkeit, eine gegebene Situation richtig einzuschätzen.

3. Die Fähigkeit zu improvisieren – eine Fähigkeit, die gerade in der Wildnis besondere Bedeutung erlangt, wo man mit wenigen einfachen Hilfsmitteln zurecht kommen muß. Es gibt eine unbegrenzte Zahl verschiedener Situationen, in die man jederzeit überraschend geraten kann, und auf die umfassend vorbereitet zu sein nicht immer möglich ist. Man ist stets darauf angewiesen, sich flexibel einer veränderten Lage anpassen zu können, und die Hilfsmittel zu nutzen, die einem die Natur in Fülle bietet.

   Vor allem ist es wichtig, diese Hilfsmittel zu erkennen.

Alle Tips, die dieses Buch zum konkreten Handeln gibt, sind deshalb weniger als starre Regeln, sondern eher als Anregungen zu verstehen, die den jeweiligen Bedingungen entsprechend angepaßt, variiert und ergänzt werden müssen.

# AUSRÜSTUNG

## 1. Allgemeines

Die Ausrüstung für eine Wildnisfahrt kann nicht sorgfältig genug zusammengestellt werden. Man sollte stets daran denken, daß u.U. Gesundheit und Leben von ihr abhängen können. Also: Sich viel Zeit lassen ! Die Artikel eingehend überprüfen und dabei die Anforderungen im Auge behalten, denen sie genügen sollen; gleichzeitig aber darauf achten, daß sie möglichst vielseitig verwendbar sind, um auch für die nächste Fahrt noch brauchbar zu sein. Stets das für die entsprechenden Bedingungen Beste auswählen — auf Komfort kann verzichtet werden, n i e a b e r a u f S i c h e r h e i t!

In Armeewaren-Shops findet man oft sehr preiswert qualitativ gute Ausrüstungsgegenstände (besonders Kleidung). Aber auch hier nicht kritiklos einkaufen. Manche Artikel sind in schlechtem Zustand, andere für Wildnis-Trips überhaupt ungeeignet (z.B. der BW- Schlafsack).

Es lohnt sich, alle Möglichkeiten gründlich durchzuchecken und die Preise zu vergleichen, bevor man sich entscheidet. Der schwedische Ausrüstungshersteller Fjällräven (D-8033 Martinsried, Fraunhofer Str. 5) etwa liefert nach meinen Erfahrungen zumindest einige Artikel preiswerter als die meisten anderen Hersteller. Die wohl preiswertesten Artikel, besonders Schlafsäcke und Rucksäcke habe ich bisher bei der Firma atap Direktversand und Einzelhandel GmbH, Fuchsberger Allee 5 in 2200 Elmshorn gefunden.

Um für die Auswahl einige Kriterien an der Hand zu haben, hier zunächst die grundlegenden Anforderungen, denen eine gute Ausrüstung genügen sollte. Speziellere Anforderungen für die einzelnen Artikel siehe unter den entsprechenden Kapiteln.

Eine Ausrüstung für Wildnistrips sollte:

— leicht sein (besonders dann, wenn man sie auf dem Rücken tragen muß)
— platzsparend (der Stauraum, nicht nur im Rucksack, ist begrenzt)

## Ausrüstung

- haltbar (das Material ist starken Belastungen ausgesetzt)
- leicht zu reparieren (d.h. mit einfachen Hilfsmitteln und ohne großen Aufwand)
- einfach zu bedienen (auch bei Dunkelheit, mit klammen Fingern etc.)
- einfach konstruiert (je weniger kompliziert, desto weniger störanfällig)
- wenig Feuchtigkeit aufnehmen und leicht trocknen (Gewicht)
- möglichst vielseitig sein (ein guter Poncho z.B. kann zahlreiche Gegenstände ersetzen)
- und möglichst preiswert sein (versteht sich!)

Ich halte es für eine gute Idee, wenn man, bevor man ein Geschäft betritt oder einen Katalog studiert, zunächst eine detaillierte Checkliste zusammenstellt, die sämtliche Kriterien und Anforderungen enthält, welchen der jeweilige Artikel genügen soll.

## 2. Rucksack

Aus der Fülle des Angebotes an "Rückentragegeräten" scheinen mir vier Typen für unterschiedliche Anforderungen brauchbar zu sein.

**Der Tagesrucksack** (Daypack) – ein birnenförmiger Beutel aus Kunstfaser-Baumwollgemisch, bietet Platz für Regenschutz, Verpflegung und Kleinigkeiten und ist für Tagestouren gedacht. Ein Tragegestell ist nicht nötig. Der ganze Rucksack läßt sich zusammengefaltet in die Außentasche eines größeren stecken. Er scheint mir recht praktisch, falls man von einer geplanten Route eintägige Abstecher unternehmen will.

**Der Tourenrucksack** – wesentlich größer als der Tagesrucksack – mit Außentaschen und nach Möglichkeit mit einem leichten Tragegestell aus Metallbändern, besteht entweder aus grobem Segeltuch oder aus Kunstfaser und ist geeignet für kürzere Touren (z.B. Wochenendtouren).

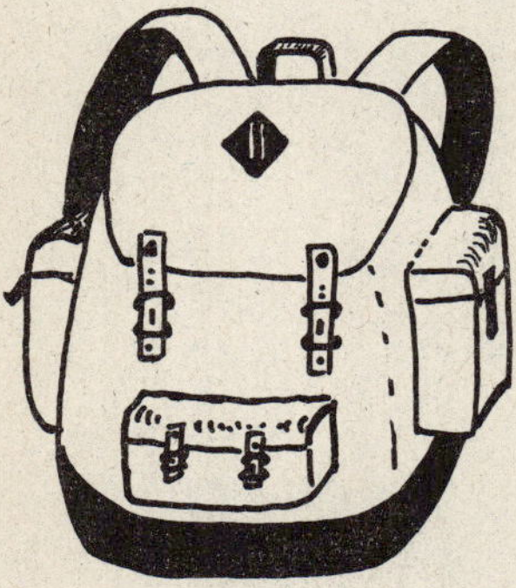

Der wesentliche Nachteil einer solchen "Kartoffel" ist die ungünstige Gewichtsverteilung. Bei größerem Gewicht erfordert der Tourenrucksack eine erhebliche Vorlage.
Günstig ist vor allem der Preis, wenn man diesen Rucksack aus Armeebeständen kauft. (Ich habe 18,– DM dafür bezahlt.) Er

ist durchaus "tragbar", sofern die Last 15 – 20 kp nicht übersteigt.

**Der Hochtouren- oder Kletterrucksack** hat eine schlanke hohe Form und entweder nur ein eingearbeitetes oder überhaupt kein Tragegestell (d.h. der Rucksack liegt direkt auf dem Rücken auf), ist jedoch häufig mit einem Hüftgurt ausgestattet. Er besitzt zahlreiche Riemen und Schlaufen zur Befestigung von Eispickel, Skiern, Steigeisen etc. und ist besonders für Kletter- und Hochgebirgstouren gedacht.

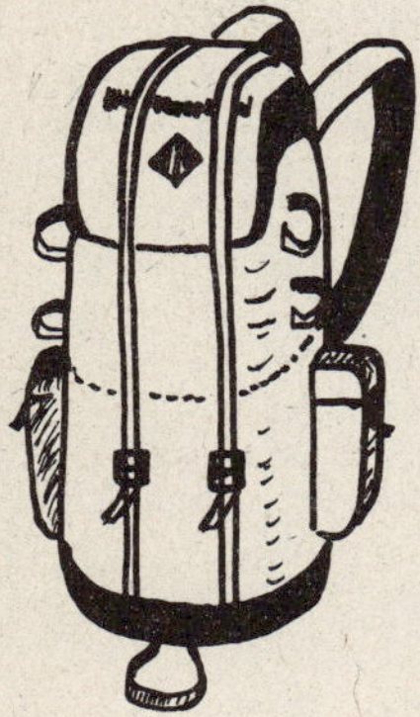

Auch von Skiwanderern wird dieser Rucksack oft gerne benutzt, da er stabil sitzt und durch seine schmale Form bei Abfahrten und Stockarbeit weniger stört als die meisten anderen Modelle.

**Der Tragegestellrucksack** besteht aus einem Packrahmen aus Aluminium oder seltener Magnesium und einem abnehmbaren Packsack aus Kunstfaser- oder Kunstfaser-Baumwollgemisch. Er ist in den verschiedensten Ausführungen und Qualitäten auf dem Markt. Da er der gebräuchlichste Rucksack für längere Wanderungen ist, möchte ich ihn hier näher beschreiben.

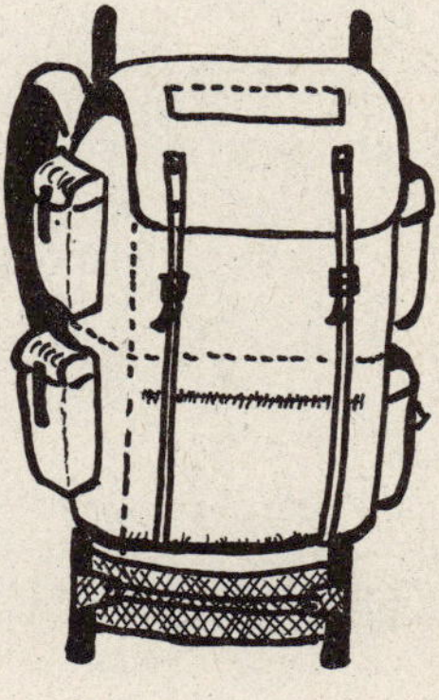

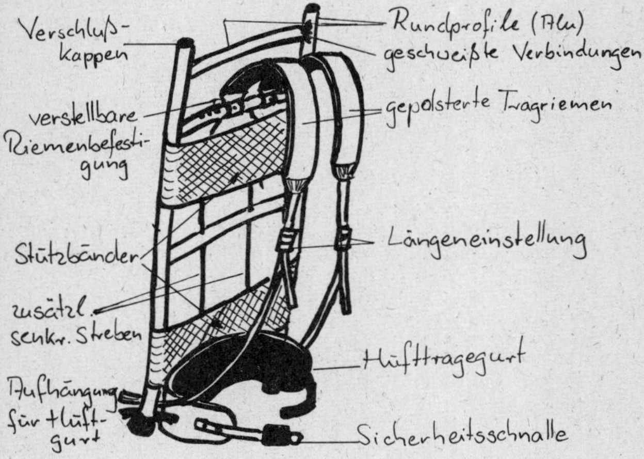


## TRAGEGESTELL

Packrahmen werden hauptsächlich aus Aluminium hergestellt. Magnesiumrahmen sind zwar geringfügig leichter, dafür aber lange nicht so stabil wie diejenigen aus Aluminium.

Die Rohre, aus denen der Rahmen zusammengesetzt ist, haben meist ein rundes, gelegentlich ein rechteckiges Profil. Dabei scheinen mir runde Rohre die belastbareren zu sein, da sie ringsum denselben Biegewiderstand aufweisen. Vierkantprofile sollen angeblich eine bessere Anpassung des Rahmens an den Körper gewährleisten.

Die Rohre sollten auf jeden Fall geschweißt sein (Helium bzw. Argon). Nicht gelötet oder genietet !

Kunststoffkappen, die die Enden der Rohre verschließen, verhindern ein Eindringen von Schmutz.

## Ausrüstung

Für viele der besseren Tragegestelle gibt es aufsteckbare Zusatzbogen, die den Rahmen nach oben hin verlängern, falls man umfangreiche Lasten zu tragen hat. Nach meinen Erfahrungen kann jedoch ein gut gepackter Sack ohne weiteres bis zu 30 cm über den Rahmen hinausreichen, ohne daß dies als störend empfunden wird.

**Stützbänder:** Mit den Stützbändern liegt der Packrahmen am Rükken auf. Der Rahmen selbst sollte den Körper an keiner Stelle direkt berühren.

Ein netzartiges Gewebe aus Synthetics ist am geeignetsten, um ausreichende Luftzirkulation zu ermöglichen. In der Höhe verstellbare Stützbänder gewährleisten eine optimale Anpassung an den Rücken.

**Tragriemen** bestehen bei guten Traggestellen aus schaumstoffgefüllten Schläuchen, die aus synthetischem Material hergestellt sind. Wichtig ist hierbei, daß die gepolsterte Partie bis an die obere Aufhängung heranreicht.
Ungepolsterte synthetische Riemen sind zwar reißfest und leicht, aber zu hart. Lederriemen haben den Nachteil, daß sie sich mit der Zeit dehnen und Feuchtigkeit aufnehmen. Tragriemen sollten möglichst breit sein und sowohl in der Länge als auch im Abstand voneinander verstellbar.

**Hüftgurt:** Ein schaumstoffgepolsterter Hüftgurt von mindestens 10 - 12 cm Breite erleichtert die Last auf den Schultern wesentlich, verteilt sie besser und trägt dazu bei, daß der Rucksack stabiler sitzt.

Für Lasten, die 20 kp übersteigen, ist ein Hüftgurt gewiß kein Luxus. Jeder gute Packrahmen sollte damit ausgestattet sein. Die 5 cm breiten Riemchen aus geflochtenem Nylon, die man an billigen Rucksäcken oft sieht, dürfen allerdings nicht Anspruch auf die Bezeichnung Hüftgurt erheben. Sie sind unbrauchbar !

Um die Schulterlast zu verringern, beugt man sich etwas vor, zieht die Schultern an und strafft gleichzeitig den Hüftgurt. Durch entsprechendes Einstellen des Gurtes und der Tragriemen kann das Gewicht auch im Gehen stufenlos zwischen Schultern und Hüften verteilt werden.

## Ausrüstung

Achtung ! Hüftgurt nicht auf Magenhöhe schnallen, sondern unbedingt tiefer auf den Hüften.

### PACKSACK

Der Packsack soll aus leichtem, reißfestem und wasserabweisendem Material bestehen. Die billigen Kaufhaus-Packsäcke aus sehr dünnem, reinem Nylongewebe entsprechen diesen Anforderungen nicht. Ich habe erlebt, daß sie schon bei weniger als 20 kp Gepäck einrissen. Außerdem sind sie zu wasserdurchlässig.

Ein brauchbares Material für Packsäcke scheint mir dagegen ein imprägniertes Kunstfaser-Baumwollgemisch, das zusätzlich – z.B. mit Polyurethan – beschichtet ist. Es ist sehr belastbar und bei akzeptablem Eigengewicht gut wasserabweisend. Den absolut wasserdichten Packsack indessen gibt es nach meinen Erfahrungen nicht. Zumindest die Nähte, und bei längerem Gebrauch der ganze Sack, lassen etwas Wasser durch. Die Nähte kann man abdichten, indem man sie mit Parafin einreibt. Trotzdem ist es mir in Lappland passiert, daß ein starker Wind den Regen durch den Stoff des Packsackes getrieben hat. Dem kann man abhelfen, indem man einen R u c k s a c k - s c h u t z benutzt. Dies ist eine wasserdichte Kunstfaserplane mit einem Gummiband, die über den Rucksack gespannt wird und – wenn nicht gebraucht – in jede Hosentasche paßt. Rucksackschutz und Packsack zusammen sollten Nässe zuverlässig fernhalten.

Ein Packsack, der oben breiter ist als unten, ergibt einen günstigeren Schwerpunkt.

**Deckel:** Die Deckklappe sollte so bemessen sein, daß sie den Sack, auch wenn er voll gepackt ist, noch reichlich überlappt. Unter der Deckklappe sollte der Packsack durch einen Schnurzug verschließbar sein und sein Inhalt mittels eines wasserdichten sogenannten Schneeschutzes vor Nässe und treibendem Schnee geschützt werden.

**Aufhängung:** Der Packsack sollte auf jeden Fall vom Rahmen abnehmbar sein, damit man, falls erforderlich, auch Dinge auf den Rahmen schnüren kann, die im Sack keinen Platz finden.

## Ausrüstung

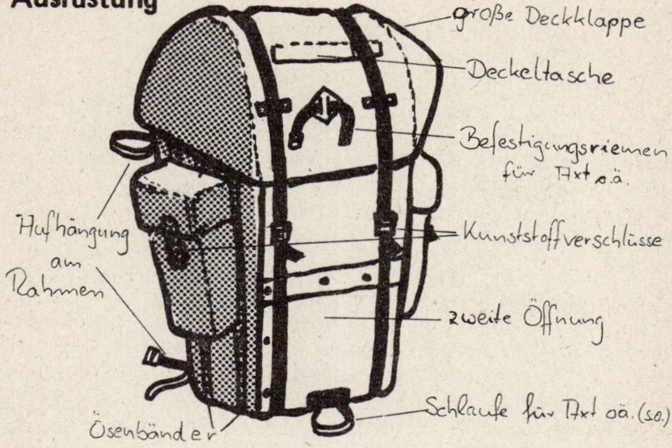


Ein Packsack, der nicht mit wenigen Handgriffen vom Rahmen abgenommen werden kann, ist in meinen Augen eine Fehlkonstruktion.

Es gibt zahlreiche verschiedene Arten der Aufhängung. Man sollte darauf achten, daß

– der Packsack an möglichst vielen Stellen auf dem Rahmen befestigt wird, damit die Belastung pro Aufhängung niedrig gehalten wird.
– der Packsack weder nach oben noch nach unten verrutschen kann (wichtig für Transport in Bahn, Bus etc.).

Außerdem kann es sich als günstig erweisen, wenn die Möglichkeit besteht, den Packsack auf verschiedenen Höhen auf dem Rahmen zu befestigen, um zusätzlichen Raum für einen zweiten Sack zu schaffen.

**Außentaschen:** Mehrere Außentaschen sind sehr empfehlenswert, um kleinere Gegenstände darin unterzubringen, die man unterwegs jederzeit griffbereit halten will, und die im großen Packsack untergehen würden.

## Ausrüstung

Eine geräumige Deckeltasche ist praktisch, um Landkarten, Notizbuch etc. leicht zugänglich aufzubewahren.

Einige Packsäcke werden mit je zwei senkrecht laufenden Ösenbändern an beiden Seiten geliefert, an denen Außentaschen nach eigener Wahl befestigt werden können, ferner aber auch Angelrute, Eispickel, Axt, Skier etc. Eine Idee, die sich nach meinen persönlichen Erfahrungen als sehr vorteilhaft erwiesen hat.

Beim Kauf abnehmbarer Außentaschen sollte man sich vergewissern, daß sie auch dann, wenn der Rucksack voll bepackt ist, leicht zu befestigen sind und nicht spannen.

**Unterteilung:** Große Packsäcke, wie sie für mehrwöchige Touren gebraucht werden, sollten an zwei verschiedenen Stellen zugänglich sein, damit man nicht gleich den ganzen Sack auszupacken braucht, wenn man etwas aus der unteren Hälfte benötigt. Sie müssen dabei nicht unbedingt durch Trennwände unterteilt sein. Mein Packsack ist nicht unterteilt, und ich habe dies trotz anfänglicher Bedenken nie als störend empfunden.

**Verschlüsse** sollten auf jeden Fall so gearbeitet sein, daß sie auch mit klammen Fingern oder Handschuhen ohne Schwierigkeiten geöffnet und geschlossen werden können. Vor allem bei kaltem Wetter sind Verschlüsse aus Kunststoff solchen aus Metall unbedingt vorzuziehen, da sie erheblich weniger leicht vereisen.

Schnallen an Deckel, Außentaschen, Hüftgurt etc. allerdings sollten nicht aus Kunststoff bestehen, um den hohen mechanischen Beanspruchungen einer Tour gewachsen zu sein. Mit meinen Rucksäcken hatte ich bisher keinerlei Schwierigkeiten dieser Art, da alle Schnallen daran aus einfachsten Metallteilen gearbeitet sind. Dagegen kann es bei einer Hüftgurtschnalle aus Kunststoff beispielsweise genügen, daß man versehentlich mit einem schweren Stiefel drauftritt und die hochgezüchtete Konstruktion ist irreparabel hin.

**Zweiteilige Packsäcke:** Einige Rucksackmodelle werden mit zwei Packsäcken geliefert, von denen der obere der Abbildung auf Seite 13 entspricht. Darunter kann ein walzenförmiger Sack für Wäsche, Schlafsack etc. festgeschnallt werden.

## Ausrüstung

Mein Rucksack – und ich habe gute Erfahrungen damit gemacht – ist das Modell Climber-Gyro der Firma Fjällräven. Er besteht aus einem heliumgeschweißten Aluminiumrahmen (Rundprofil) mit schaumstoffgepolsterten Tragriemen und Hüftgurt, einem großen Packsack mit zwei Öffnungen und Ösenbändern an beiden Seiten. Er kann auf zwei verschiedenen Höhen am Rahmen befestigt werden. Auf der unteren Stufe bedeckt er den gesamten Rahmen, auf der oberen steht er etwas über und läßt unten genügend Raum für einen zweiten Sack. Auf diese Weise war es mir möglich, Lasten von über 100 Liter Volumen und gut 50 kp Gewicht zu transportieren. Daß das obere Drittel des Packsacks auf der zweiten Stufe nicht am Rahmen befestigt ist, erschien mir beim Kauf als Mangel, erwies sich aber im Gebrauch als völlig problemfrei.

### PACKEN DES RUCKSACKS

Nicht nur der Übersicht halber ist es gewiß keine schlechte Idee, seine Ausrüstung zunächst in verschiedenfarbige, wasserabweisende Nylonbeutel oder imprägnierte Leinenbeutel mit Schnurzug zu verpacken, bevor man sie im Rucksack verstaut.

Ein Rucksack ist dann richtig gepackt, wenn man – mit ihm auf den Schultern – aufrecht stehen kann und sich nicht nach vorn beugen muß, um die Balance zu halten. Dies erreicht man, indem man schwere Gegenstände (Kocher, Proviant, Säge etc.) nahe am Rücken und hoch im Rucksack verstaut, sperrige, aber relativ leichte Dinge (Schlafsack, Kleidung, Zelt) unten. Besonders im schwierigen Gelände ist jedoch unbedingt darauf zu achten, daß der Schwerpunkt nicht z u hoch liegt und so das Gleichgewicht gefährdet. Gegenstände mit harten Ecken oder Kanten sollten so verstaut werden, daß sie nicht mit dem Packsack in Berührung kommen. Die Isoliermatte wird am günstigsten außen unter den Packsack geschnallt.

Kleinere Artikel, die schnell zur Hand sein sollen, kommen in die Außentaschen (z.B. Erste Hilfe-Tasche, Kompaß, Karten, Imbiß für zwischendurch, Socken zum Wechseln etc.)

**Schultern des Rucksacks:** Ein schwerer Rucksack wird am einfachsten geschultert, indem man ihn mit beiden Händen am Rahmen hochhebt, auf dem rechten Knie abstützt und dann mit dem rechten Arm unter den Tragriemen schlüpft, während die linke Hand den Rucksack festhält. (Für Linkshänder umgekehrt.) Oder man lehnt den Rucksack irgendwo an und schultert ihn sitzend.

(Ursprünglich hatte ich Zweifel, es könnte etwas übertrieben sein zu beschreiben, wie man einen Rucksack schultert. Nachdem ich nun jedoch erlebt habe, wie jemand beim Versuch, einen schweren Rucksack zu schultern, wiederholt flach auf's Gesicht fiel, meine ich, es möcht' doch ein ganz nützlicher Tip sein.)

**Preis:** Ein guter Rucksack kostet zwischen 150 DM und 400 DM. Einen Rucksack unter 150 DM würde ich nicht kaufen. Ich würde es in diesem Fall vorziehen, einen billigen Militärrucksack für 20 DM zu kaufen und abzuwarten, bis ich das Geld für einen wirklich guten Rucksack hätte.

Sehr preisgünstige Rucksäcke liefert die Firma atap (anschrift auf Seite 6). Die nach meinen Erfahrungen mit Abstand besten Rucksäcke stellt die Firma Fjällräven her. (siehe Seite 6).

## Ausrüstung
## Schlafsack:

Ein guter Schlafsack sollte vor allem ein hohes Isoliervermögen in Relation zum Gewicht besitzen, eng komprimierbar sein und leicht trocken zu halten. Er ist wohl das teuerste Ausrüstungsstück, auf das nicht verzichtet werden kann. Daher sollte man sich vor dem Kauf eines Schlafsackes mit seinen grundlegenden Eigenschaften und Prinzipien wie Füllung, Schnitt, Material etc. vertraut machen. Unter den Konstruktionsprinzipien eines Schlafsackes versteht man den Schnitt und die Nähte. Beide spielen eine wesentliche Rolle für die Isolierfähigkeit.

**SCHNITT:** Man unterscheidet zwei verschiedene Schlafsacktypen nach ihrem Schnitt: den differential cut und den space filler cut. "Differential cut" bedeutet, daß der Außenbezug und das Innenmaterial verschieden groß geschnitten sind, während sie beim "space filler cut" dieselben Maße haben.

Den **"space filler cut"** findet man nur noch bei billigen Schlafsäcken, besonders bei den rechteckigen. Bei diesem Schnitt kann der Innenstoff im Schlaf leicht gegen das Außenmaterial gedrückt werden und der Schlafsack verliert dann an dieser Stelle seine Isolierfähigkeit. Er ist deshalb für Wildnistouren weniger zu empfehlen.

Gute Schlafsäcke haben einen **"differential cut"**. Da das Innenmaterial bei diesem Prinzip kleiner geschnitten ist als der Außenbezug, kann der Außenbezug locker und in gleichbleibendem Abstand zum Innenmaterial liegen (konstante Fachhöhe), egal wie sich der Schläfer dreht und mit den Ellbogen stößt.

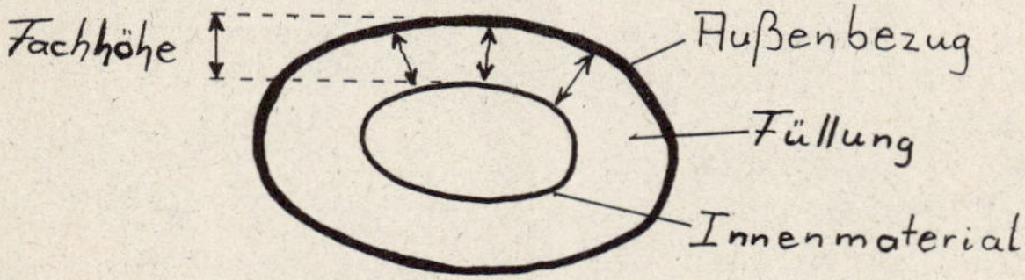


'differential cut'

## Ausrüstung

**Nähte:** Die Nähte sind die empfindlichen Stellen des Schlafsackes; an ihnen geht leicht Körperwärme verloren. Bei den meisten Schlafsäcken laufen die Nähte ringförmig um den Sack, weil so die beste Verteilung des Füllmaterials gewährleistet wird.

**Durchgesteppte Schlafsäcke:** Beim durchgesteppten Schlafsack ist, um ein Verrutschen der Füllung zu vermeiden, das Innen- mit dem Außenmaterial vernäht.

Durchgesteppter Schlafsack

Es ist offensichtlich, daß ein solcher Schlafsack entlang den Nähten sehr schlecht isoliert, da die Stärke der Füllung an diesen Stellen gleich Null ist. Durchgesteppte Schlafsäcke sind daher nur für den Sommergebrauch zu empfehlen. Sie isolieren in jedem Fall schlechter als ein Schlafsack gleichwertigen Materials, der nicht durchgesteppt ist.

Ich habe zwar einen durchgesteppten Schlafsack auch schon bei Temperaturen um den Gefrierpunkt benutzt, ohne darin zu frieren, bin aber der Ansicht, daß die Null-Grad-Grenze das äußerste Limit für den durchgesteppten Schlafsack darstellt.

**Schläuche:** Besser sind Schlafsäcke, bei denen sich das Füllmaterial in separaten Schläuchen befindet. Sie sind so konstruiert, daß an keiner Stelle der Innen- mit dem Außenstoff vernäht ist.

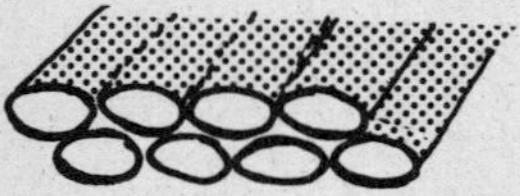

Versetzte Schläuche

Überlappende Schläuche

Der Nachteil bei dieser Konstruktion ist der, daß kein ausgesprochener "differential cut" vorliegt, d.h. daß wiederum der innere gegen den äußeren Stoff gedrückt werden kann und an dieser Stelle dann ein "kalter Fleck" entsteht. Dem könnte abgeholfen werden, indem zusätzlich zu den Schläuchen ein etwas kleiner geschnittener Bezug in den Schlafsack eingenäht würde. Dies würde jedoch das Gewicht erhöhen.

**Zwischenwände:** Eine bessere Lösung stellen Schlafsäcke mit Zwischenwänden dar. Bei diesem Konstruktionsprinzip kommt der "differential cut" voll zur Geltung. In den Raum zwischen Innen- und Außenmaterial sind Zwischenwände eingenäht. Die Füllung wird durch die so entstehenden Kammern gleichmäßig verteilt gehalten. Das Außenmaterial liegt locker und wird durch die Füllung auf maximaler Distanz gehalten, d.h. die Fachhöhe (Loft) bleibt konstant.

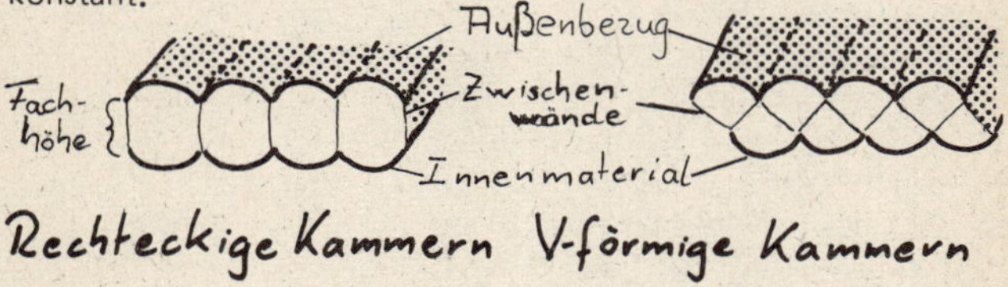


**Doppelte Schlafsäcke:** Einige Firmen haben in den letzten Jahren Doppelschlafsäcke auf den Markt gebracht. Dabei handelt es sich um zwei durchgesteppte Schlafsäcke unterschiedlicher Größe (differential cut), die mit einem Reißverschluß so ineinander befestigt werden können, daß sowohl die Längs- als auch die Quernähte versetzt liegen. Dieser Schlafsack soll einerseits die Vorteile des "differential cut" besitzen, neben der Isolation der Einzelsäcke noch über zusätzliche isolierende Kammern zwischen den Säcken zu verfügen und außerdem den Vorteil bieten, daß er bei höheren Temperaturen auseinandergenommen und deshalb für ein sehr breites Temperaturspektrum verwendet werden kann. So jedenfalls die Theorie. Wie sich ein solcher Doppelschlafsack in der Praxis bewährt,

## Ausrüstung

kann ich leider noch nicht beurteilen, da ich bisher keine Möglichkeit hatte, ihn zu testen.

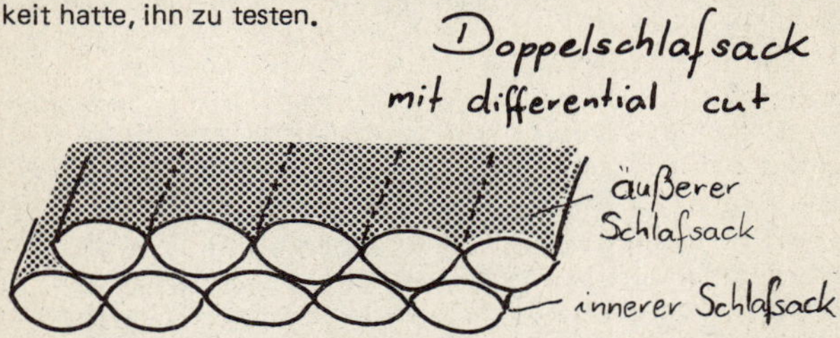


Ein hochwertiger Doppelschlafsack wird von der Firma Nordiska Fjäder AB, Murmansgatan 126, S-21225 Malmö, Schweden hergestellt und ist in der BRD bei der Tagoss GmbH, Postfach 131, D-2105 Seevetal erhältlich.

### MATERIAL

**Außenmaterial:** Der Außenbezug soll so dicht sein, daß keine Daunen ihn durchdringen und gleichzeitig so porös, daß verdunstende Körperfeuchtigkeit entweichen kann und nicht in der Füllung kondensiert. Außerdem soll er leicht sein, wasserabweisend und strapazierfähig. Auf keinen Fall darf er wasserdicht sein, da die Kondensation von Körperfeuchtigkeit das Isoliervermögen des Schlafsackes sehr stark verringert. Die derzeit beste Lösung scheint mir das sogenannte Ripstop-Nylon.

Ein relativ neues Material, das g l e i c h z e i t i g w a s s e r d i c h t u n d a t m u n g s a k t i v sein soll, ist seit einigen Jahren unter der Bezeichnung 'Gore-Tex' im Handel und wird u.a. auch für Schlafsackbezüge verwendet.

Es ist besonders dann sehr günstig, wenn man beabsichtigt, gelegentlich ohne Zelt im Freien zu übernachten. (Näheres zu Gore-Tex siehe Abschnitt Regenkleidung).

**Innenmaterial:** Das Innenmaterial der meisten Schlafsäcke besteht ebenfalls aus Ripstop-Nylon. Wenn man sich allerdings mit dem

Schlafsack drehen möchte und nicht darin, sollte man den weniger glatten Baumwollbezug wählen. Baumwolle ist außerdem angenehmer auf der nackten Haut als syntethische Stoffe – allerdings auch etwas schwerer als diese.

**Füllmaterial:** Die wichtigste Eigenschaft des Füllmaterials ist, daß es bei geringem Gewicht möglichst hohe Dehnfähigkeit besitzt, d.h. daß es ausgepackt möglichst schnell ein großes Volumen einnimmt.

Außerdem sollte es gegen Feuchtigkeit unempfindlich sein und schnell trocknen. Zur Füllung von Schlafsäcken kommen derzeit hauptsächlich zwei Materialien infrage: Daune und Dacron II.

1. D a c r o n II (auch Fiberfill, Fiberflex oder Polarguard genannt) ist eine Polyester–Endlosfaser, nicht zu verwechseln mit dem alten Dacron 88.
   Gegenüber der Daune hat diese Faser die Vorteile, daß sie:
   - auch bei Nässe eine vergleichsweise gute Isolierfähigkeit bewahrt (ca. 83% höher als Daune)
   - wesentlich schneller trocknet (ein Dacron II Schlafsack z. B., selbst wenn er völlig naß ist, innerhalb von 30 bis 60 Minuten; Daunen dagegen mehrere Tage)
   - nicht feuchtigkeitsempfindlich ist (die Faser verrottet nicht)
   - als Endlosfaser ständig gleichmäßige Verteilung der Füllung gewährleistet und bei Beschädigung des Außenmaterials nicht herausfällt
   - billiger ist als Daunen.

Der wesentliche Nachteil der Kunstfaser gegenüber der Daune ist, daß sie erheblich schwerer ist und weniger komprimierbar, d.h. platzraubender (bezogen auf gleiche Isolierfähigkeit).

2. D a u n e n besitzen von allen Füllmaterialien die höchste Dehnfähigkeit in Relation zu ihrem Gewicht. Dabei sind Gänsedaunen aufgrund ihrer höheren Elastizität, Quellfähigkeit und Lebensdauer besser als Entendaunen. Sie haben gegenüber Dacron II jedoch den Nachteil, daß sie erheblich langsamer trocknen und feuchtigkeitsempfindlich sind. Daher sollten besonders daunen-

gefüllte, aber auch alle anderen Schlafsäcke, möglichst jeden Morgen zum Lüften und Trocknen aufgehängt werden.

Wenn das Gewicht eine geringe Rolle spielt oder in besonders feuchten Gegenden, würde ich mich für Dacron II entscheiden.

Reine Daunen haben keinen Federkiel und deshalb eine geringe Tragfähigkeit. Unter der Tragfähigkeit eines Füllmaterials versteht man dessen Fähigkeit, bei Belastung nicht völlig flachgepreßt zu werden. Sie wird mit einer Skala von 1 bis 10 angegeben und gilt u.a. als Maßstab für die Isolierfähigkeit. Um die Tragfähigkeit zu erhöhen, werden Daunen besonders in der Rückengegend mit Kleinfedern gemischt.

Eine Mischung, die weniger als 80% Daunen enthält, darf nicht mehr als reine Daune bezeichnet werden.

Es sind auch Schlafsäcke im Handel, die auf der Oberseite mit Daunen, am Rücken jedoch mit Materialien höherer Tragfähigkeit gefüllt sind.

Eine besondere Schwierigkeit beim Kauf von Daunenschlafsäcken liegt darin, daß man die Qualität der Füllung nicht selbst beurteilen kann, sondern auf die Angaben des Herstellers angewiesen ist. Bei überraschend billigen Daunenprodukten sollte man sich vergewissern, daß sie keine aufbereiteten Bettfedern enthalten.

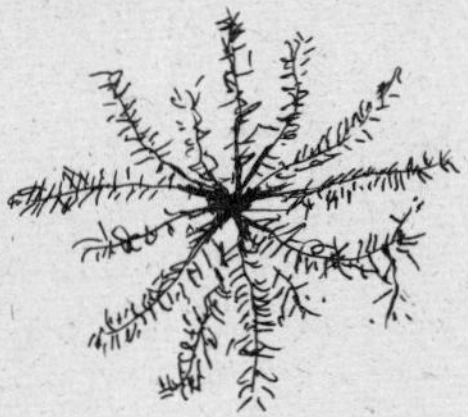

Daune

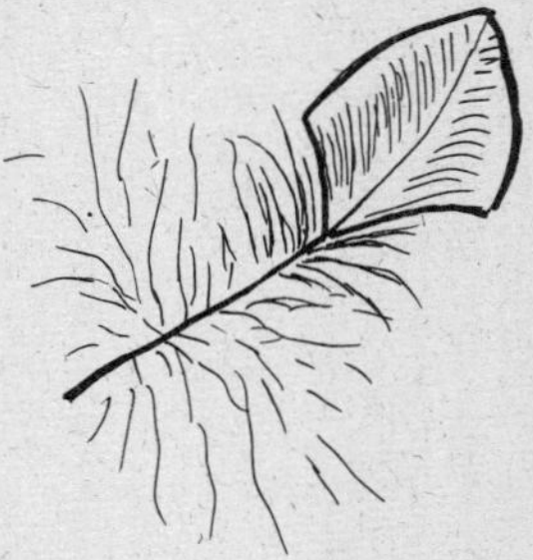

Kleinfeder

## Ausrüstung

Gute Dacron II Schlafsäcke und -Jacken unter der Bezeichnung "Polarguard" importiert die Firma SALEWA in München. Vertrieben werden sie u.a. von der Firma Gerda Schettler, Postfach 64, D-3415 Hattorf, Tel. (05521)1314.

**Kapuze:** Ein absolutes Muß für jeden guten Schlafsack ist eine Kapuze. Bis zu 50 % der Körperwärme gehen über den Kopf verloren. Die Kapuze sollte mit einem Schnurzug so weit geschlossen werden können, daß nur eine kleine Öffnung für Mund und Nase frei bleibt.

**Reißverschluß:** Ein Reißverschluß auf der ganzen Länge des Schlafsacks ist sehr vorteilhaft, wenn dieser auch bei höheren Temperaturen verwendet werden soll. Indem man den Reißverschluß ganz oder teilweise öffnet, kann man die Ventilation und die Temperatur regulieren. Er sollte sowohl vom Kopf- als auch vom Fußende her geöffnet werden können und eine Abdeckpatte mit einem zweiten, versetzten Reißverschluß oder auch Klettenverschluß besitzen, um bei tieferen Temperaturen ausreichend isoliert zu sein.

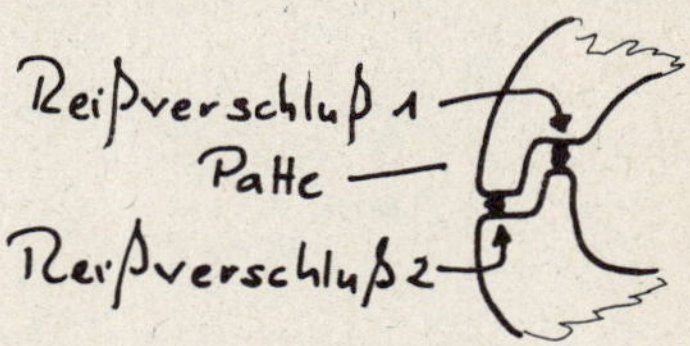


Der Reißverschluß an Schlafsäcken sollte nach Möglichkeit aus Kunststoff hergestellt sein, um bei tiefen Temperaturen nicht zu vereisen.

Manche Schlafsäcke sind wahlweise mit Reißverschluß auf der linken oder auf der rechten Seite lieferbar, so daß zwei Säcke zu einem großen verbunden werden können.

**Form:** Die eindeutig effektivste Schlafsackform für möglichst hohe Isolierfähigkeit bei möglichst geringem Gewicht ist die Mumienform. Meines Wissens werden alle hochwertigen Schlafsäcke in Mumienform geliefert.

## Ausrüstung

**ISOLIERMATTE:** Kein Schlafsack, wie gut er auch immer gefüllt und vernäht sein mag, kann ausreichend gegen Bodenkälte isolieren. Selbst bei hoher Tragfähigkeit der Füllung ist die isolierende Schicht an der Bodenseite zu gering. Daher sollte man seinen Schlafsack nicht direkt auf die Erde oder auf den Zeltboden legen.

Um dies zu vermeiden, gibt es Unterlagen aus Schaumstoff mit geschlossenen Poren, die nur wenig komprimiert werden, also eine zuverlässig gleichbleibende Isolationsschicht gegen die Erdkälte gewährleisten. Einige sind zudem mit einer wärmereflektierenden Aluminiumschicht überzogen. Solche Liegeunterlagen sind extrem leicht, allerdings aufgrund ihrer hohen Tragfähigkeit nicht komprimierbar und daher sperrig, weshalb sie für gewöhnlich außen am Rucksack befestigt werden.

Sie sind in zwei verschiedenen Größen erhältlich: entweder in Körpergröße (ca. 50–60 x 180cm) oder in Rumpfgröße (ca. 50 x 100cm).

**MINIMALTEMPERATUR**

Bei welchen Temperaturen kann ich meinen Schlafsack benutzen ? Diese oft gestellte Frage läßt sich nicht absolut beantworten. Zu viele Faktoren spielen eine Rolle - nicht zuletzt auch solche subjektiver Art. Als Faustwerte möchte ich Fachhöhe in Relation zur minimalen Temperatur entsprechend den Normen der US-Armee angeben.

| Fachhöhe /cm | 4 | 6 | 7 | 8 | 9 | 10 |
|---|---|---|---|---|---|---|
| min.Temp./$^{o}$ C | +5 | -10 | -20 | -30 | -40 | -50 |

Diese Werte gelten bei Gebrauch einer Isoliermatte von mindestens 12 mm Stärke und bei absoluter Windstille. Wie sich die relative Temperatur bei Zunahme der Windgeschwindigkeit verändert, ist aus der Tabelle "Kühlfaktor" Seite 118 ersichtlich.

Achtung: manche Schlafsackhersteller bezeichnen mit 'Loft' die doppelte Fachhöhe!

## AUFBEWAHRUNG

Ein hochwertiger Schlafsack sollte nie über längere Zeit eng gepreßt im Transportbeutel aufbewahrt werden. Dies schadet der Dehnfähigkeit des Füllmaterials (auch bei Dacron II). Gute Schlafsäcke werden daher meist mit einem zweiten, größeren Aufbewahrungsbeutel geliefert. Ist dies nicht der Fall, sollte man den Schlafsack locker in einer Schachtel o.ä. aufbewahren, nachdem man ihn gut aufgeschüttelt und gelüftet hat.

## REINIGEN VON DAUNENSCHLAFSÄCKEN

Bei längerem Gebrauch des Schlafsackes sammeln sich auch in den Daunen Schmutzpartikel an, die das Isoliervermögen vermindern. Ein Daunenschlafsack kann dann entweder chemisch gereinigt (was allerdings die Dehnfähigkeit der Füllung beeinträchtigt) oder aber naß gewaschen werden. Zum Waschen wird er in lauwarmem Wasser (ungefähr 30°C) eingeweicht – am besten in der Badewanne –, mit einem wenig schäumenden phosphatarmen Waschmittel (hierzu gibt es auch eine spezielle Daunenseife) vorsichtig von Hand gewaschen (nicht rubbeln!) und danach sofort in einem Trockenautomaten bei einer Temperatur von maximal 60°C getrocknet, bis die Daunen locker und vollkommen trocken sind (etwa nach 1 1/2 bis 2 Stunden). Um die Trockenzeit zu verkürzen, kann man den Schlafsack vorsichtig ausdrücken (nicht wringen!). Steht kein Trockenautomat zur Verfügung, kann man den Schlafsack an einem warmen, luftigen Platz aufhängen (nicht in der prallen Sonne!). Er muß dann häufig gewendet und aufgeschüttelt werden, um ein Verkleben der Daunen zu verhindern.

Will man seinen Schlafsack länger sauberhalten, gibt es die Möglichkeit, aus dünnem Baumwollstoff einen passenden Innensack anzufertigen, der herausgenommen und separat gewaschen werden kann.

**Preis:** Gute Daunenschlafsäcke kosten zwischen 200 DM und 500 DM, Dacron II-Schlafsäcke etwas weniger (ca. 20%).

Eine ganz brauchbare Lösung für Leute mit wenig Geld stellt der US-Militär-Schlafsack dar. Er besitzt ein gutes Isoliervermögen und ist gebraucht schon unter 100 DM erhältlich. (Neu kostete er vor sechs Jahren etwa 130 DM). Allerdings müßte man ein etwas erhöhtes Gewicht in Kauf nehmen – der US-Schlafsack wiegt etwa 4 kp. Ich habe ihn zusammen mit einem billigen durchgesteppten Liner im kanadischen Winter nahe dem Polarkreis ausprobiert und festgestellt, daß diese Kombination bis mindestens –40°C guten Schlafkomfort bietet.

Vom BW-Schlafsack würde ich auf jeden Fall abraten!

Sehr preisgünstige Schlafsäcke verkauft die Firma atap (Anschrift auf Seite 6).

# Ausrüstung

## Zelt

Nicht immer braucht man ein Zelt. Oft genug frage ich mich, warum ein Zeltdach zwischen mir und diesen Tannen, diesem klaren Nachthimmel ? Jeder, der es ausprobiert hat, wird das verstehen. Trotzdem gibt es auch immer wieder Situationen, in denen das Leben draußen ohne Zelt ausgesprochen unangenehm oder im Extremfall sogar gefährlich werden kann. Bei gutem Wetter braucht man das Zelt vor allem, um nicht von Moskitos belästigt zu werden.

### EINWANDIGES ZELT

Ein einwandiges Zelt kann zwar ebenso wasserdicht sein wie ein doppelwandiges, jedoch kommt es darin zwangsläufig zu Kondenswasserbildung an der Innenseite.Und da man, besonders im Schlaf, eine Berührung mit der Zeltwand nicht immer vermeiden kann, riskiert man,daß der Schlafsack naß wird. Ich würde daher für die meisten Touren unbedingt ein doppelwandiges Zelt empfehlen, das im übrigen auch besser isoliert.

Lediglich für Fahrten in extrem trockene Gebiete käme ein einwandiges Zelt aus atmungsaktivem Material (etwa unbeschichtete Baumwolle) infrage.

### DOPPELDACH- ZELT

**Material:** Ein B a u m w o l l z e l t ist nur so lange vorteilhaft, so lange es neu und frisch beschichtet ist. Später ist es zwar noch immer wasserdicht, weil die Baumwolle bei Feuchtigkeit quillt und das Gewebe abdichtet, dafür wird es aber erheblich schwerer und anfällig gegen Fäulnis. Baumwolle ist daher in der Regel nur noch für die Nähte zu empfehlen.

K u n s t f a s e r z e l t e sollten in jedem Fall Doppelwände haben, da es sonst zu Kondenswasserbildung im Inneren kommt. Sie sind zwar leicht, wasserdicht und reißfest, jedoch empfindlich gegen UV-Licht.

P o l y e s t e r - G e w e b e sind die am besten geeigneten Materialien für Außenzelte und Zeltböden. Sie zeigen die geringsten Veränderungen durch UV-Licht und Nässe, sind leicht, wasserdicht und reißfest.

Innenzelte müssen möglichst luftdurchlässig (atmungsaktiv) sein, um Kondenswasserbildung zu verhindern. Sie werden häufig aus einem Baumwoll-Polyester-Gemisch hergestellt, das allerdings etwas Feuchtigkeit aufnimmt, dadurch schwerer wird und leichter verrottet. (Möglichst oft zum Lüften und Trocknen aufhängen !)

Rutarmé ist eine Gewebe von hoher Atmungsaktivität, ist sehr leicht, reißfest und nimmt nur besonders wenig Feuchtigkeit auf, im Vergleich zu Baumwolle (ca. 23%) nur ca. 1,5%! Es scheint mir daher von denjenigen Geweben, die ich kenne, für die Herstellung von Innenzelten am geeignetsten zu sein.

In den letzten Jahren tauchen zunehmend aluminiumbeschichtete Zelte auf. Solche Zelte sind nur geringfügig schwerer, da das Aluminium hauchdünn aufgedampft ist, sind dafür aber bei hohen Temperaturen kühler und bei tiefen etwas wärmer als nicht beschichtete Zelte.

**Zeltstangen:** werden für gewöhnlich aus rundem Aluminiumrohr hergestellt. Es erweist sich als günstig, wenn die einzelnen Segmente einer Stange beim Zusammenstecken so einrasten, daß sie nicht wieder auseinanderfallen können. Es gibt auch Gestänge, die mit einem Gummizug verbunden sind, so daß man sie nur etwas zu schütteln braucht, damit sie von selbst zusammenspringen. Der wesentliche Nachteil dabei ist, daß die Einzelglieder nicht ineinandergeschoben werden können, ergo: mehr Platz beanspruchen. Je weniger Stangen ein Zelt hat, desto günstiger ist es im Gewicht und desto einfacher ist es aufzubauen. Eine Firststange ist gewöhnlich nicht erforderlich. Mein Zelt hat zwei Stangen, die teleskopartig zusammengeschoben werden können, so daß sie beide in einem einzelnen Segment Platz finden.

Pyramidenzelte werden mit einer Mittelstange oder mit vier Stangen in den Kanten hergestellt. Bei nur einer Stange bin ich etwas skeptisch, was die Windbeständigkeit anbelangt; habe allerdings selbst keine Erfahrungen damit.

## Ausrüstung

Wenn man in Gegenden wandert, in denen nicht notfalls eine Holzstange verwendet werden kann, sollte man sicher sein, daß das Gestänge hält oder eine Ersatzstange mitnehmen.

Zelte mit G l a s f i b e r g e st ä n g e haben den Vorteil, geräumiger zu sein als andere, sind aber nach meinen Erfahrungen windempfindlicher. Ich habe in Lappland Wanderer getroffen, deren Glasfiberstangen in einem Sturm gebrochen waren, so daß sie ihr Zelt nicht mehr benutzen konnten und sich mehrere Tage, trotz kalten, regnerischen Wetters, ohne behelfen mußten. Dieser Nachteil betrifft besonders Zelte, die ausschließlich durch Glasfiberstangen gestützt werden und daher schlecht oder gar nicht mit Ästen aufgebaut werden können. Ein brauchbarer Kompromiß scheint mir ein Zelt zu sein, das mit Glasfiberstangen aufgespannt werden kann, aber außerdem über Alustangen verfügt, die notfalls auch alleine ausreichen, um es aufzubauen.

Einen wesentlichen Vorteil sehe ich in solchen Glasfibergestängen, die das Außenzelt zuverlässig auf Distanz vom Innenzelt halten.

Da sich (besonders bei kühlem Wetter) an der Inneseite des Außenzeltes Kondeswasser niederschlägt, ist es wichtig, daß das Innenzelt nicht dagegendrückt.

(Nachtrag: in der Zwischzeit habe ich viele positive Stimmen zur Windstabilität von Glasfibergestängen gehört. Für weitere Hinweise wäre ich dankbar.)

**Heringe** gibt es in den verschiedensten Ausführungen, je nach der Beschaffenheit des Bodens, in dem sie benutzt werden sollen. Da man nun nicht immer ein Sortiment von drei bis vier Sätzen mitnehmen kann, muß man sich für einen Kompromiß entscheiden. Die Heringe, die ich in der Regel benutze, sind Aluminium-Winkel von 18 cm Länge und 2 cm Schenkelbreite. In lockerem Sandboden kann man sie etwas eingraben und mit Steinen beschweren. Und auch in steinigem Terrain finden sie meist noch Halt. Man sollte sie jedoch nicht zu gewaltsam in den Boden hämmern – einmal verbogen bieten sie nie wieder die alte Stabilität. Für längere Fahrten empfiehlt es sich, ein oder zwei Reserveheringe mitzunehmen.

# Ausrüstung

**Schneepatte:** Für Wintertouren gibt es bei manchen Zelten eine Schneeplatte, die 30 - 40 cm breit rings um das Außenzelt verläuft und mit Schnee beschwert wird. In gefrorenen Boden sind Heringe nur schwer einzuschlagen und in tiefem Pulverschnee sind sie völlig nutzlos. Auf extrem felsigem Grund ist eine solche Schneepatte auch im Sommer praktisch. Wenn kein Hering mehr in den Boden geschlagen werden kann, gewährt sie, mit Steinen beschwert, dem Zelt ausreichend Halt.

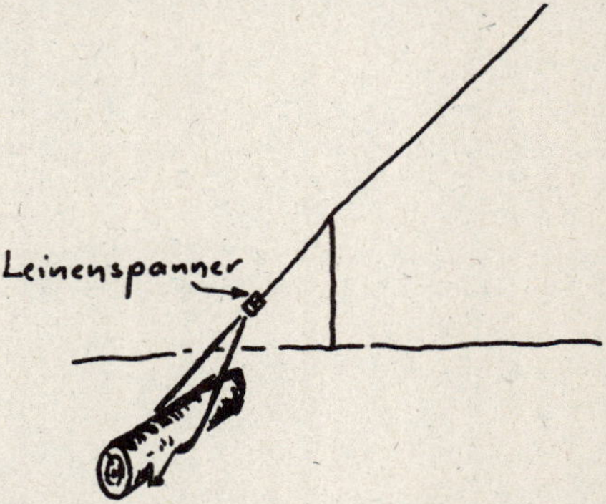


Ein Zelt ohne Schneepatte kann in tiefem Schnee mit sogenannten 'D e a d M e n' befestigt werden. Das sind Aststücke o.ä., die an den Zeltleinen festgebunden und im Schnee eingegraben werden. Für gewöhnlich genügt es, wenn der Schnee darüber festgestampft wird. Hierdurch verändert sich die Kristallstruktur der Flocken und der Schnee festigt sich, indem er neu auskristallisiert.

Bei sehr lockerem Pulverschnee kann man die betreffenden Stellen mit Wasser übergießen und damit die 'Dead Men' festfrieren.

Um einerseits die Zeltleinen spannen zu können und andererseits die Dead Men anderntags nicht wieder ausgraben zu müssen, empfiehlt es sich, die Leinen nur darum herum zu schlingen und über dem Schnee zu verknoten (siehe Skizze!).

## Ausrüstung

**Zeltformen:** Die Wahl des Zelttyps, ob Firstzelt, Pyramiden-, Tunnel- oder Halbkugelform ist weitgehend von der persönlichen Ansicht abhängig. Wesentlich ist, daß das Zelt wenig Windwiderstand bietet und der Innenraum sinnvoll genutzt werden kann. So erweist es sich etwa bei einem Firstzelt als günstig, wenn der First quer verläuft, da auf diese Weise bei gleicher Firsthöhe eine größere Nutzhöhe zur Verfügung steht.

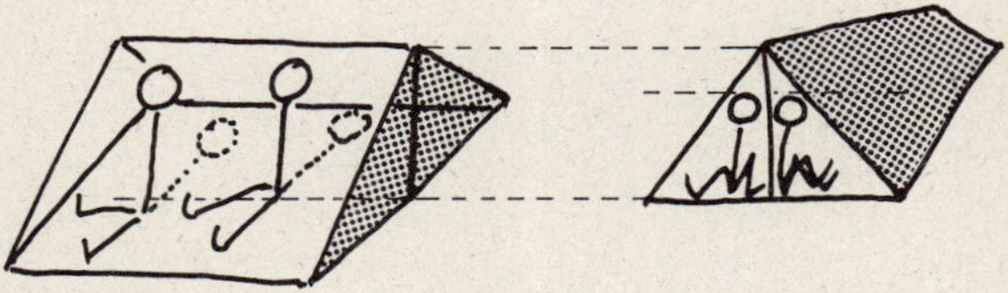

Querfirst (Nutzhöhe ≙ Firsthöhe) — Längsfirst (Nutzhöhe < Firsthöhe)

Bei längslaufendem First gibt es die Variante, daß das Zelt am Kopfende wesentlich höher ist als am Fußende. Dies ermöglicht bessere Raumausnutzung, geringeres Gewicht und günstigeres Windverhalten.

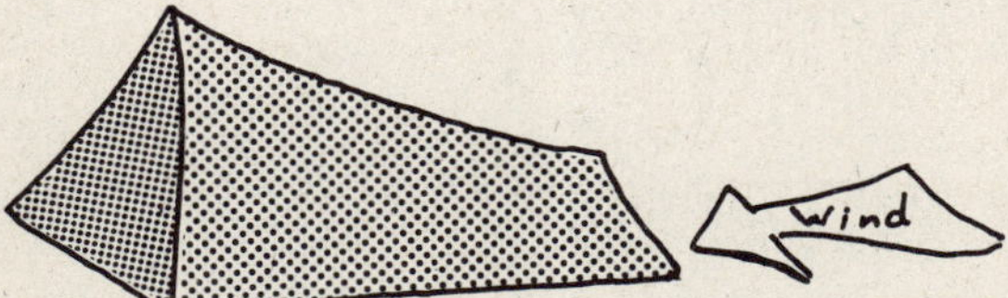


Dom- oder Igluzelte haben den Vorteil, daß sie in Relation zum Gewicht meist geräumiger sind als andere Zelte und zudem selbsttragend, d.h. ohne Häringe aufzustellen.

## Ausrüstung

**Zeltboden:** Der Boden des Zeltes sollte wie das Überzelt aus wasserdicht beschichtetem Polyestergewebe bestehen. Er soll an den Seiten wenigstens 10 cm wannenartig hochgezogen sein, um Bodennässe und Spritzwasser sicher abzuhalten.

**Eingänge** sollten einfach und bequem zu benutzen sein und dem müden Wanderer keine allzu großen Kunststücke abverlangen. Ich weiß nicht, ob ich mich mit jenen Schlupflöchern anfreunden könnte, die sich einen halben Meter über dem Erdboden befinden, allein schon der Frage wegen, wie und wo ich meine Stiefel ausziehen soll, wenn ich nicht im Eingang sitzen kann oder in Anbetracht der Verrenkungen, die nötig wären, um in der Apsis zu kochen. Allenfalls bei Tiefschnee und Schneetreiben können solche Eingänge von Vorteil sein.

Ich meine, ein Eingang sollte bis zum Boden reichen und eine ganze Giebelseite umfassen. Zelte mit querlaufendem First haben meist zwei Eingänge, was sich besonders in heißen Gegenden als sehr angenehm erweist, wenn man das Zelt zur Kühlung durchlüften will.

Bei aller Skepsis scheint mir heute ein solider Reißverschluß aus Kunststoff die beste und einfachste Möglichkeit zu sein, den Eingang dicht zu verschließen. Von Reißverschlüssen aus Metall ist abzuraten, da sie bei Temperaturen unter $0^{\circ}$ C leicht vereisen.

**Moskitonetz:** Ein Zelt, das nicht durch ein Moskitonetz in sämtlichen Öffnungen "moskitodicht" verschlossen werden kann, ist in meinen Augen ein Unding für den Wildnisreisenden. Gerade diejenigen Gegenden, in denen sich die größten Wildnisgebiete erhalten haben (Tundra, Taiga, Tropen), sind mit Stechfliegen überreich gesegnet, und ich kann mir kaum vorstellen, wie jemand in einer sirrenden Wolke von Blutsaugern zu schlafen vermag.

**Befestigung:** Das Innenzelt wird für gewöhnlich mittels Schlaufen oder Ringen direkt am Boden festgepinnt, das Außenzelt dagegen gelegentlich mit Leinen befestigt, die in der Länge verstellbar sind. Das hat den Vorteil, daß man die Heringe dort in die Erde schlagen kann, wo kein Stein liegt und dann die Leine dementsprechend ausrichtet. Dennoch halte ich es für ratsam, auch das Außenzelt so zu befestigen, daß es möglichst dicht am Boden abschließt. Das Zelt ist hierdurch weniger windanfällig und isoliert besser.

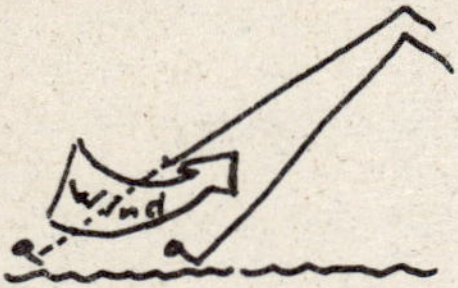

**Apsiden:** Eine geräumige Apsis ist eine herrliche Sache. Man kann darin Stiefel und Socken trocknen, Gepäck griffbereit und geschützt aufbewahren, und man kann außerdem bei schlechtem Wetter darin kochen, ohne den Schlafsack verlassen zu müssen. Eine Apsis kann schwerlich zu groß sein, und wenn ein Zelt deren zweie hat (Querfirst), umso besser.

**Nähte:** Gute Zelte sind mit baumwollüberzogenen Synthetikfäden genäht, die einerseits stabil sind und andererseits bei Nässe quellen und so die Naht abdichten. Kettsäume haben den Nachteil, daß sie sich leicht auftrennen, als Kappnähte.

**Größe:** Leichtgewichtzelte werden in der Regel für zwei bis vier Personen hergestellt. Ein Vierpersonen-Zelt ist wesentlich billiger und leichter als zwei Zweipersonen-Zelte (um nahezu die Hälfte). Ein Nachteil des Vierpersonenzelts liegt darin, daß es für ein größeres Zelt oft schwieriger ist, eine ausreichend große, ebene und freie Fläche zu finden.

**Gewicht:** Ein Leichtgewicht-Zweimann-Zelt mit Doppeldach wiegt durchschnittlich zwischen 2 und 2,5 kp. Benutzt man Zelte für 3 oder 4 Personen, so verringert sich das Pro-Kopf-Gewicht um etwas weniger als die Hälfte. Zelte, die mehr als 1,5 bis 2 kp pro Person wiegen, würde ich für Fußwanderungen icht empfehlen.

**Pflege:** Wenn irgendwelche Nähte am Zelt undicht werden sollten, kann man sie leicht abdichten, indem man sie mit einem Kerzenstummel kräftig einreibt. Je stärker die Reibung, desto dichter wird die Naht, weil das erwärmte Wachs besser in die Poren eindringt.

Ist das Zelt naß geworden, sollte man jede Gelegenheit nutzen, um es zu trocknen. Dies gilt besonders für das Innenzelt. Nicht nur, daß ein nasses Zelt schwerer ist, die Feuchtigkeit schadet auch dem Gewebe. Bei Regen sollte man daher zunächst das Außenzelt aufbauen und erst dann das Innenzelt einhängen bzw. beim Abbau umgekehrt mit dem Innezelt beginnen.

Ein neu gekauftes Zelt sollte man auf jeden Fall zuhause einmal aufschlagen oder noch besser probeweise benutzen, bevor man es auf eine Tour mitnimmt.

**Preis:** Ein gutes doppelwandiges Leichtgewichtzelt für zwei Personen ist zwischen 300 und 600 DM erhältlich. Entsprechende Zelte für drei oder vier Personen sind nur um etwa 15 bis 30 % teurer.

# Ausrüstung

## 5. Kocher

Auf den meisten Wildnisfahrten wird man gut ohne Kocher zurechtkommen. Nur wenn man plant, sich längere Zeit oberhalb bzw. nördlich der Baumgrenze aufzuhalten oder in Wüstengebieten, wo man kein Brennholz findet, wird es sich lohnen, einen Kocher mitzunehmen. Dann sollte man sich allerdings auch für einen entscheiden, der gut heizt, und vor allem nicht beim ersten Luftzug ausgeht.

### BRENNSTOFFE

Zunächst einige wesentliche Eigenschaften der verschiedenen Brennstoffe, die für einen Kocher infrage kommen:

| | |
|---|---|
| Benzin | – brennt mit etwa 10,5 kcal/g<br>– ist überall zu erhalten<br>– sehr leicht entflammbar (Explosionsgefahr) |
| Petroleum | – brennt mit etwa 10,0 kcal/g<br>– weniger leicht entflammbar als Benzin |
| Methanol | – brennt mit etwa 5,3 kcal/g |
| Äthanol (Spiritus) | – brennt mit etwa 5,7 kcal/g<br>– kann als Desinfektionsmittel verwendet werden<br>– ist bei Temperaturen unter $0^{\circ}$ C schwer zu entzünden |
| Butangas bzw. Propan | – brennt mit 22 250 kcal/$m^3$ (Propan) ≙ 11 kcal/g<br>– Kartuschen können undicht sein (nicht im Zelt aufbewahren!)<br>– Explosionsgefahr (angeblich)<br>– leicht zu entzünden |
| Esbit ('Trockenspiritus') | – wenig Heizwert<br>– rußt schwach<br>– feuchtigkeitsempfindlich<br>– nicht leicht zu entzünden |

## KOCHERTYPEN

Die Wahl des Kochers richtet sich vor allem nach dem Brennstoff, der verwendet werden soll.

**Kocher für Festbrennstoffe (Esbit):** Für Festbrennstoffe gibt es einen kleinen Taschenkocher. Er ist nicht viel größer als eine Zigarettenschachtel und faßt, wenn er nicht gebraucht wird, eine Packung Esbit-Tabletten. Er ist windempfindlich und erfordert daher ausreichenden Windschutz. Die Esbit-Tabletten müssen trocken gehalten werden, da sie sonst beim Brennen zerspringen.

Auf manchen Fahrten habe ich nur einen solchen Taschenkocher dabei gehabt. Für den ausschließlichen Dauergebrauch würde ich ihn jedoch nicht empfehlen.

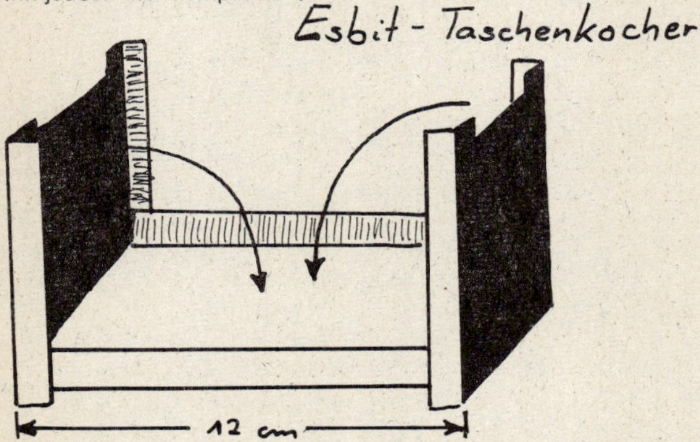


**Gaskartuschen-Kocher:** Einen Kartuschenkocher habe ich einmal benutzt und seither nie wieder. Außer den Nachteilen, die ich im Abschnitt Brennstoffe (Seite 35) erwähnt habe, hat er die unangenehme Eigenschaft, daß er ausgesprochen wackelig steht, so daß man kaum die Suppe umrühren kann, ohne daß der Topf herunterfällt. Zudem heizt er selbst bei leichtem Wind nur noch sehr mäßig und geht leicht aus – oft genug, ohne daß man dies sofort bemerkt.

Insbesondere für den Wintergebrauch sind die meisten, darunter die gängigsten Modelle des Kartuschenkochers weniger oder gar nicht geeignet, da das Butan bei Temperaturen unter dem Gefrierpunkt nicht verdampft und die Kocher daher bei tiefen Temperaturen entweder ganz ausfallen oder zumindest in ihrer Heizleistung beträchtlich nachlassen.
(Näheres dazu siehe "WINTERWANDERN", Band 2 der Reihe 'Travel Aids für die Wildnis').

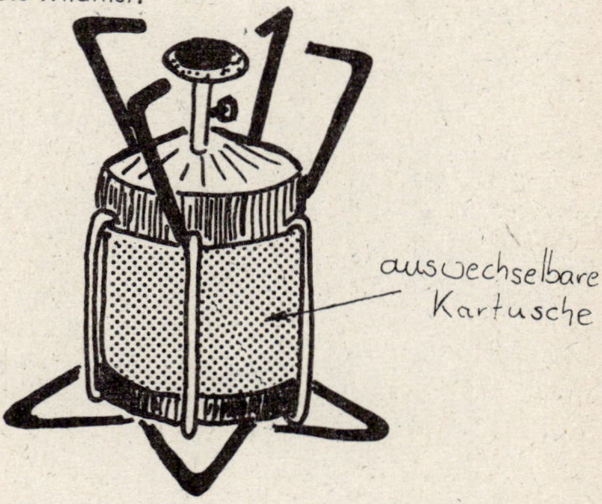


Butangas-Kartuschen-Kocher

**Spirituskocher:** Für Flüssigbrennstoffe gibt es eine Fülle verschiedenster Kocher. Ich möchte hier vor allem ein Modell beschreiben, das nach meinen bisherigen Erfahrungen mit Abstand das beste ist – (abgesehen vielleicht vom Preis). Es handelt sich um das Modell 'Sturmkocher' der schwedischen Firma Trangia, erhältlich bei Tagoss in 21o5 Seevetal, Postfach 131. Dieses Modell ist für Äthanol (Spiritus) bzw. Methanol konzipiert. Es kann notfalls auch mit Petroleum beheizt werden – allerdings unter extrem starker Rußentwicklung. Ich konnte bisher leider nicht in Erfahrung bringen, ob es entsprechende Modelle gibt, die besser für Petroleum oder auch für Benzin geeignet sind.

Der Sturmkocher ist in Transportform etwa so groß wie ein 2 l-Topf, wiegt je nach Größe 900 – 1100 g und enthält außer Brenner und Windschutz einen kompletten Satz Kochgeschirr. Er ist so konstruiert, daß er selbst bei sehr starkem Wind problemlos benutzt werden kann.

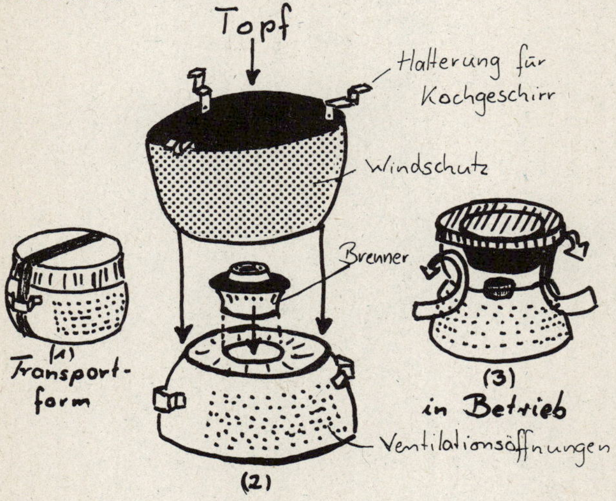


Sturmkocher für Spiritus

## Ausrüstung

Wie die Zeichnungen 2 und 3 auf der vorangegangenen Seite zeigen, wird der Kocher so zusammengesetzt, daß der Brenner vollkommen gegen Wind geschützt ist und trotzdem ausreichend mit Sauerstoff versorgt wird. Die Töpfe bzw. die Kanne werden im oberen Teil des Windschutzes eingesetzt und können mit der Pfanne zugedeckt werden. Dadurch ist maximale Wärmeausnutzung gewährleistet (siehe Skizze 3). Für die Pfanne selbst werden die Halterungen nach oben gekippt (siehe Skizze 2).

Zusammengepackt findet alles im unteren Teil des Windschutzes Platz und wird wiederum mit der Pfanne zugedeckt (siehe Skizze 1).

Die einzigen Nachteile dieser Kochers sind, daß – soweit ich weiß – keine Töpfe mit Henkel dazu geliefert werden, was sich dann als ungünstig erweist, wenn man sie über offenem Feuer benutzen will, und daß die Flamme nicht regulierbar ist.

**Benzinkocher:** Der Benzinkocher ist von den bisher genannten Typen der komplizierteste, da für den Betrieb im Tank ein Druck erzeugt und der Brennstoff zunächst verdampft werden muß, bevor der Kocher angeheizt werden kann.

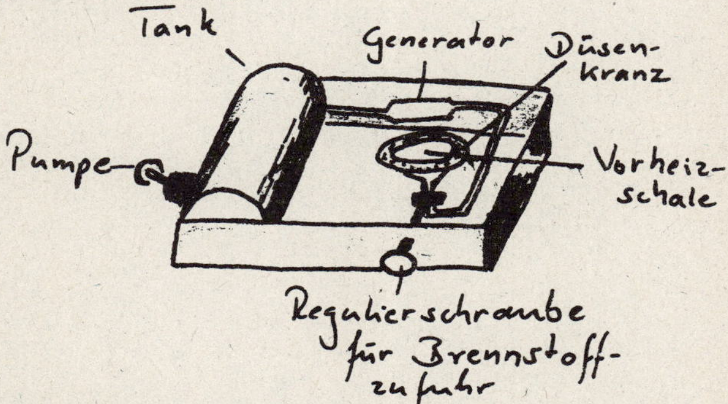


Die prinzipielle Funktionsweise eines Benzinkochers soll obige Skizze verdeutlichen helfen:

## Ausrüstung

Zum Anheizen wird zunächst mittels einer Handpumpe ein Druck im Tank erzeugt, der den Brennstoff in den Generator (Vergaser) treibt. In der Vorheizschale auf dem Brennkopf wird etwas Vorheiz-Paste, Benzin, Esbit o.ä. angezündet, um das Benzin im Generator, der sich über dem Brennkopf befindet, zu verdampfen und den Benzindampf weiter zur Düse zu leiten.

Kurz bevor die Vorheiz-Flamme verlischt, kann man das Ventil für die Regulierung der Brennstoffzufuhr etwas öffnen und der austretende Benzindampf entzündet sich an der Vorheizflamme.

Der Benzinkocher soll, um seine maximale Leistung zu erbringen, mit blauer Flamme brennen; bleibt die Flamme gelblich, so ist der Druck zu schwach und es muß noch etwas gepumpt werden.

Dieser Vorgang ist wohl etwas komplizierter als das Anzünden eines Spiritus- oder Gaskochers, jedoch nicht ganz so kompliziert wie sich die Beschreibung anhören mag.

Die meisten amerikanischen Modelle erfordern kein Vorheizen. Sie haben ein zusätzliches Luftventil, das vor dem Anzünden des Kochers geöffnet wird. Wiederum durch Pumpen erzeugt man einen Druck, der das Benzin in den Generator treibt, wo es sich mit Luft vermischt und verdunstet. Nun kann man das Brennstoff-Ventil etwas öffnen und das austretende Benzin/Luft-Gemisch entzünden.

Da beim Öffnen des Ventils meist zunächst nur etwas Luft ausströmt, wartet man einige Sekunden, bevor man das Streichholz an die Düse hält, da es sonst ausgeblasen wird. Mit etwas Übung kann man durch das Geräusch des austretenden Gases unterscheiden, ob es sich um Luft oder Benzin/Luft–Gemisch handelt.

Der Brenner erhitzt nun das Benzin/Luft-Gemisch und sobald er mit einer gleichmäßig blauen Flamme brennt – in der Regel nach ca. einer Minute – schließt man das Luftventil, damit der Generator nur noch Benzin verdampft wird.

Diese Modelle sind etwas einfacher zu bedienen und können schneller in Betrieb genommen werden.

Die meisten europäischen Modelle wie Optimus, Primus, Svea haben meines Wissens diese Vorrichtung nicht und müssen daher vorgeheizt werden.

(Genaugenommen wird natürlich jeder Benzinkocher 'vorgeheizt', nur daß dies bei den amerikanischen Modellen mit Luftventil nicht als gesonderte Prozedur auffällt).

Der wesentliche Nachteil des Benzinkochers ist nach meiner Auffassung seine Kompliziertheit im Vergleich zu den bisher besprochenen Modellen. Dadurch ist er natürlich auch störanfälliger als diese und mit einfachen Mitteln oft nicht mehr zu reparieren. Die Vorteile sind, daß Benzin als Brennstoff eine sehr hohe Heizkraft in Relation zum Gewicht aufweist, kürzeste Kochzeiten ergibt und außerdem relativ preisgünstig und in fast allen Teilen der Welt vergleichsweise einfach zu bekommen ist.

Zudem verliert der Benzinkocher bei kaltem Wetter erheblich weniger an Heizkraft als beispielsweise Gaskocher.

Obwohl ein guter Benzinkocher eine selbstreinigende Düse besitzt, sollte er nach Möglichkeit mit hoch gereinigtem, bleifreiem Benzin beheizt werden, damit er möglichst lange sauber bleibt.

Einige Kocher können jedoch auch mit handelsüblichem Super-Benzin von der Tankstelle beheizt werden, ohne daß sie allzu schnell verstopfen.

Einer davon ist der amerikanische Coleman-Kocher 'Peak 1', der in der Bundesrepublik von der Firma 'Alles für den Tramper GmbH' in 1000 Berlin 31, Wexstr. 28 vertrieben wird. Er besitzt eine selbstreinigende Düse und hat eine besonders hohe Brennleistung — ein Liter Wasser kocht in ca. 3 bis 4 Minuten. Er wiegt rund 875 g und kostet ca. 78 DM (Stand 1980).

Der Benzinkocher 'Optimus 80' hat dagegen den Vorzug, daß er mit 520 g deutlich leichter ist und mit 13x8 cm besonders klein und platzsparend. Der Brenner ist bei diesem Modell in einer Blechdose eingebaut, die gleichzeitig als Windschutz dient. In der

Heizleistung bleibt er allerdings beträchtlich hinter dem 'Peak 1' zurück – ein Liter Wasser kocht in ca. 6 Minuten. Nach meiner letzten Information (Sommer 80) kostete er 83 DM.

Ein Modell, das man mit etwas Glück sehr preisgünstig bekommen kann, ist der Bundeswehr-Kocher Typ 'Super'. Gebraucht wurde er schon für weniger als 10 DM angeboten von der Firma 'Räer GmbH', Altes Dorf 18-20 in 3200 Hildesheim.

Was das Vorheizen anbelangt, nimmt er eine Zwischenstellung ein: Man braucht lediglich ein Ventil zu öffnen und etwas Benzin zum Vorheizen fließt direkt aus dem Tank in die Vorheizschale und kann sofort angezündet werden. Hierdurch ist dieses Modell ebenso schnell und einfach in Betrieb zu nehmen wie die amerikanischen Kocher mit Luftventil.

Er ist in einem Klappschutzkasten eingebaut mit einem 0,5-Liter-Tank im Deckel (Brenndauer ca. drei Stunden) und besitzt eine selbstreinigende Düse.

Der wesentliche Mangel dieses Kochers ist das Gewicht und die Maße: mit 1,6 kp ist er mehr als dreimal so schwer wie der Optimus 90 und auch entsprechend größer (22x19x9cm).

EINIGE TIPS ZUM SICHEREN UMGANG MIT BENZINKOCHERN

– den Tank erst nachfüllen, wenn der Kocher abgekühlt ist;
– zum Nachfüllen benutzt man am besten einen kleinen Trichter mit eingebautem Sieb, um kein Benzin zu verschütten und um zu vermeiden, daß Schmutzpartikel in den Tank gelangen, die den Generator verschmutzen und die Brennleistung vermindern können
– falls etwas Benzin verschüttet wird, sollte man es wegwischen oder verdunsten lassen, bevor man den Kocher anzündet
– den Tank nicht über die vom Hersteller angegebene Grenze hinaus füllen; ist der Tank überfüllt, wird der Luftraum darin vermindert und man muß öfter pumpen, um einen ausreichenden Druck zu erhalten. Außerdem wird der Druck dann leicht zu hoch – die Flamme entfernt sich vom Brennkopf und geht leicht aus.

— nicht zuviel pumpen, um Überdruck zu vermeiden (Siehe oben).
— in größeren Hönen, in denen der Luftdruck deutlich geringer ist, sollte man den Benzinkocher mit geringerem Druck in Betrieb nehmen (weniger pumpen), um zu vermeiden, daß vor dem Anzünden schon zu viel Benzin austritt.
— den Tank vor Hitze schützen; falls man einen Windschutz benützt, darf er die Hitze nicht auf den Tank reflektieren
— Rückstände beim Verdampfen des Benzins verschmutzen im Laufe der Zeit den Generator, reduzieren die Heizleistung und können die Düsen verstopfen. Es empfiehlt sich daher, den Generator gelegentlich zu reinigen oder auszuwechseln, um sich Schwierigkeiten unterwegs zu ersparen;
— auch um die Düsen des Brennkopfes setzt sich mit der Zeit Schmutz ab, der zu einer gelben Flamme mit Rauchentwicklung führt und so die Heizleistung reduziert und die Töpfe verrußen läßt; sie sollten daher gelegentlich mit einer alten Zahnbürste o.ä. gereinigt werden;
— beim Verbrennen von Benzin entsteht giftiges Kohlenmonoxid. Im Freien besteht keine Gefahr; der Kocher darf jedoch niemals in geschlossenen Räumen ohne ausreichende Ventilation (Zelt) benutzt werden. Kohlenmonoxid ist geruchslos; erste Vergiftungssymptome sind Kopfschmerz, Schwindel und Übelkeit. Außerdem ist eine Kohlenmonoxid/Luft-Mischung hochexplosiv;
—Benzin sollte am besten in dicht schließenden Aluminium-Flaschen transportiert werden, die die deutliche Aufschrift 'BENZIN' tragen. Die Flaschen sollten nie randvoll gefüllt werden — besonders bei warmem Wetter ist ein ausreichender Luftraum erforderlich, um einen Überdruck in den Flaschen zu vermeiden.

**Petroleumkocher:** Der Petroleumkocher funktioniert nach demselben Prinzip wie das entsprechende Modell des Benzinkochers (siehe Seite 39), das heißt, er erfordert eine Vorheizperiode und man muß pumpen, um im Tank einen Druck zu erzeugen. Petroleumkocher, die wie die amerikanischen Benzinkocher keine Vorheizperiode erfordern, sind mir nicht bekannt.

Der wesentliche Vorteil des Petroleumkochers allen anderen Modellen

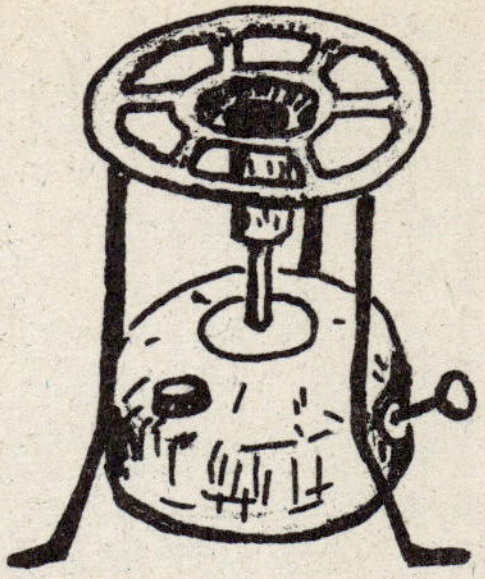

Petroleumkocher gegenüber liegt darin, daß er in seiner Heizleistung nicht durch Kälte beeinträchtigt wird, weshalb Polarexpeditionen auch stets mit Petroleumkochern ausgerüstet waren. Für Wintertouren, auf denen die Temperaturen wesentlich unter dem Gefrierpunkt liegen, würde ich daher zu zu einem Petroleumkocher raten; er rußt etwas und erfordert eine Vorheizperiode – aber er brennt!

Außerdem hat Petroleum einen sehr hohen Heizwert, ist fast überall leicht zu bekommen – auch in Asien und Südamerika – und ist der wohl preisgünstigste Brennstoff für Camping-Kocher.

Da es einen unangenehm öligen Geruch hat, sollte Petroleum nur in absolut dicht schließenden und unzerbrechlichen Behältern transportiert werden und nicht gerade zwischen den Lebensmitteln.

**Holzkocher:**
Der amerikanische Holzkocher ist eine Weiterentwicklung des einfachen Hobo-Ofens zu einem wesentlich effektiveren 'Gebläsekocher', der nach dem Schmiedefeuer-Prinzip funktioniert.

Ein batteriebetriebener Ventilator im unteren Teil des Kochers saugt von außen Luft an, bläst sie in den Brenner-Topf und sorgt so für intensive Sauerstoffzufuhr.

Im Brenner-Topf wird mit leicht brennbarem Material ein Feuer angezündet. Sobald es richtig zu brennen anfängt, schaltet man den Ventilator ein und legt weiteres Brennmaterial nach.

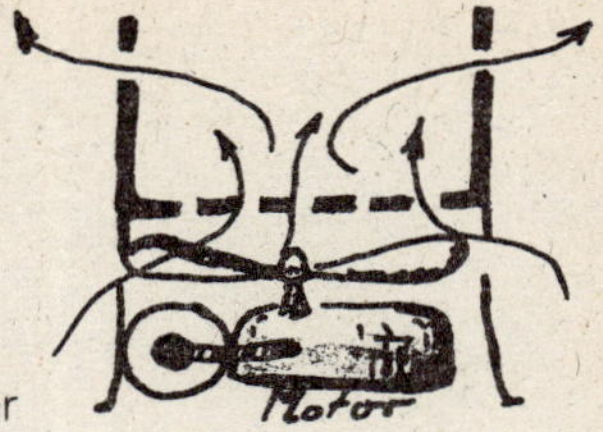


Holzkocher

Der Holzkocher kann mit allen brennbaren Materialien wie Holz, Tannzapfen, Wurzeln, Torf, Moos, Flechten etc. beheizt werden und gewährleistet optimale Ausnutzung der Energie des Brennmaterials. Die Vorteile des Holzkochers sind: daß er keine künstlichen Brennstoffe erfordert (allerdings als Stromquelle für den Ventilator eine Batterie, die ca. acht Stunden hält), daß er die Heizkraft des Brennmaterials um ein Vielfaches besser ausnutzt als ein offeners Feuer und daß er es so möglich macht, auch in solchen Gegenden noch mit kärglichem natürlichem Brennstoff auszukommen, wo dies sonst nicht mehr möglich wäre.

Nachteile sind, daß man auf Batterien angewiesen ist, die bei kaltem Wetter viel Energie verlieren (Batterien deshalb bei kaltem Wetter nahe dem Körper tragen) aud der vergleichsweise komplizierte und daher unterwegs kaum zu reparierende Elektromotor.

Bei starkem Wind ist ein Windschutz aus Steinen, Alu-Folie o.ä. zu empfehlen.

Der Holzkocher wiegt 400g und mißt 12 x 7,5 cm; er gehört somit zu den leichtesten und platzsparendsten Kochern.

Vertrieben wird der Holzkocher von: Volker Lapp, Am Albanusweinberg 2, in 6450 Hanau 7.

## KOCHEN IM ZELT

Direkt im Zelt sollte man nie kochen. Der Zeltboden könnte schmelzen; es besteht CO-Vergiftungsgefahr; der Dampf schlägt sich in Zelt und Schlafsäcken nieder etc.

## Ausrüstung

Wenn man in der Apsis kocht, ist unbedingt darauf zu achten, daß ausreichende Sauerstoffzufuhr gewährleistet ist – den Eingang wenigstens teilweise geöffnet lassen.

## Ausrüstung

### 6. Stiefel

Die Stiefel bilden im wörtlichsten Sinne eine wesentliche Grundlage jeder Wandertour und verdienen daher besondere Beachtung.

Wanderstiefel sollen möglichst leicht sein, wasserabweisend, aber atmungsaktiv, sollen bequem passen, dem Fuß guten Halt bieten und selbstverständlich aus bestem Material und einwandfrei gearbeitet sein. Hier einige allgemeine Kriterien für einen guten Wanderstiefel:

1. Die Sohle sollte aus Kunststoff (Vibram) bestehen (kein Leder!),

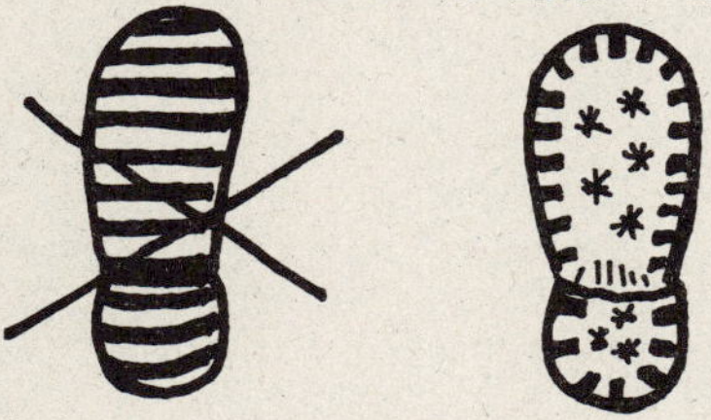

mit dem Oberleder vernäht sein und nach allen Seiten Halt bieten.

2. Je weniger Nähte der Schuh hat, desto besser. (Wo keine Naht ist, kann sie auch nicht drücken.)
3. Der Fuß muß genügend Spielraum haben – Wanderstiefel wenigstens 1 – 1 1/2 Nummern größer kaufen. (Der Fuß schwillt bei Belastung etwas.)
4. Auf guten Halt für die Ferse achten – (sonst kauft man die Blasen gleich mit!)

5. Die Stiefel sollen unbedingt bis über den Knöchel reichen, um dem Fuß guten Halt zu bieten. Was allerdings darüber hinausgeht

(über 15 cm) ist in einigermaßen trockenen Gegenden überflüssiges Gewicht.

6. Sollten für andere Ansprüche (etwa Wanderungen in Tundra und Taiga) höhere Stiefel erforderlich sein, so würde ich solche vorziehen, deren Schaft per Haken geschnürt wird.
7. Für Schnürsenkel wird gelegentlich geflochtenes Nylon empfohlen. Bei kaltem Wetter würde ich allerdings die gewöhnlichen Baumwoll-Schnürsenkel vorziehen.

Weitere Ansprüche richten sich nach Gelände und Wetter, in dem die Stiefel hauptsächlich benutzt werden sollen.

**Touren- oder Wanderstiefel:** Für Wanderungen in trockenen Gebieten bieten Schuh- oder Sportgeschäfte ein breites Spektrum an Wander- oder Tourenstiefeln. Bei diesen Stiefeln reicht es auch aus, wenn sie den oben genannten Anforderungen genügen.

**Gummistiefel:** Für Wanderungen in nördlichen Regionen sind Lederstiefel nicht geeignet. Durch den Permafrost kann das Wasser nicht versickern – der Boden ist oft feucht und moorig, und immer wieder watet man durch flache Bachläufe. Lederstiefel, auch die besten, sind am ersten Abend durchweicht. Dann kann man sie entweder am Feuer trocknen, was dem Leder schadet (es wird hart und spröde) oder weiterhin in nassen Stiefeln wandern.

Eine ideale Lösung gibt es nicht. Ich habe anfangs Gummistiefel mit Fußbett und kniehohem weichen Schaft benutzt und war überrascht, wie brauchbar sie sind. Es ging sich in ihnen bequemer als erwartet und dank des hohen Schafts war es möglich, die meisten Bäche mit den Stiefeln zu durchwaten. Diese Gummistiefel habe ich in Schweden gekauft; in den letzten Jahren tauchen sie aber auch bei uns in den Schuhgeschäften auf.

Ein wesentlicher Nachteil der Gummistiefel ist natürlich die mangelnde Ventilation und die daraus folgende Kondenswasserbildung. Ich habe die Stiefel deshalb zwei Nummern größer gekauft, und über die gewöhnlichen Socken noch ein Paar Übersocken gezogen, die speziell für Gummistiefel konzipiert sind. Sie bestehen aus zwei verschiedenen Schichten. Die Feuchtigkeit durchdringt beide

Schichten, kondensiert an der Innenseite des Stiefels und wird von der äußeren Schicht der Übersocken aufgesogen ("Pampers-Prinzip"). Die Füße bleiben relativ trocken. Je öfter man die Übersocken wechseln und /oder lüften kann, je besser. Falls man die Übersocken in Schuh- oder Sportgeschäften vergeblich sucht, kann man bei einen Schuhmacher danach fragen, oder in einem Fachgeschäft für Berufskleidung.

**Kombinierte Gummi/Leder-Stiefel:** Besser als Gummistiefel sind nach meinen Erfahrungen jedoch kombinierte Gummi/Leder-Stiefel, wobei der Schaft aus Leder besteht und der untere Teil bis zum Knöchel aus Gummi. Je niedriger der Schaft, desto besser die Ventilation – aber je höher, desto besser zum Waten.

Solche Stiefel findet man möglicherweise gebraucht in Armeewarenhandlungen. Falls nicht, wendet man sich an Ausrüster, die schwedische Fabrikate führen. Teilgummistiefel werden u.a. hergestellt von der Firma Fjällräven GmbH, Fraunhoferstr. 14, D-8033 München-Martinsried.

**Überschuhe:** In Kanada werden Überschuhe aus Gummi angeboten, die – falls nötig – über die Stiefel gezogen werden können und die man bei trockenem Gelände abnehmen kann. Dies scheint mir die bisher beste Lösung zu sein, vorausgesetzt, sie sind nicht zu klobig und störend beim Gehen. Leider habe ich bisher solche Überschuhe auf dem deutschen Markt noch nicht gefunden. Man könnte es ebenfalls in einer Armeewarenhandlung versuchen.

Überschuhe und -stiefel gibt es bei Eduard Kettner, Postfach 101165 in 5000 Köln 1 (Diesen Hinweis verdanke ich Herrn Detlev Siefken).

**Insulated Boots,** die bei uns als Jagdstiefel verkauft werden, sind ganz aus Kunststoff mit einer isolierenden Schaumstoffüllung. Sie halten gut warm, allerdings nur für kurze Zeit, dann sind sie feucht vom Kondenswasser und verlieren ihre isolierende Wirkung. Außerdem sind sie schwer und klobig. Für Wanderungen würde ich sie nicht empfehlen.

## Ausrüstung

**Turnschuhe:** Außer einem Paar solider Wanderstiefel nehme ich stets ein Paar leichte Segeltuch-Turnschuhe mit. Sie sind recht praktisch in Hütten, abends vor dem Zelt oder für einen Ruhetag und wichtig, wenn ein Bach zu tief ist, als daß er in Stiefeln durchwatet werden könnte. (Siehe Seite 106).

**Einlaufen der Stiefel:** Neue Lederstiefel sollten in jedem Fall zeitig vor einer Tour eingelaufen werden. Die schnellste und angeblich brauchbare Methode soll darin bestehen, sich eine Viertelstunde mit den Stiefeln ins Wasser zu stellen und dann damit zu marschieren, bis sie trocken sind.

Ich ziehe es vor, meine Stiefel – nicht nur neu gekaufte – vor einer größeren Tour täglich zu tragen und gelegentlich auch kurze Tagestouren zu unternehmen. Auf diese Weise werden nicht nur die Stiefel eingelaufen, sondern auch die Füße.

Gummi- oder Teilgummistiefel müssen nicht unbedingt eingelaufen werden. Es empfiehlt sich dennoch, die Füße zeitig an die Stiefel zu gewöhnen, da sonst die ungewohnte Druckbelastung oberhalb der Ferse in den ersten Tagen problematisch sein könnte.

**Pflege:** Alle Lederstiefel sollten regelmäßig mit einem guten Lederöl behandelt werden. Zu wenig Öl läßt das Leder hart und spröde werden – durch zu viel wird es zu weich, und die Stiefel bieten nicht mehr genügend Halt.

Stiefel jedoch nie in nassem Zustand einölen. Feuchte Lederstiefel nie Frost aussetzen (das Leder könnte brechen, wenn es gefriert) und nach Möglichkeit nicht am Feuer trocknen.

# 7. KLEIDUNG

Kleidung für Wildnis-Trips soll leicht sein, haltbar und locker passend, so daß die Bewegungsfreiheit nicht eingeengt wird, sollte leicht waschbar sein, einfach zu flicken und schnell trocknend, außerdem windfest, wasserabweisend, aber gleichzeitig atmungsaktiv. Besonders wichtig ist es, daß die Kleidung genügend Möglichkeiten zur Ventilation bietet und daß man sie in Schichten tragen kann (also besser zwei dünne Pullover als ein dicker). Will man bei kaltem Wetter nicht frieren, ist es sehr wichtig, nicht zu schwitzen. Wasser ist ein wesentlich besserer Wärmeleiter als Luft, und wenn die Kleidung feucht vom Schweiß ist, verliert sie ihre Isolierfähigkeit - der Wärmeverlust nimmt um ein Vielfaches zu.

## MATERIAL

Die üblichen Materialien für die Herstellung von Kleidung, die o.a. Anforderungen genügen soll, sind Baumwolle, Synthetiks und Wolle. Hier kurz ihre wesentlichen Eigenschaften:

**Baumwolle**

— leicht zu waschen
— leicht zu flicken
— hautfreundlich
— feuchtigkeitsaufsaugend
— trocknet langsam
— relativ schwer

**Synthetics**

— wasserabweisend
— leicht
— kein Einlaufen
— reißfest
— trocknet schnell
— schwer zu reparieren
— empfindlich gegen Funken, Glut
— bei Kälte brüchig
— wenig atmungsaktiv

## Ausrüstung

### Wolle

- gute Isolation
- elastisch
- auch in feuchtem Zustand wärmer und angenehmer als andere Materialien
- atmungsaktiv

- schlecht zu waschen
- trocknet langsam
- kann allergische Hautreaktionen verursachen

Ein Baumwoll-Synthetik-Gemisch ergibt ein windfestes, wasserabweisendes und doch atmungsaktives Material, das auch sonst eine Kombination relativ günstiger Eigenschaften für die äußere Bekleidungsschicht aufweist.

Bei kaltem und besonders bei naßkaltem Wetter ist für die inneren Schichten Wolle oder ein Wolle/Kunstfaser-Gemisch zu empfehlen.

Als **Füllmaterialien** für besonders wärmeisolierende Kleidung kommen Daunen und Dacron II infrage. (Siehe auch Kapitel Schlafsäcke).

### Daunen

- sehr gute Isolationseigenschaften
- geringer Stauraum

- trocknet schwer
- nässeempfindlich
- nicht leicht waschbar
- minimale Isolation bei Nässe

### Dacron II

- gute Isolationseigenschaften
- wenig nässeempfindlich
- trocknet schnell
- leicht waschbar
- billiger als Daunen

- schwerer als Daunen
- weniger komprimierbar
- Endlosfaser (günstig bei Beschädigung des Außenmaterials)

## Ausrüstung

Es zeigt sich, daß in feuchtem Klima Dacron II vorzuziehen ist, während für trockenes, kaltes Winterwetter Daunen weitaus bessere Eigenschaften aufweisen.

### EINZELNE ARTIKEL

**Socken:** Bei Socken ist es besonders wichtig, daß sie gut sitzen. Socken, die rutschen und Falten werfen, verursachen Blasen. Also unbedingt auf formstabile Socken Wert legen und stets darauf achten, daß sich beim Tragen keine Falten bilden. Ein Gummizug am oberen Rand ist jedoch nicht zu empfehlen – er behindert die Blutzirkulation. Socken werden auf Wanderungen meist in zwei bis drei Schichten getragen, wovon sich die innerste vor allem nach der Empfindlichkeit der Füße richtet. Am hautfreundlichsten sind leichte Socken aus ungefärbter Baumwolle oder Seide. Darüber kommen, je nach Temperaturverhältnissen, mittelschwere bis schwere Socken aus Wolle oder einem Wolle-Synthetik-Gemisch. Ist man durch nasses, mooriges Gelände (z.B. Tundra) gezwungen, Gummistiefel zu tragen, so empfiehlt es sich, außerdem zweischichtige Übersocken zu benutzen. (Siehe auch Kapitel "Stiefel", S. 47 ). Die innere Schicht dieser Socken läßt verdunstende Körperfeuchtigkeit durch und dient hauptsächlich dazu, die äußere Schicht, welche die kondensierte Feuchtigkeit aufsaugt, auf Distanz zu halten. Auf diese Weise wird erreicht, daß die Füße einigermaßen trocken bleiben.

**Unterwäsche:**

Wolle hat den Vorzug, auch in feuchtem Zustand besser warmzuhalten und sich angenehmer zu tragen als Baumwolle. Selbst wenn es einem unangenehm ist, Wolle direkt auf der Haut zu tragen, empfiehlt es sich, besonders bei nassem Wetter, wenigstens eine Garnitur wollene Unterwäsche mitzunehmen.

Fischnetz-Unterwäsche gewährleistet eine gut isolierende Luftschicht zwischen Körper und Oberbekleidung, sofern letztere eng anliegend ist. Da dies bei Wanderkleidung in der Regel nicht der Fall sein wird, trägt man bei kaltem Wetter über der Fischnetz-Unterwäsche eine Garnitur gewöhnlicher Woll- oder Baumwollunterwäsche. Hat man schwere Lasten zu tragen, wird man es als angenehmer empfinden, auch unter das Fischnetz-Unterhemd ein T-Shirt o.ä. anzuziehen, da sonst die Tragriemen das Netz schmerzhaft in die Haut drücken können.

Im Sommer nehme ich anstatt Unterhemden gewöhnlich ein oder zwei T-Shirts aus Baumwolle mit.

**Hemd:** Das Hemd sollte weit sein, locker sitzen und zwei verschließbare Taschen besitzen. Ein leichtes Wollhemd hat den Vorteil, daß es bei warmem Wetter winddurchlässig und daher kühl ist und bei kaltem Wetter unter einer windfesten Jacke oder einem Parka gut isoliert. Da es jedoch schlecht trocknet, empfiehlt es sich, außerdem ein Hemd aus dicht gewobener Baumwolle oder ein Flanellhemd mitzunehmen. Bei warmem Wetter trage ich meist nur ein Baumwoll-T-Shirt.

**Hose:** Obwohl in den meisten gängigen Wanderbüchern heftig davon abgeraten wird und Kniebundhosen gepriesen werden, habe ich bisher Jeans auf meine Touren mitgenommen und gute Erfahrungen mit ihnen gemacht. Man sollte allerdings verschiedenes beachten:

1. Sie dürfen nicht zu eng sein, um genügend Bewegungsfreiheit zu lassen.
2. Sie sollten nicht ganz neu sein, sondern ein- oder zweimal gewaschen, damit sie geschmeidiger werden.
3. Man sollte nicht denken, für die Wildnisfahrt wären die ganz alten, abgewetzten und geflickten Hosen gerade recht. Sonst hat man schon nach wenigen Tagen garantiert nur noch Fetzen.

## Ausrüstung

Kniebundhosen – wie gesagt – kenne ich nicht. Darüber wissen die üblichen Wanderbücher besser Bescheid. Nur eines: Keine Krachledernen ! Nach dem ersten Regen sind sie unbrauchbar.

Ganz brauchbar scheint mir die Bundeswehr-Arbeitshose. Sie ist in Second-Hand-Shops preiswert zu erstehen, besteht aus dicht gewobenem und stabilem Baumwollstoff, ist solide gearbeitet und besticht durch ihre zahlreichen geräumigen Taschen. Im letzten Sommer habe ich sie erstmals ausprobiert. Ihr Nachteil gegenüber Jeans: Sie ist schwerer und trocknet etwas langsamer.

Für Wintertouren wird außerdem eine Wollhose erforderlich sein. Man wählt sie noch weiter geschnitten als dies eine Wanderhose ohnehin ist. Am besten sollte sie so weit sein, und mit Knopflaschen an den Knöcheln versehen, daß sie über die Stiefel angezogen werden kann.

**Regenkleidung:** Der Regen ist das ewige Problem auf Wanderungen. Eine perfekte Regenkleidung gibt es nicht. Wenn man im Regen wandert, wird man naß – entweder von außen durch den Regen oder durch Kondenswasser von innen.

Ich habe verschiedenes ausprobiert: Der beste Kompromiß ist wohl ein solider P o n c h o . Er ist wasserdicht und ermöglicht dennoch, da locker getragen, hinreichende Ventilation; er kann den Rucksack mit bedecken und ist sehr vielseitig verwendbar: als Notzelt, Bodentuch, Schlafsackhülle, Abdeckplane etc. Sein entscheidender Nachteil: das ewig flatternde Zeug behindert erheblich die Bewegungsfreiheit.

Der weitaus beste und billigste Poncho ist der US-Militär-Poncho aus gummiertem Gewebe. Sein einziger Nachteil: er ist etwas schwerer als die handelsüblichen Kunstfaserponchos. Dafür sind diese wesentlich empfindlicher gegenüber Dornen, Gestrüpp und Funken und daher als Notzelt, Bodentuch etc. weniger geeignet. Außerdem sind sie oft unverschämt teuer. (Siehe nächste Seite)

US-Poncho

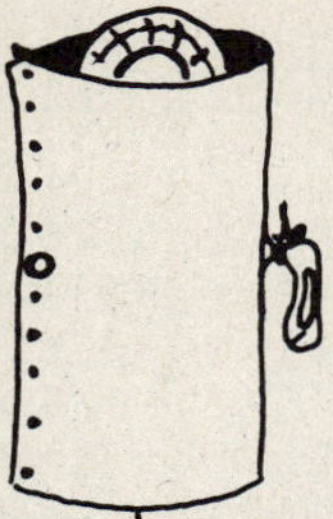
als
Schlafsackhülle

als
Regenkleidung

Das sogenannte Regenhemd soll angeblich eine noch bessere Lösung darstellen. Aus eigener Erfahrung kenne ich es bisher jedoch noch nicht. Durch einen ponchoähnlichen Schnitt, aber mit weiten, nur an den Gelenken abschließenden Ärmeln soll es geringe Kondenswasserbildung mit größerer Bewegungsfreiheit kombinieren. Hierduch ist es allerdings längst nicht so vielseitig verwendbar wie der Poncho.

Regenjacke, Regenhose und dergleichen **wasserdichte** Kleidung ist wohl weniger lästig als ein flatternder Poncho, hat aber den wesentlichen Nachteil, daß man bei körperlicher Aktivität darunter schnell durch Kondenswasser von innen her durchnäßt wird. Immerhin mag man das als doch noch angenehmer empfinden als kalten Regen von außen.

Anoraks sind meist atmungsaktiv (das bedeutet: keine oder geringe Kondenswasserbildung im Inneren). Dafür sind sie nicht völlig wasserdicht und lassen bei längerem Regen doch etwas Regen durch.

**GORE-TEX** ist ein relativ neues Material, das erst seit etwa zwei Jahren von führenden Herstellern verarbeitet wird. Es soll **wasserdicht und gleichzeitig (!) atmungsaktiv sein!**
Gore-Tex ist eine mikroporöse Membran mit ca. 1,4 Milliarden Poren pro Quadratzentimeter und einem Porendurchmesser von etwa 0,2 µm (das entspricht ungefähr dem 200sten Teil der Dikke eines menschlichen Haares).

Wassertropfen sind rund 20.000mal größer als die Poren und können deshalb nicht eindringen. Wasserdampfmoleküle dagegen sind rund 700mal kleiner als der Porendurchmesser und können so durch die Vielzahl der Poren gut nach außen diffundieren. Die Atmungsaktivität von Gore-Tex ist ca. 20mal höher als bei beschichteten Materialien. Laut einem Test-Bericht von H. Memminger in 'Tours' (Tours 3/1980, S. 142f) soll das Material in der praktischen Erprobung den hohen Erwartungen tatsächlich entsprechen.

## Ausrüstung

Beim Kauf von Gore-Tex-Kleidung sollte man darauf achten, daß sämtliche Nähte wasserdicht verschweißt sind. Sie sollte pfleglich behandelt werden und regelmäßig gereinigt werden, um ihre Eigenschaften (wasserdicht und atmungsaktiv) zu sein, nicht zu verlieren.

**Pullover:** Sie haben den Nachteil, schwer und platzraubend zu sein. Falls man sich dennoch dafür entscheidet, Pullover mitzunehmen, ist es besser, zwei leichte einzupacken als einen dicken. Ich würde jedoch eine ärmellose Daunenweste bzw. Dacron II -Weste vorziehen. Sie ist wesentlich leichter und platzsparender.

**Jacke:** Ob man ein Wollhemd trägt, den dicksten Pullover oder eine Daunenjacke – bei stärkerem Wind wird man trotzdem frieren, da sie allesamt winddurchlässig sind. Außerdem werden sie alle durch Gestrüpp, Funken etc. leicht beschädigt und sollten deshalb unter einer reißfesten Jacke oder Parka getragen werden. Parka bzw. Jacke sollte aus windfestem, dicht gewobenem Material bestehen (Baumwolle oder Baumwoll-Kunstfaser-Gemisch) und wasserabweisend sein, jedoch **nicht gummiert.** Sie sollte eine gut passende Kapuze mit Schnurzug besitzen, dicht schließbare Ärmel und einen weiteren Schnurzug am unteren Saum. Eine Reihe gut verschließbarer, geräumiger Taschen ist sehr nützlich. Ich habe noch nie ein Kleidungsstück gesehen, das zuviele davon hatte.

Eine D a u n e n j a c k e scheint mir in den meisten Fällen nicht empfehlenswert, sofern man nicht einen windfesten Parka oder ähnliches darüber trägt, – von einem Gebrauch in arktischen Wintern abgesehen, die sehr kalt, trocken und oft windstill sind. Sie ist, wie erwähnt, zu winddurchlässig und sehr empfindlich gegen Risse und Funken. Eine Daunen- bzw. Dacron-II-Weste unter einer windfesten Jacke oder Parka dagegen scheint mir für verschiedenste Bedingungen gut geeignet zu sein.

Ein P a r k a ist nach meinen Erfahrungen einer Jacke vorzuziehen. Dabei verstehe ich unter einem Parka allerdings nicht das, was bei uns z.B. als BW-Parka verkauft wird. Ein Parka ist ein vorne geschlossenes Kleidungsstück. Sein Vorteil liegt in dem sogenannten "Glockenprinzip", das die Eskimos schon seit alters her verwenden. Da der Parka ringsum geschlossen ist, bewahrt er die Körperwärme besser als eine Jacke. Er ist weit geschnitten, gewährleistet also viel Bewegungsspielraum, sowie gute Ventilation durch den weiten unteren Saum, der bei windigem Wetter durch einen Schnurzug verschlossen werden kann. Es ist darauf zu achten, daß der Parka am Hals etwas zu öffnen ist, um bei warmem Wetter zusätzliche Ventilation zu ermöglichen. Ein Parka mit ausknöpfbarem Futter scheint mir die vielseitigste und zweckmäßigste Oberbekleidung.

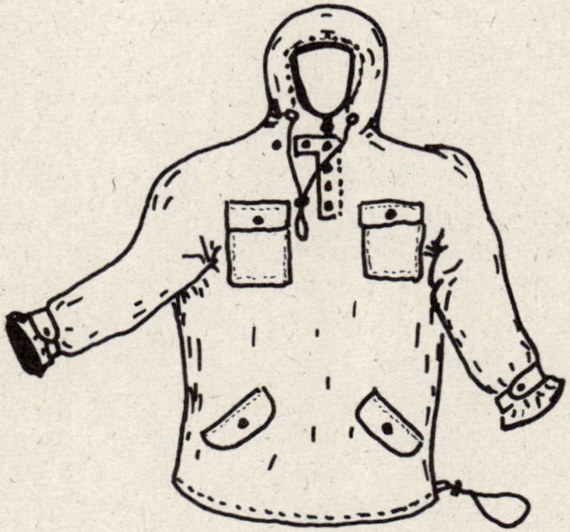

Parka
nach dem 'Glockenprinzip'

## Ausrüstung

**Kopfbedeckung:** Die Frage, ob Hut oder Mütze, ist weitgehend vom Wetter abhängig. Im Sommer ist meist ein robuster Filzhut der geeignete Schutz gegen Sonne, Wind und Regen; bei niedrigeren Temperaturen eine Pelz- bzw. Webpelzmütze mit Ohrenklappen oder eine sogenannte Balaklava - eine windfeste wollene Mütze, die bis über den Hals reicht und nur Augen und Nase frei läßt, bei wärmerem Wetter aber bis zur Stirn aufgerollt werden kann.

Bei kaltem Wetter ist eine gute Kopfbedeckung von oft unterschätzter Wichtigkeit. Bis zu 50 % der Körperwärme gehen über den Kopf verloren.

Bei Touren in Hochgebirgsregionen (Anden, Himalaya) ist eine Kopfbedeckung außerdem wichtig, um vor der zunehmenden UV-Strahlung zu schützen, die sonst zu Kopfschmerzen und Sonnenstich führen könnte.

Der Hut sollte durch einen Kinnriemen gesichert sein, damit er bei einer plötzlichen Bö nicht im Abgrund verschwindet.

**Handschuhe:** Auch im Sommer ist ein Paar billiger Arbeitshandschuhe aus Chromleder, die man überall für ein paar Mark bekommt, recht nützlich. Zwar sind sie nicht unbedingt nötig, aber falls man z.B. beabsichtigt, ein Floß zu bauen, eine Blockhütte o.ä., so sind sie dringend zu empfehlen und ersparen zerschundene Hände.

Im Winter benutze ich woll- oder pelzgefütterte Lederfäustlinge; bei naßkaltem Wetter solche aus wasserfestem Kunststoff. Sie schließen am Gelenk dicht ab und haben Stulpen, die lang genug sind, um über die Ärmel zu reichen. Außerdem sind beide Handschuhe mit einer Schnur verbunden, die um den Nacken läuft, so daß man die Fäustlinge jederzeit schnell abstreifen kann und nachher gleich wieder zur Hand hat.

## 8. Proviant

Auf Rucksacktouren in unwegsamem Gelände braucht der Körper 3000 bis 6000 kcal täglich. Um ihn mit diesen Mengen an Energie versorgen zu können und dennoch Gewicht und Größe des Rucksackes in erträglichen Grenzen zu halten, ist es nötig, energiereiche und wasserarme Nahrungsmittel auszuwählen.

Um auf längeren Fahrten eine ausgewogene Ernährung zu sichern, sollte der Bedarf des Körpers an Fett, Eiweiß, Kohlenhydraten und Vitaminen beachtet werden (s.S. 163ff. – Kapitel "Nahrung").

Hier zunächst eine Liste der wichtigsten Lebensmittel für Wildnisfahrten mit Angabe der Nährwerte und Anwendungsmöglichkeiten (Energiegehalt in kcal/100 g):

**Mehl** (370) – ist wohl das wichtigste und vielseitigste Grundnahrungsmittel. Für Bannock (s.S. 164) und Brot ist dunkles Mehl besser geeignet, für Pfannkuchen, Einbrennen für Gemüse und Eintöpfe etc. angereichertes Weißmehl. Es enthält hauptsächlich Kohlenhydrate und ist reich an Vitamin $B_1$ und $B_2$.

**Sojamehl** (449) – gibt einen guten Geschmack in Suppen, Eintöpfen und Pfannkuchen. Es ist besonders reich an Proteinen.

**Reis** (371) – ist ein weiteres, wichtiges Grundnahrungsmittel. Ungeschälter Reis enthält mehr Vitamine als geschälter, erfordert allerdings eine längere Kochzeit. Reis ist ein wichtiger Lieferant von Kohlehydraten und enthält die Vitamine A, $B_1$ und $B_2$, sowie Mineralien.

**Teigwaren** (390) – als Alternative zum Reis, enthalten ebenfalls hauptsächlich Kohlenhydrate, die Vitamine $B_1$ und $B_2$ sowie Mineralstoffe.

**Kartoffelpulver** (372) – ist durch die Dehydrierung besonders leicht und mit etwas Milch (-pulver), Salz und Butter schnell in ein wohlschmeckendes Purree zu verwandeln. Es enthält die Vitamine

$B_1$, $B_2$ und C, ist reich an Potasche und besteht hauptsächlich aus Kohlenhydraten.

**Dehydriertes Gemüse** – ist, wenngleich teuer, ein ausgezeichneter Bestandteil der Wildnisküche. Es ist schnell und einfach zuzubereiten und enthält die Vitamine A, $B_1$, $B_2$ und C sowie viele Spurenelemente. Aus Armee-Überschüssen ist es wesentlich günstiger zu beziehen als sonst im Handel.

**Haferflocken** (402) – sind eine ausgezeichnete Grundlage für eine schnell bereitete Mahlzeit, ob warm oder kalt, und können auch gut in Bannock oder Brot mitgebacken werden. Sie enthalten hauptsächlich Kohlenhydrate, Protein, Vitamin $B_1$, E sowie viele Mineralstoffe.

**Milchpulver** (500) – ist ein sehr nützliches und wichtiges Nahrungsmittel und vielseitig verwendbar. Es ist reich an Proteinen, Vitamin A, $B_1$, $B_2$ und C, sowie Mineralien; Vollmilchpulver ist leider schwer zu bekommen – wenn überhaupt. Magermilchpulver hat zwar den Vorteil, daß es sich besser löst, schmeckt aber weniger gut und ist ärmer an Nährwerten.

Nachtrag: Vollmilchpulver gibt es in Frankreich im Supermarkt von 'France Lait'.

**Eipulver** (613) – ist ebenfalls sehr nahrhaft und vielseitig verwendbar (für Pfannkuchen, Gebäck, Rührei etc.). Es ist reich an Proteinen, Vitamin A, $B_1$ und $B_2$, sowie Mineralien. 100g Eipulver sollen etwa einem halben Dutzend Eier entsprechen. Im Einzelhandel ist Eipulver hier in der Bundesrepublik meines Wissens nicht erhältlich. Man kann es jedoch über eine Bäckerei von der Einkaufsgenossenschaft BÄKO beziehen; das Kilo zu ca. 17 DM.

**Geräucherter Schinken oder Speck** (400 - 800) – ist bei warmem Wetter nicht unbegrenzt haltbar, bei kühlem und kaltem Wetter jedoch ein ausgezeichnetes und wichtiges Nahrungsmittel, da der Körper bei niedrigen Temperaturen einen erhöhten Fettbedarf hat.

Er enthält außer Fett Protein, die Vitamine $B_1$, $B_2$ und F sowie Mineralstoffe. Der Schinken hält sich länger, wenn man ihn in ein Tuch einschlägt, das mit Essig getränkt und getrocknet wurde. Man sollte ihn unterwegs gelegentlich an einer schattigen, luftigen Stelle aufhängen.

**Butter** (770) – hält sich recht gut, wenn man sie randvoll (d.h. ohne Luftblasen) in dicht verschließbare Behälter packt. Butter ist reich an Vitamin A, D und E und besteht hauptsächlich aus tierischem Fett.

**Margarine** (730) – ist besser haltbar als Butter und dieser bei warmem Wetter vorzuziehen. Sie ist ebenfalls reich an Vitamin A, D und E und besteht hauptsächlich aus pflanzlichen Fetten. Weniger gehärtete Margarinen enthalten mehr ungesättigte Fettsäuren. (Auch in Büchsen erhältlich, gesehen bei Karstadt!).

**Bratfett** (927/47) – Wer viel Speck brät, der braucht kein oder kaum extra Bratfett mitzunehmen – das ausgelassene Schmalz genügt in der Regel.

Nimmt man Bratfett mit, so ist ein Pflanzenfett dem Schmalz vorzuziehen. Es wird heißer, schließt sofort die Poren und zieht daher nicht so sehr in die Speisen ein. Pflanzliche Öle sind außerdem besonders reich an ungesättigten (essentiellen) Fettsäuren.

Fette sollten in dichtschließenden unzerbrechlichen Kunststoffdosen (Hartfett) oder in unzerbrechlichen Flaschen mit Schraub- oder Schnappverschluß (Öl) aufbewahrt werden.

**Hartkäse** (ca. 400 bei 40 % Fett i Tr.) – ist eine gute Quelle für Proteine und Mineralien und besonders reich an Vitamin A und Calcium. Bei warmem Wetter ist er nicht lange haltbar und sollte wie Schinken in ein essiggetränktes Tuch eingeschlagen werden.

**Rosinen und Trockenfrüchte** (250 - 300) – gehören in jeden Rucksack. Sie sind ein ausgezeichneter Energiespender für zwischendurch und ergeben zusammen mit Nüssen und Haferflocken ein nahrhaftes und energiereiches Frühstück. Sie sind reich an Kohlenhydraten in Form von Zucker und enthalten die Vitamine A, $B_1$, $B_2$ und C.

**Nüsse** (ca. 700) – sind besonders energiereich. Sie enthalten viel Fett und pflanzliches Eiweiß.

**Marmelade** (ca. 220) – ist ein geeigneter Brotaufstrich auf Wanderungen. Sie kann mit Zucker und evtl. etwas Gelatine auch unterwegs von wilden Beeren selbst gemacht werden (schmeckt ausgezeichnet!). Sie enthält viel Vitamin C, Fruchtzucker und Fruchtsäure.

**Zucker** (394) – besteht fast ausschließlich aus Kohlenhydraten. Falls man unterwegs selbst Marmelade kochen will, einen entsprechenden Mehrbedarf einkalkulieren.

**Salz** – am besten jodiertes Kochsalz zum Würzen und zum Kochen von Reis und Teigwaren.

**Hefe** – ist als unbegrenzt haltbare Trockenhefe inzwischen auch im Supermarkt erhältlich und für Brot besser geeignet als Backpulver.

**Backpulver** – wird gewöhnlich für Bannock verwendet.

Außer den bisher erwähnten Grundbestandteilen der Wildnisküche gibt es eine Fülle von geeigneten pulverförmigen Fertiggerichten, wie etwa Suppen und Soßen, Eintopfgerichte etc., die als Ergänzung dienen können oder dazu, das Kochen unterwegs zu vereinfachen.

Konserven sind nicht zu empfehlen, da sie zu platzraubend sind und sehr schwer (sie enthalten viel Wasser!).

## PROVIANTLISTE

Nach meinen bisherigen Erfahrungen müßten pro Person und Monat folgende Mengen an Proviant ausreichen:
(Angaben ohne Gewähr)

| | | | |
|---|---|---|---|
| Mehl | 5 kg | Rosinen | 0,5 kg |

## Ausrüstung

| | | | |
|---|---|---|---|
| Reis | 1,5 kg | Nüsse | 1 kg |
| Nudeln | 1,5 kg | Käse | 1 kg |
| Kartoffelpulver | 1 kg | Hartwurst | 1 kg |
| Fertigeintopf | 10 Beutel | Schinken/Speck | 2,5 kg |
| Suppen/Soßen | 10 Päckchen | Eipulver | 0,5 kg |
| Fleischbrühe | 10 Würfel | Zucker | 1,5 kg |
| Tomatenmark | 5 Tuben | Salz | 200 g |
| Marmelade | 1 kg | Backpulver | 200 g |
| Butter/Margarine | 1,5 kg | Trockenhefe | 50 g |
| Milchpulver | 1 kg | Kaffee, instant | 250 g |
| Haferflocken | 1,5 kg | Tee | 20 Beutel |
| Trockenfrüchte | 1 kg | Kakao | 200 g |

(Gesamtgewicht: ca. 27 kp / Gesamtenergiegehalt ca. 100 000 Kcal.)

Diese Liste ist nach meinen persönlichen Erfahrungen und meinem persönlichen Geschmack zusammengestellt. Sie soll lediglich als Beispiel gelten, das je nach Bedürfnissen variiert werden kann. Ausserdem könnte diese Liste gut durch eine Auswahl an dehydriertem Gemüse bereichert werden, das mir bisher jedoch zu kostspielig war.

Sportgeschäfte bieten (z.B. von der Firma Mountainhouse) ein Sortiment von fertig zubereiteten gefriergetrockneten Mahlzeiten an, fertig portioniert und in Plastikbeutel abgepackt, die nur noch mit heißem Wasser aufgegossen zu werden brauchen. Für den Ausnahmefall kann so etwas hie und da sehr praktisch sein, aber 1. ist es ausgesprochen teuer, 2. sind mir die Portionen zu klein und zu geschmacklos und 3. gehört für mich das Kochen dazu, und ich will mir die Freude daran nicht nehmen lassen.

## 9. Checkliste

Über die besprochenen Artikel hinaus werden für einen längeren Wildnistrip eine ganze Reihe weiterer Ausrüstungsgegenstände erforderlich sein. Hier der Übersicht halber alle zusammengefaßt in einer Checkliste, wie ich sie mir für längere (mehrwöchige) Touren zusammengestellt habe.

Sie enthält auch Artikel, die nicht unter allen Verhältnissen unbedingt benötigt werden, Alternativen, bei denen je nach den Bedin dingungen der eine oder andere Artikel gebraucht wird und solche, bei denen die Mengen variieren können.

Solche Posten habe ich nach Möglichkeit durch die Bezeichnung 'bei Bedarf' oder 'nach Bedarf' kenntlich gemacht.

Die Liste erhebt also keinerlei Anspruch auf Verbindlichkeit oder Allgemeingültigkeit und kann je nach Anforderungen abgewandelt werden. Wer sich jedoch beim Zusammenstellen seiner Ausrüstung an ihr orientiert, kann nach meinen Erfahrungen sicher sein, daß er nichts Wesentliches vergessen hat.

Anzumerken wäre noch, daß diese Liste für Touren in gemäßigten Breiten und Sommertouren in subpolaren Regionen erstellt wurde. Für Touren unter anderen Bedingungen (Wüste, Tropen, tiefe Temperaturen) können selbstverständlich andere und weitere Ausrüstungsartikel erforderlich werden.

| | |
|---|---|
| Doppeldachzelt, Leichtgewicht mit Moskitonetz | 1 |
| Schlafsack mit Packbeutel | 1 |
| Isoliermatte | 1 |
| Traggestellrucksack | 1 |
| Rucksackschutz | 1 |
| Unterwäsche (Baumwolle) | |
| Hosen (kurz) | 3 |
| Hemd | 1 |

## Ausrüstung

| | | |
|---|---|---|
| Unterwäsche (Wolle) - bei kaltem Wetter mehr - | | |
| Hose (lang) | 1 | |
| Hemd (langärmlig) | 1 | |
| T-Shirts | 2 | |
| Jeans | 2 | |
| Überhose (Wolle) | 1 | bei Bedarf |
| Ledergürtel | 1 | |
| Socken, Baumwolle leicht | 3 - 4 Paar | |
| Wolle mittelschwer | 3 - 4 Paar | |
| Übersocken (für feuchte Gebiete) | 2 Paar | |
| Hemden, Baumwolle leicht | 1 | |
| Wolle mittelschwer | 1 | |
| Daunen- bzw. Dacron II -Weste (anstatt Pullover) | 1 | |
| Parka mit Kapuze | 1 | |
| Wanderstiefel (ggf. Gummistiefel o.ä.) | 1 Paar | |
| Turnschuhe leicht | 1 Paar | |
| Hut bzw. Mütze oder Balaklava | 1 | |
| Handschuhe oder Fäustlinge | 1 Paar | |
| Poncho, US- | 1 | |
| Jagdmesser | 1 | |
| Taschenmesser, Typ schweizer Offiziersmesser | 1 | |
| Kompaß | 1 | |
| Streichhölzer, wasserdicht verpackt, pro Woche ca. | 1 Schachtel | |
| Sturmstreichhölzer, wasserdicht verpackt, | 2 Schachteln | |
| Feuerzeug | 1 | |
| Seife mit Dose | 1 | |
| Handtuch | 2 | |
| Zahnbürste | 1 | |
| Zahnpasta | 1 Tube | |
| Rasierzeug | 1 | |
| Spiegel, Metall | 1 | |
| Insektenschutzmittel | nach Bedarf | |

## Ausrüstung

| | |
|---|---|
| Notizbuch | 1 |
| Kugelschreiber | 2 |
| Landkarten | nach Bedarf |
| Axt, 2 1/2 bis 3 Pfund | 1 bei Bedarf |
| Axtschutz | 1 bei Bedarf |
| Feile | 1 bei Bedarf |
| Schleifstein | 1 bei Bedarf |
| Drahtbandsäge oder Klappsäge | 1 |
| Laterne bzw. Taschenlampe u. Batterien | 1 |
| Kerzen (für Laterne) | 6 |
| Angelrute | 1 |
| Angelleine | 2 Rollen |
| Blinker | 5 |
| Fliegen | 10 |
| Haken, verschiedene Größen | 10 |
| Kocher, falls erforderlich | 1 |
| Brennstoff (z.B. Spiritus) | ca. 1 l pro Woche |
| Kochgeschirr, Aluminium | |
| Topf 1 1/2 Liter ) für 2 Personen | 1 |
| Topf 1 Liter ) | 1 |
| Wasserkessel ) | 1 |
| Pfanne ) | 1 |
| Tasse, unzerbrechlicher Kunststoff | 1 |
| Teller, unzerbrechlicher Kunststoff oder Alu | 1 bei Bedarf |
| Geschirrtuch | 1 |
| Toilettenpapier | 2 Rollen |
| Wasserflasche | 1 |
| Stahlwolle | 1 kleines Stück |
| Plastiktüten, verschiedene Größen | 15 |
| Ahle | 1 |
| Ledernadeln | 2 |
| Nähnadeln, verschiedene Größen | 1 Set |

## Ausrüstung

| | |
|---|---|
| Stopfnadeln | 2 |
| Knöpfe, verschiedene Größen | 10 |
| Zwirn | 1 Rolle |
| Stopfgarn | 1 Rolle |
| Flicken (Stoff und Leder) versch. Größen | 5 |
| Kupferdraht, 1 - 2 mm stark | 1 kleine Rolle |
| Sicherheitsnadeln | 6 |
| Nylontau, 10 m | 1 bei Bedarf |
| Nylonschnur (Durchm. 2 - 3 mm) | ca. 15 m |

**Erste-Hilfe-Kasten**

| | |
|---|---|
| Lanzette, klein | 1 |
| Pinzette, klein | 1 |
| Schere | 1 |
| Fieberthermometer | 1 |
| Heftpflaster | 1 Rolle |
| Hansaplast, mittlere Breite | 1 Päckchen |
| Gaze | 1 Päckchen |
| Sterile Fettgaze (z.B. Sofratüll) | 3 Packungen |
| Mullbinden, 5 cm breit | 6 |
| Elastische Binden | 2 |
| Sterile Kompressen (mittlere Größe) (Verbandspäckchen) | 3 |
| Dreieckstuch | 1 |
| Desinfektionsmittel (z.B. Alkohol, Jodtinktur o.ä.) | 1 kleine Flasche |
| Schmerzmittel (z.B. Thomapyrin) | 1 Röhrchen |
| Lutschtabletten gegen Halsschmerzen | |
| Grippemittel (z.B. Chinavit) | 30 Dragees |
| Mittel gegen Erkältungen, Kopfschmerzen, Fieber (z.B. Novalgintropfen) | 1 kleine Flasche bzw. Packung |
| Augentropfen (z.B. Bicivon) | 1 kleine Flasche |
| Kamillosan | |
| Salbe für Prellungen und Stauchungen (z.B. Kytta-Salbe) | 1 Tube |

## Ausrüstung

| | |
|---|---|
| Salbe für Schürfungen, Insektenstiche und leichte Verbrennungen (z.B. Aristamid-Gel) | 1 Tube |
| Heilsalbe für stark infizierte und/oder schlecht heilende Wunden (z.B. Jacosulfon) | 1 Tube |
| Mittel gegen Durchfallerkrankungen (z.B. Kohletabletten) | 1 Packung |
| Abführmittel (z.B. Agiolax o.ä.) | 1 kleine Dose |
| Breitspektrum-Penicillin (Baycillin) (Vorsicht bei Allergien!!) | 10 Tabletten |
| Kreislaufstabilisierende Mittel (z.B. Sympatocard) | 1 kleine Flasche |
| Vaseline | 1 kleine Flasche |
| Chlortabletten (in den Tropen Jod) | je nach Bedarf |

Ich halte es für empfehlenswert, vor jeder größeren Fahrt den Hausarzt zu besuchen. Einerseits, um sich kurz durchchecken zu lassen, ob alles richtig funktioniert, und andererseits, um sich hinsichtlich der Reiseapotheke beraten zu lassen, die zwangsläufig variiert, je nachdem, in welche Klimazone der Trip geplant ist.

### SURVIVAL KIT

Der Survival Kit enthält auf kleinstem Raum wasserdicht verpackt die wesentlichsten Hilfsmittel für das Überleben im Notfall. Als Behälter empfiehlt sich eine Metalldose, z.B. Alu, die, falls erforderlich, als Kochtopfersatz verwendet werden kann. Der Survival Kit soll stets am Körper getragen werden – z.B. am Gürtel – um bei plötzlichen Unfällen (Kentern, Einrechen im Eis etc.) nicht verloren zu gehen.

Ein Survival Kit kann selbst zusammengestellt werden, ist aber auch komplett im Handel erhältlich. Ich ziehe es vor, meinen Survival Kit selbst zusammenzustellen.

Ein recht guter und umfangreicher Survival Kit in Form eines Stoffgürtels mit drei geräumigen Taschen (Gesamtgewicht ca. 1250 g)

## Ausrüstung

wird zusammengestellt und vertrieben von Volker Lapp, Am Albanus-Weinberg 2 in 6450 Hanau 7.

Im folgenden als Vorschlag eine Liste von Gegenständen, die ein Survival Kit enthalten sollte:

4 Mullbinden, verschiedener Größen
2 Kompressen
Desinfektionsmittel
Rasierklinge
Taschenmesser, Typ Schweizer Offiziersmesser
Signalspiegel
wasserfeste Streichhölzer
Brennglas
Feuerstarter (z.B. Esbit, Wachspapier, Kerzenstummel o.ä.)
2 – 3 Nähnadeln
Bindfaden
5 Sicherheitsnadeln
10 Angelhaken, klein
6 Angelhaken, mittel
3 Angelhaken, groß
Angelleine
Wasser-Rainigungstabletten
5 Plastiktüten, mittelgroß
Kompaß
Rettungsdecke (Alu-Folie)
8 m Schlingendraht
Traubenzucker
Fleischbrühe, Würfel
Salz, Zucker, Tee, Kakao – in kleinen Portionsbeuteln, wie z.B. in der Einmannpackung (EPa) der BW

# DURCHFÜHRUNG

## Orientierung

Um sicher seine Richtung bestimmen und halten zu können, braucht man:

1. einen Kompaß (manche empfehlen sogar zwei mitzunehmen)
2. eine Landkarte (Maßstab 1 : 100 000 – 200 000) oder notfalls eine Kursskizze (siehe Seite 79).
3. eine Uhr (etwa um Entfernungen abzuschätzen oder als Reservekompaß).

Und nicht vergessen: Bevor man aufbricht, jemandem den Verlauf seiner Route und die geplante Dauer der Tour angeben!

In Kanada z.B. ist es üblich, seine Route bei der RCMP (Polizei) zu hinterlassen, falls man unterwegs an einer RCMP-Station vorbeikommt, sich dort zu melden und auf jeden Fall nach Beendigung der Fahrt sich zurückzumelden. Sonst wird man gesucht.

### KOMPASS

Ein guter Kompaß ist gegen Beeinflussung durch Metall geschützt – was nicht bedeutet, daß er völlig unempfindlich dagegen ist. Er besitzt eine drehbare 360° -Skala, einen Peilschlitz im Deckel und hat Leuchtziffern für Nachtwanderungen. Ein Flüssigkeitskompaß hat den Vorteil, daß die Nadel sich schneller einspielt und kann daher schneller abgelesen werden. Ein kleiner Metallspiegel, im rechten Winkel zum Deckel befestigt, ermöglicht es, einen Punkt anzupeilen und gleichzeitig die Kompaßskala zu beobachten. Außerdem kann er im Notfall als Signalspiegel dienen. (Abb. s. S. 73).

Den Kompaß trägt man am besten an einer etwa 1 m langen Schnur griffbereit in der Tasche. Bei der Benutzung des Kompasses ist darauf zu achten, daß sich keine Gegenstände aus Stahl (Messer, Gürtelschnalle o.ä.) in der Nähe befinden. Sie lenken die Nadel ab und können so die Messung verfälschen.

## Durchführung

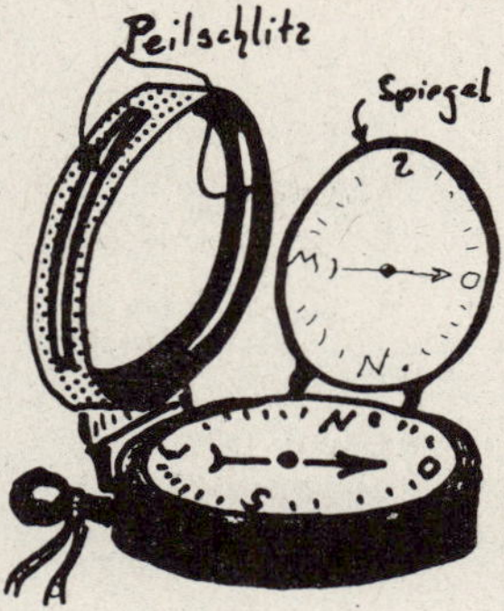


**Improvisierter Kompaß:** Braucht man einen Kompaß und hat keinen, genügt eine Nähnadel, ein Stück Stoff (am besten Seide oder Wolle) und etwas Wasser.

Um die Nadel zu magnetisieren, reibt man sie stets in derselben Richtung an dem Stoff. Dann fettet man sie ein (das Hautfett, das man auf der Stirn hat, genügt) und legt sie vorsichtig auf die Wasseroberfläche. Hat man ein Papiertaschentuch o.ä. dabei, legt man die Nadel darauf und beides aufs Wasser. Das Papier saugt sich schnell voll und versinkt, die Nadel schwimmt dank der Oberflächenspannung. Andernfalls macht man 2 Schlaufen aus Faden, Draht o.ä. und legt damit die Nadel vorsichtig auf die Oberfläche.
Nun läßt man ihr genügend Zeit, sich einzuspielen und hält alles Metall auf Entfernung. Hat man vom Öhr zur Spitze gerieben, zeigt das Öhr nach Norden. (Deklination beachten !)

**Deklination:** Nur an wenigen Punkten der Erde weist die Kompaßnadel exakt nach Norden. In extremen Fällen kann sie bis zu 180° davon abweichen. Diese Abweichung nennt man Deklination. Die

## Durchführung

Deklinationszahl gibt den Winkel an, um den die Kompaßnadel an einem bestimmten Punkt der Erde von der wirklichen (geographischen) Nordrichtung abweicht. Da die magnetischen Pole etwa 2000 km von den geographischen Polen entfernt sind, wird der Deklinationswinkel umso größer, je mehr man sich den Polen nähert. Zusätzlich wird er durch lokale Gegebenheiten (z.B. Erzlager) beeinflußt.

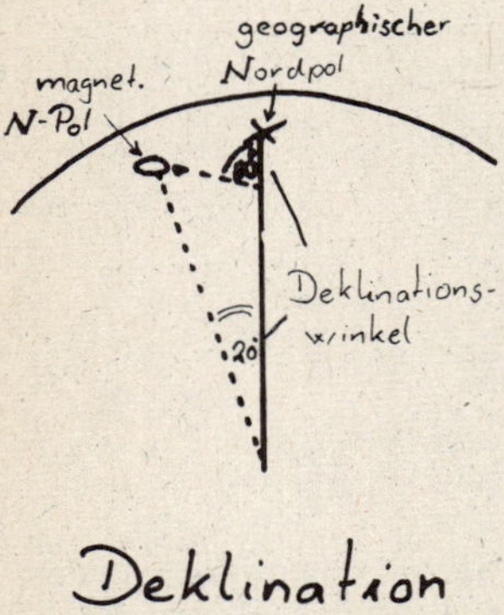


Auch in sonst zuverlässigen Büchern wird die Deklination oft vernachlässigt oder unterschätzt. Sie kann in Gegenden Kanadas so hohe Werte annehmen, daß die Kompaßnadel nach Osten oder Westen zeigt, anstatt nach Norden, und selbst bei geringeren Abweichungen ergeben sich auf größere Entfernungen erhebliche Fehler. Bei einem Deklinationswinkel von nur 6° z.B. beträgt die Abweichung von der geplanten Route alle 10 km rd. 1 km.

Gute Karten haben deshalb eine kleinere Nebenkarte, auf der die Deklination eingetragen ist. Man braucht dann nur die Nadel auf die angegebene Gradzahl einspielen zu lassen und das "N" auf dem Kompaß weist in die wirkliche (geographische) Nordrichtung. (Abb. s. S. 75).

### KARTE

Am geeignetsten für Wildnisfahrten sind nach meinen Erfahrungen topographische Karten mit einem Maßstab von 1:50.000 bis 1:100000.

Bei einem Maßstab von 1:50.000 oder darüber sind bereits sehr viele Blätter erforderlich, falls man eine längere Tour plant; bei 1:200.000 sind die Angaben für Wanderzwecke schon recht ungenau. Am übersichtlichsten und informativsten sind merhfarbige Karten, die sowohl

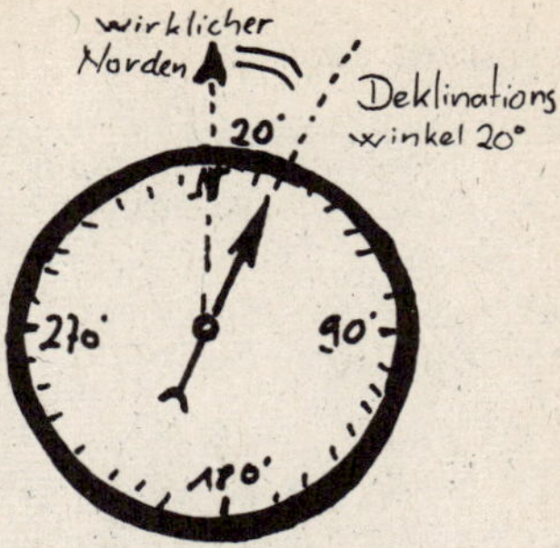


Korrektur der Deklination

Schummerung als auch Höhenlinien aufweisen, und auf denen verschiedene Vegetationszonen farblich unterschieden sind. Gute Karten haben außerdem – wie gesagt – meist eine kleine Nebenkarte, in der die Deklinationswinkel eingetragen sind.

Versuchen Sie vor dem Aufbruch anhand des Kartenbildes und der Legende (=Erklärung der in der Karte gebrauchten Zeichen) eine Vorstellung von dem Terrain zu bekommen, in dem Sie wandern werden:

– können Sie stets auf Pfaden wandern?
– sind alle Wasserläufe überbrückt oder müssen evtl. einige durchwatet werden?
– welche Höhenunterschiede müssen überwunden werden?
– wie steil sind die Hänge? (Lawinengefahr im Winter!)
– sind Moore, Blockfelder, Steilhänge, Gletscher, Ströme o.ä. zu überwinden?
– wie sieht die Vegetation aus?
– bleibt die geplante Route unterhalb der Baumgrenze oder führt sie darüber hinaus?
– welche Orientierungspunkte bieten sich an?
– wo finden sich günstige Möglichkeiten für ein Camp oder Biwak?
– welche Etappen (etwa!) können Soe pro Tag bewältigen?
etc. etc.

Vergleichen Sie unterwegs – besonders dann, wenn Sie mit der Karte noch nicht sehr vertraut sind – häufig das Gelände mit dem Kartenbild und verfolgen Sie ständig Ihre Route auf der Landkarte. So schulen Sie Ihren Blick für das Gelände und dessen Darstellung auf der Karte und haben zudem jederzeit eine Vorstellung davon, wo Sie sich befinden.

Greifen Sie erst dann zur Karte, wenn Sie sich verlaufen haben, ist es oft schon zu spät; und falls gar Nebel aufgezogen sein sollte oder keine markanten Orientierungspunkte auszumachen sind, steht man auch mit Karte und Kompaß recht hilflos da.

Landkarten sind entweder über den Buchhandel oder über das Geo-Center, Postfach 800830, 7000 Stuttgart 80 erhältlich. Ein beachtliches Lager an Spezialkarten hält auch Därrs Expeditionsservice GmbH, Hauptstr. 26, 8011 Kirchheim–Heimstetten vorrätig. Oft sind die Karten jedoch erheblich billiger, wenn man sie direkt bei zuständigen Stellen im betreffenden Reiseland bestellt oder an Ort und Stelle selbst kauft.

Karten unbedingt frühzeitig bestellen; die Lieferzeiten betragen häufig mehrere Wochen.

**Einnorden einer Karte** (abb. s.S. 77)

Um eine Karte einzunorden, legt man den Kompaß auf die Karte und dreht diese so lange, bis die Nordrichtung auf der Karte mit der Nordrichtung übereinstimmt, die der Kompaß weist. (Dekination beachten!).

**Bestimmung des Standpunktes** (Abb. s.S. 77)

Man wählt zwei klar erkennbare Punkte in größerer Entfernung (Berggipfel, Felsen, Flußmündungen o.ä.) und peilt sie mit dem Kompaß an. Dann zieht man Linien auf der Karte, die durch die angepeilten Punkte laufen, und zwar in dem vom Kompaß angegebenen Winkel (Gradzahl). Dort, wo sie sich schneiden, ist der augenblickliche Standpunkt.

Besser ist es, man wählt drei Punkte in möglichst verschiedenen Richtungen und verfährt wie oben beschrieben. Die Schnittpunkte der drei Linien bilden dann wegen des geringen Fehlers, der sich nicht ganz vermeiden läßt, ein kleines Dreieck, und man kann mit

## Durchführung

Einnorden einer Karte

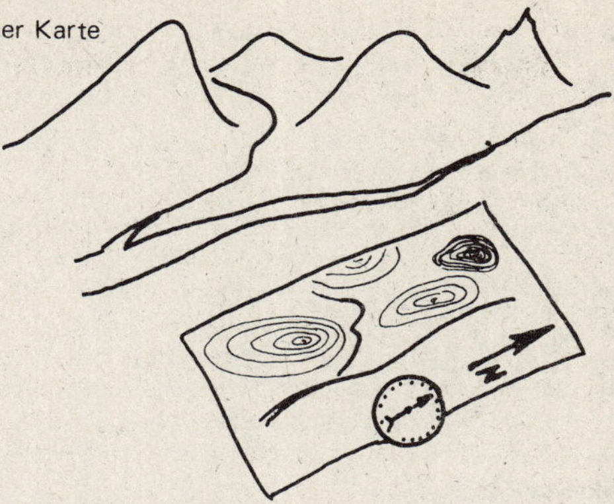

Einnorden einer Karte

Bestimmung des Standpunktes

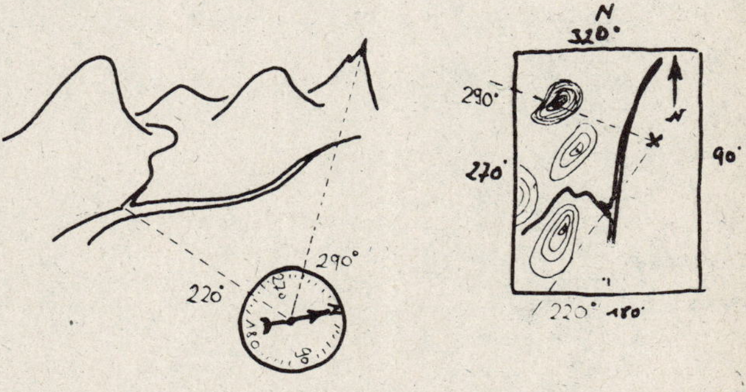


Bestimmen des Standpunkts

einiger Sicherheit annehmen, daß man sich innerhalb dieses Dreieckes befindet. Außerdem erhält man so gleichzeitig eine Vorstellung von der Genauigkeit der Messung bzw. von der Größe des Fehlers.

Befindet man sich auf einer in der Karte eingezeichneten, festen Linie (z.B. Pfad, Wasserlauf, Ufer, Grat o.ä.), so genügt ein Orientierungspunkt, seinen Standort zu bestimmen.

Man verfährt, wie oben beschrieben, indem man einen Punkt anpeilt; der momentane Standpunkt ergibt sich dann aus der Schnittstelle der Richtungslinie durch den angepeilten Punkt mit der Geländelinie, auf der man sich befindet.

Hat man einen zuverlässigen Höhenmesser bei sich, kann auch eine, durch ihn ermittelte Höhenlinie anstelle der natürlichen Geländelinie treten (siehe auch Abschnitt 'Höhenmesser'!).

**Umgehen von Hindernissen**

Liegen irgendwelche Hindernisse, wie z.B. Seen, Moore o.ä. im Wege, die einen geradlinigen Kurs unmöglich machen, müssen sie im Falle erschwerter Orientierung so umgangen werden, daß nachher der ursprüngliche Kurs beibehalten werden kann. Dies ist folgendermaßen

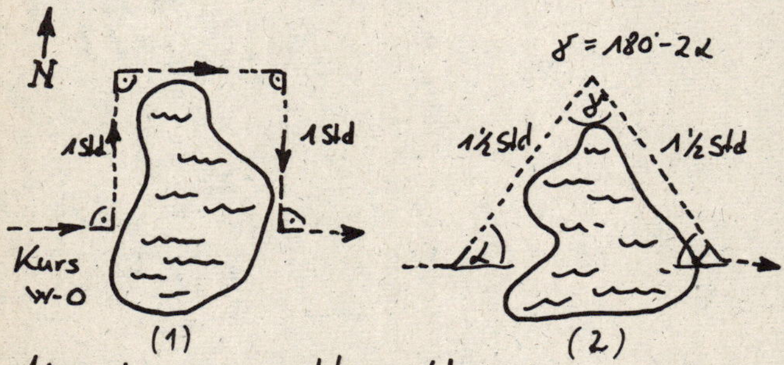


Umgehen im rechten Winkel

Umgehen in beliebigem Winkel

möglich: Man weicht im rechten Winkel aus, wandert bis zum (im skizzierten Fall nördlichen) Ende des Hindernisses und schätzt dabei die Entfernung ab (entweder anhand der erforderlichen Zeit oder indem man die Schritte zählt!). Dann biegt man wieder im rechten Winkel ab und marschiert nun parallel zum eigentlichen Kurs, bis das Hindernis umgangen ist. Schließlich biegt man ein drittes Mal im rechten Winkel ab und geht die abgeschätzte Entfernung zurück (entgegensetzt dem Ausweichkurs), um wieder auf den ursprünglichen Kurs zu kommen.

Anstatt des ersten rechten Winkels kann auch jeder beliebige spitze Winkel $\alpha$ gewählt werden; der zweite Winkel $\gamma$ ergibt sich dann als $\gamma = 180^{\circ} - 2\alpha$ bzw. wenn man zunächst parallel weitergegangen ist als $\gamma = 180^{\circ} - \alpha$. (Siehe Abb. 2 auf Seite 78). Die Winkel können mit Hilfe des Kompasses gemessen werden.

**Blindorientierung**

Bei sehr schlechter Sicht bzw. in Gegenden ohne Orientierungspunkte (z.B. flache Waldgebiete oder Tundra) ist man auf Blindorientierung angewiesen, um jederzeit seinen Standpunkt zu kennen und zum Ausgangspunkt zurückzufinden. Hierzu geht man ähnlich vor, wie beim Umgehen von Hindernissen: Vom Ausgangspunkt an werden sämtliche Strecken abgeschätzt (Zeit oder Schrittzahl)und alle Richtungsänderungen mit dem Kompaß bestimmt. Die Werte werden in die Karte eingetragen bzw., falls keine Karte zur Verfügung steht, auf einem einfachen Blatt Papier notiert (sogenannte Kursskizze). Je öfter die Richtung überprüft wird und je sorgfältiger die Strecken abgeschätzt werden, desto exakter wird die Kursskizze.

## Durchführung

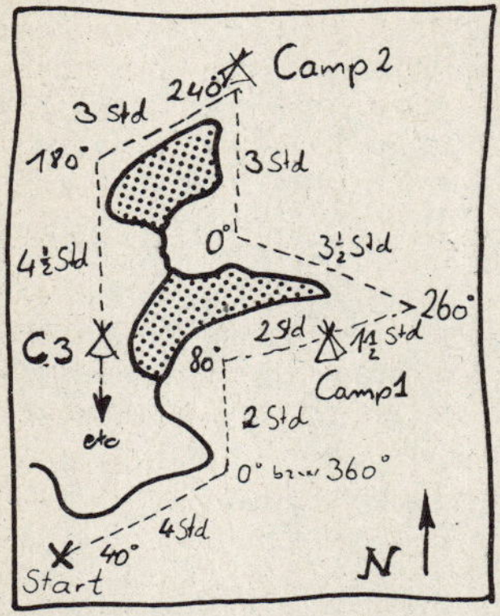


Wenn man eine Fahrt in die Tundra, die Wüste oder in sonstige Gebiete ohne markante Orientierungspunkte plant, ist es ratsam, die Blindorientierung schon vorher zuhause einzuüben.

**Uhr als Kompaß**

Man legt die Uhr flach auf die Hand, und zwar so, daß der Stundenzeiger genau auf die Sonne weist. Das läßt sich am exaktesten erreichen, indem man ein Zweiglein o.ä. senkrecht vor die Spitze des kleinen Zeigers hält und die Uhr dreht, bis der Schatten des Zweiges genau auf den Zeiger fällt. Die Winkelhalbierende des kleinen Winkels zwischen dem Stundenzeiger und der 12 weist dann nach Süden, die des größeren Winkels dementsprechend nach Norden. (Auf der südlichen Halbkugel umgekehrt.)

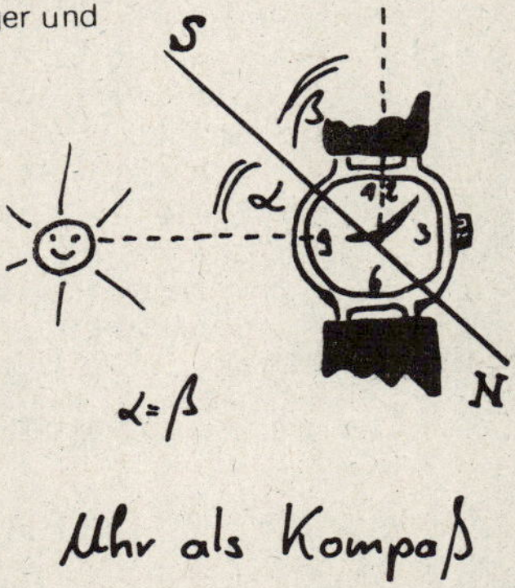


Um 6 bzw. 18 Uhr sind zwar beide Winkel genau gleich groß – es sollte jedoch keine Schwierigkeit darstellen, herauszufinden, ob die Sonne gerade aufgeht (in diesem Fall weist die Drei nach Norden) oder ob sie untergeht (dann weist die Neun nach Norden).

**Uhr stellen nach dem Kompaß**

Indem man die obige Prozedur umkehrt, kann man die Uhr mit Hilfe

## Durchführung

des Kompasses stellen. Zunächst ermittelt man die Südrichtung (Deklination beachten) und mißt mit dem Kompaß den Winkel zwischen Sonne und Süden. Der Winkel zwischen kleinem Zeiger und der Zwölf muß genau doppelt so groß sein wie dieser Winkel. Nachmittags wird er von der 12 aus gesehen im und vormittags entgegen dem Uhrzeigersinn gemessen.

**BESTIMMEN DER HIMMELSRICHTUNG MIT HILFE DER SONNE**

Daß die Sonne im Osten auf- und im Westen untergeht, stimmt lediglich an zwei Tagen im Jahr, und auch dann nur in ebenem Gelände. Trotzdem lassen sich mit Hilfe der Sonne jederzeit die Himmelsrichtungen bestimmen, sofern sie nur stark genug scheint, um Schatten zu werfen.

**Schattenspitzen-Methode:** Man steckt einen geraden Zweig an einer möglichst flachen Stelle senkrecht in die Erde und markiert die Spitze seines Schattens. Nach einiger Zeit (wenigstens 1/4 Stunde) markiert man die Spitze des weitergewanderten Schattens. Je größer der Zeitabstand, desto exakter wird das Ergebnis.

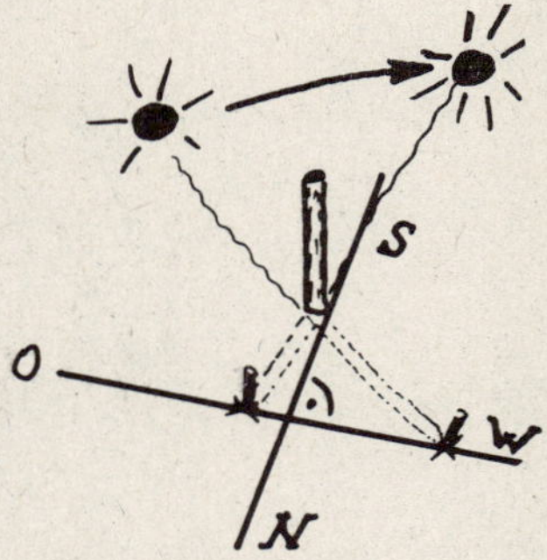


Schatten spitzen Methode

Die Linie, die beide Punkte verbindet, weist in Ost-West-Richtung. Hierbei liegt die erste Markierung stets westlich von der zweiten.
Die Nord/Süd-Richtung verläuft folglich genau senkrecht dazu. Befindet man sich auf der nördlichen Halbkugel, muß Süden von der Linie aus gesehen in Richtung Stab liegen. (Auf der südlichen Halbkugel umgekehrt.)

Da die Linie, auf der die Schattenspitze wandert, keine exakte Gerade ist, sondern sich — symmetrisch zur 12 Uhr-Marke —

## Durchführung

krümmt, sind die Ergebnisse der Schattenspitzen-Methode ungenau (besonders morgens und abends). Dieser Fehler wird bei der Gleichschatten-Methode ausgeglichen.

**Gleichschatten-Methode:** Bei dieser Methode markiert man wieder die erste Schattenspitze, zieht einen Kreis um den Stab, der durch diese Markierung läuft und wartet, bis die Schattenspitze erneut auf diesen Kreis fällt, d.h. daß man vormittags anfangen muß, weil sonst die Sonne untergeht, bevor dies der Fall ist. Dann verbindet man die beiden Schnittpunkte und hat wiederum die Ost/West-Linie.

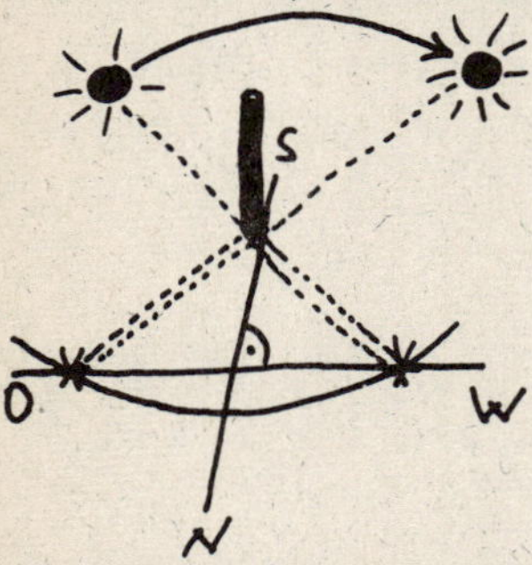


Diese Methode ist exakter als die Schattenspitzen-Methode dafür aber wesentlich zeitraubender.

**Der Polarstern:** Der Polarstern weist recht exakt den Norden. Er ist mit Hilfe des Großen Wagens leicht zu finden: Man ver-

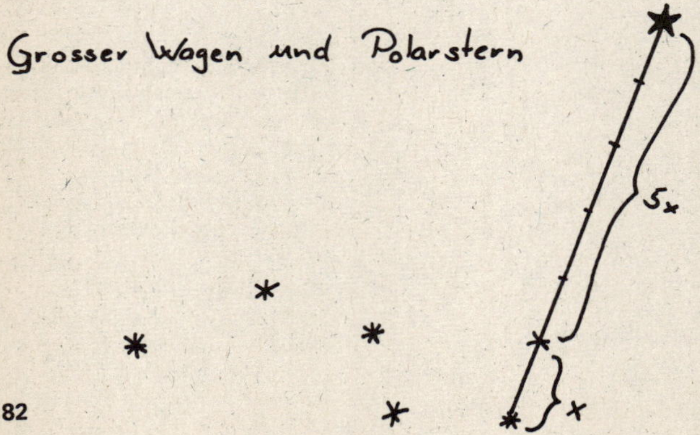

längert die 'Hinterachse' fünfmal - wie in der Skizze gezeigt - und findet so den Polarstern. Er ist der einzig auffällig helle Stern in dieser Richtung: eine Verwechslung ist kaum möglich.

**Kreuz des Südens:** In der südlichen Hemisphäre tritt das Kreuz des Südens an die Stelle des Nordsternes. Einen Stern, der stets exakt im Süden Steht, gibt es nicht. Die längere Achse des Kreuzes des Südens indessen weist jederzeit mit hinreichender Genauigkeit zum Südpol (siehe Skizze).

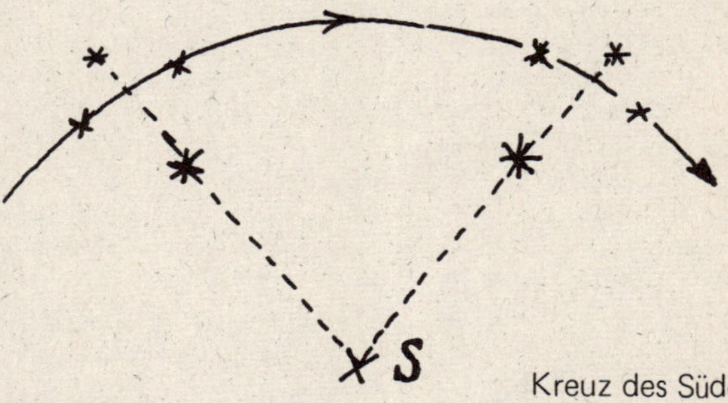


Kreuz des Südens

**Höhenmesser**

Ein Höhenmesser ist dem Prinzip nach dasselbe wie ein Barometer, nämlich ein Gerät zur Messung des Luftdrucks. Und da der Luftdruck in einer bestimmten Relation zur Höhe über dem Meeresspiegel steht (von Wetterbedingten Schwankungen abgesehen) läßt sich daraus die Höhe abablesen.

Er kann also neben seiner Funktion zur Messrung der absoluten Höhe auch als Barometer zur Vorhersage von Wetterveränderungen verwendet werden.

Da der Luftdruck durch Wetterveränderungen schwankt, muß der Höhenmesser möglichst häufig an Punkten, deren Höhe bekannt ist, bzw. aus der Karte entnommen werden kann, nachjustiert werden.

Mit dem genau justierten Höhenmesser allein kann man seinen Standpunkt auch ohne Sicht ungefähr bestimmen, wenn man sich auf einer geneigten Linie (z.B. Pfad, Grat, Rinne, Bach) befindet, die in der Karte eingezeichnet ist. Der Standpunkt liegt an der Schnittstelle einer solchen Linie mit der gemessenen Höhenlinie.

Wie man seinen Standort ohne natürliche Hilfslinie mit Höhenmesser und Kompaß bestimmen kann, siehe 'Bestimmung des Standpunktes auf Seite 76.

### BESTIMMUNG DER GEOGRAPHISCHEN BREITE

Mit Hilfe des Polarsterns läßt sich die geographische Breite berechnen: Die Gradzahl des Winkels zwischen Horizont und Polarstern entspricht dem Breitengrad. Dieser Winkel kann z.B. durch eine Schnur fixiert und mit Hilfe des Kompasses gemessen werden (s. Skizze).

Für gewöhnliche Fahrten ist diese Methode nicht sehr gewinnbringend, weil zu ungenau. Falls man aber überhaupt keine Ahnung hat, wo man sich befindet (z.B. nach einem Flugzeugabsturz) kann diese Bestimmung des Breitengrades hilfreich sein.

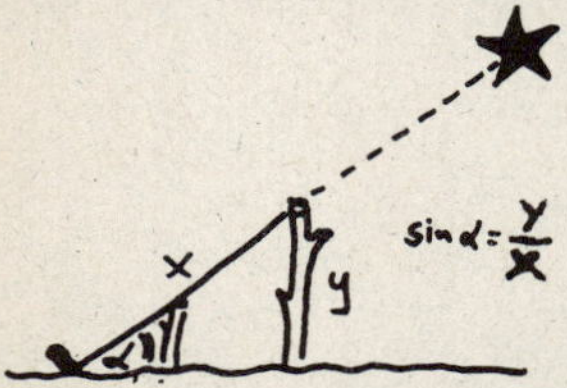


Ein genaueres Ergebnis ließe sich durch eine Winkelberechnung nach der Formel

$$\sin \alpha = \frac{y}{x}$$

erzielen. Hierzu bräuchte man allerdings eine Logarithmentafel (oder einen Taschenrechner).

### RICHTUNGHALTEN OHNE KOMPASS

Ohne äußere Hilfsmittel ist der Mensch nicht dazu im Stande, geradeaus zu gehen. So unglaublich sich das anhören mag, es wurde in Versuchen nachgewiesen.

Grob läßt sich die Richtung halten bei konstanter Windrichtung oder mit Hilfe der Sonne, wenn man deren Positionsänderung mit einbezieht.

Hat man keinen Kompaß dabei, ist es sicherer und genauer, sich

## Durchführung

an jeweils zwei möglichst weit auseinanderliegenden Punkten (z.B. Bäumen, Felsen o.ä.) zu orientieren, die mit der jeweiligen eigenen

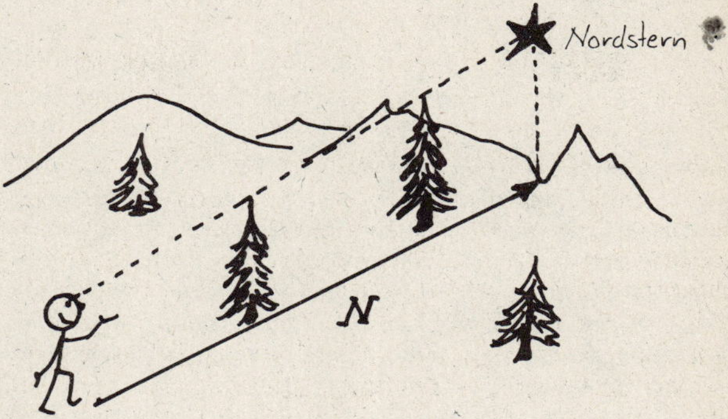


Fixieren einer Richtung

Position auf einer geraden Linie liegen. Sie fixieren die Richtung. Hat man den ersten der beiden Punkte erreicht, muß man einen weiteren auf der Verlängerung der gedachten Linie suchen.

Wandert man in einer Gruppe von mindestens 3 Personen, läßt sich die Gerade auch in einem Gelände ohne Orientierungspunkte halten, indem die einzelnen Personen in Sichtweite eine gerade Linie bilden. Hierbei müssen allerdings immer zwei Personen stehen, um die Gerade zu fixieren.

Einfacher und auch in einer Zweiergruppe anwendbar ist die Methode des Einweisens. Hierbei geht jeweils einer soweit voraus, daß er eben noch in Sichtweite bleibt und wird dabei von seinem stehenden Gefährten durch Zurufe so lange eingewiesen, bis er in der richtigen Richtung steht. Er bleibt dann dort als Orientierungspunkt stehen und wartet, bis sein Partner mit dem Kompaß wieder bei ihm ist. Dann wiederholt sich dieselbe Prozedur.

## Durchführung

Um den Vorgang zu beschleunigen, kann der vorangehende Wanderer, sobald er eingewiesen ist, seinen Standpunkt gut sichtbar markieren und dann sofort weitergehen (jedoch niemals außer Sichtweite!).

Hat der nachfolgende Wanderer den markierten Punkt erreicht, weist er von dort aus seinen Partner erneut nach dem Kompaß ein.

Die genannten Methoden empfehlen sich hauptsächlich für Wanderungen unter schlechten Sichtverhältnissen. Bei guter Sicht genügt ein einzelner, sehr weit entfernt liegender Punkt, auf den man zuhalten kann.

**Entfernungen messen:** Der eigentliche Nutzen einer Uhr in der Wildnis besteht in der Angabe von Entfernungen. In unwegsamem Gelände ist es sinnvoller, Entfernungen in Stunden anzugeben als in Kilometern.

Wandern wir beispielsweise 3 Stunden einen Fluß aufwärts, so wissen wir nicht genau, ob wir 8 oder 12 km gegangen sind. Gehen wir aber wieder 3 Stunden lang flußab in demselben Tempo, so können wir sicher sein, daß wir nicht weit von dem Punkt angelangen, an dem wir aufgebrochen sind.

Um in einem Gelände mit sehr unterschiedlichen Wegverhältnissen die zurückgelegte Entfernung genauer abzuschätzen, ist es sicherer, die Schritte zu zählen.

**Entfernungen schätzen:** Entfernungen zuverlässig abzuschätzen, ist nur durch lange Übung zu erreichen, und selbst der Erfahrene kann sich noch täuschen.

Besonders bei klarem Wetter und in bergiger Gegend werden Entfernungen häufig erheblich unterschätzt. Und selbst dann, wenn man die Distanz einigermaßen richtig einschätzt, kann es noch passieren, daß Täler, Schluchten oder sonstige Hindernisse dazwischen liegen, die man von seinem Standpunkt aus nicht erkennt, und die die Strecke erheblich länger werden lassen, als es zunächst den Anschein hatte.

## Durchführung

Es ist daher ratsam, bei geschätzten Entfernungen stets einen nicht zu geringen Fehler einzukalkulieren. Ich wenigstens bin meinen Schätzungen gegenüber recht skeptisch – und oft genug nicht zu unrecht. Es ist durchaus nichts Ungewöhnliches, wenn man für eine unbekannte Strecke zwei- oder dreimal so lange braucht, wie man geschätzt hat.

**Zurückfinden:** Angenommen, wir haben unser Zelt an einem Fluß in dichtem Wald aufgeschlagen und von dort eine Tagestour in die Berge unternommen. Nun wollen wir zurück zum Camp. Die Richtung wissen wir, oder mag sein, von unserem derzeitigen Standpunkt aus können wir das Camp sogar sehen. Es läge nun nahe, genau in dieser Richtung zurückzugehen. Falsch ! Daß wir exakt diesen einen Punkt treffen, wäre mehr als unwahrscheinlich. Und erreichen wir dann den Fluß, wissen wir nicht, ob das Lager stromauf oder stromab liegt. Wohin ?

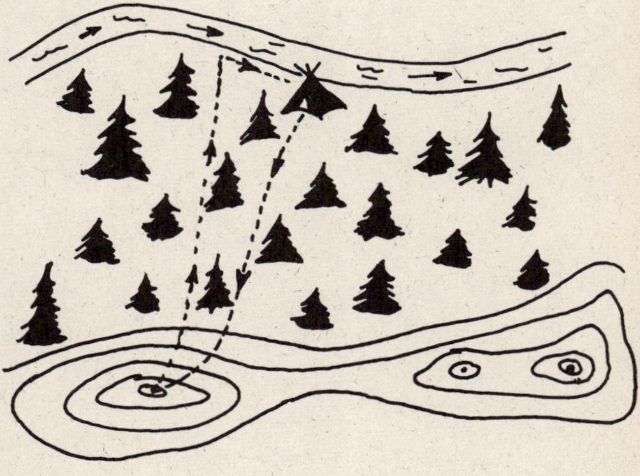

## Durchführung

Sicherer und schneller findet man das Camp, indem man sich absichtlich etwas zu weit links oder rechts hält und am Fluß angelangt sicher weiß, welche Richtung man einschlagen muß.

Entsprechend verfährt man, wenn man auf dem Rückweg einen Pfad benutzen will, der irgendwo im dichten Wald aufgehört hat. Angenommen man ist, nachdem man den Pfad verlassen hat, noch 2 Stunden gewandert und macht jetzt kehrt, so geht man wie oben beschrieben etwas zu weit links oder rechts, und zwar sicherheitshalber etwas länger als 2 Stunden, und biegt dann in Richtung Pfad ab.

## Durchführung

# 2. WETTER

In Island sagt man: "Wenn Ihnen unser Wetter nicht gefällt, bitte – dann warten Sie doch einen Moment."

Nun, nicht überall ist das Wetter so wechselhaft wie in Gegenden Islands – irgendwann jedoch ändert es sich bestimmt, und dann ist es gut, wenn man das rechtzeitig weiß und sich darauf einstellen kann.

### VOR DEM START

Schon für die Vorbereitung eines Wildnis-Trips sollte man einigermaßen Bescheid wissen über die Wetterverhältnisse, mit denen man zu rechnen hat, um Kleidung, Proviant und Ausrüstung danach auszurichten.

Über die allgemeinen Wetterverhältnisse (zu einer bestimmten Jahreszeit) informieren die staatlichen bzw. regionalen Wetterämter oder Klimakarten.

### EINE LEKTION WOLKEN

Es ist etwas Arges mit den Wolken – auch wenn sie nicht alle regnen. Bis ich mich daran gemacht habe, dieses Buch zu schreiben, hatte ich selbst keine Ahnung von der ganzen lateinischen Nomenklatur. Wenn man jedoch darüber reden will, muß man eben wissen, wie sie alle heißen.

Zunächst gibt es zwei verschiedene Grundformen:

1. die Stratus (die 'Flachgeschichteten') – horizontal abkühlende Luftmassen
2. die Cumulus (die 'Aufgehäuften') – aufsteigende Luftmassen

Diese Grundmuster erscheinen auf unterschiedlichen Höhen in verschiedenen Variationen:

**Niedrige Wolken** (Basis unter 2000 m)

Stratus – niedrige, einheitlich graue Wolkenschicht, nebelartig. Sie nieseln höchstens leicht, da sie sich kaum oder gar nicht in vertikaler Richtung bewegen.

## Durchführung

Nimbo-Stratus

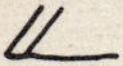

– dunkler als gewöhnliche Stratus, oft mit herabwehenden Regenschleiern. Das sind sie wahren Regner!

Strato-Cumulus

– unregelmäßig aufgehäufte, dunkelgraue Wolkenmassen; regnen für gewöhnlich nicht - können sich aber in Nimbo-Stratus verwandeln und dabei Regen verursachen. Sie verschmelzen dann zu einer einheitlich dunklen Schicht.

**Mittlere Wolken** (Basis um 3000m)

Alto-Stratus

– einheitlich dichte, graublaue Schicht oder Schleier, gelegentlich mit Andeutung von Streifen, verdunkeln die Sonne nicht völlig.

Alto-Cumulus

– Flecken oder Schichten grauweißer aufgehäufter Wolken, manchmal mit Wellenmuster ähnlich den Cirro-Cumulus, jedoch größer und weniger fein. Korona (Lichthof) um die Sonne ist durch Alto-Cumulus kleiner als bei Cirro-Cumulus, innen meist blaßblau bis gelblich, außen rot.

**Hohe Wolken** (Basis über 6000m)

Cirrus

– dünne, fedrig ausgefranste, weiße Wolken, entstehen für gewöhnlich über 8000m, wo die Temperatur ständig weit unter dem Gefrierpunkt liegt und bestehen daher aus Eiskristallen.

Cirro-Cumulus

– kleine Wölkchen in feinem Wellenmuster in etwa 7 – 8000 m Höhe. Nicht zu verwechseln mit Alto-Cumulus!

Cirro-Stratus

– sehr dünne, feine Wolkenschleier in etwa derselben Höhe wie Cirro-Cumulus. Sie bestehen ebenfalls aus Eiskristallen, die große Lichtringe (Korona) um Sonne und Mond verursachen.

## Durchführung

Sie können zu Alto- und Nimbo-Stratus werden und Regen nach sich ziehen.

**Cumulus-Wolken**

Da diese Wolken durch aufsteigende Luftmassen verursacht werden, können sie in unterschiedlichen Höhen vorkommen; Basis manchmal bis zu 4 – 5000 m hoch.

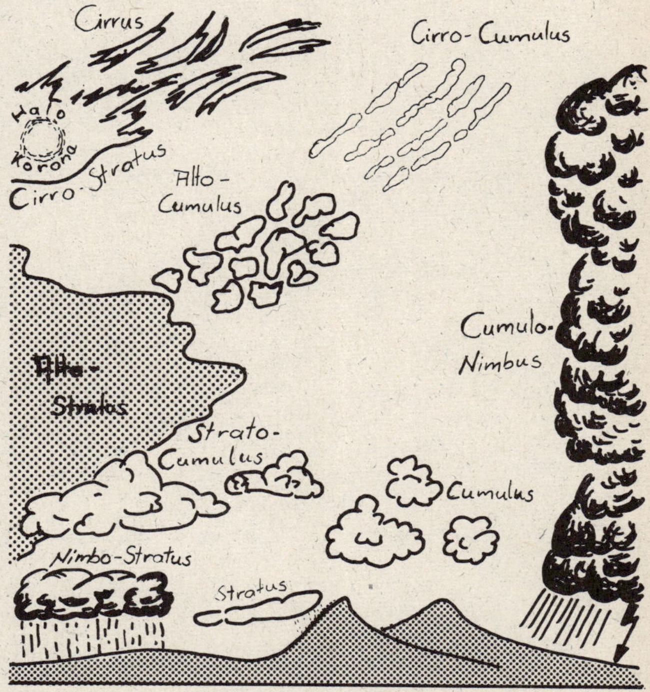

## Durchführung

Cumulus

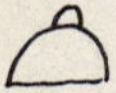

– weiße bis hellgraue Wolkenhaufen mit ständig wechselnder Form; die bekannten Schäfchenwolken. Sie entstehen für gewöhnlich während des Tages durch aufsteigende Warmluft und lösen sich nachts wieder auf. Sie verheißen anhaltend schönes Wetter, sofern sie sich nicht zu Cumulonimbus auftürmen.

Cumulonimbus

– die schwarze Gewitterwolke türmt sich durch starke Aufwinde bis zu 25 km hoch auf, Gipfel gelegentlich abgeflacht. Mit Gewitter, Hagel und Sturmböen ist zu rechnen.

**Wolkenentwicklung als Hinweis auf Wetterveränderungen:**

| WOLKENENTWICKLUNG | AUSSICHTEN |
|---|---|
| Cumulus-Wolken | |
| 1. Cumulus mit scharfen Rändern | beständig gutes Wetter |
| 2. Cumulus mit verwichten Rändern | Neigung zu Regen |
| 3. Cumulus nach Regen | Aufklaren |
| 4. Cumulus, die sich abends ausbreiten | Gewitter in der Nacht möglich, sonst anhaltend schön |
| 5. Cumulus bei Sonnenaufgang | Neigung zu schlechtem Wetter |
| 6. zunehmende Cumulus | Neigung zu örtlichen Schauern |
| 7. quellende, sich auftürmende Cumulus | Gewitterneigung |
| 8. schwarze, hochaufgetürmte Cumulonimbus | Gewitterregen mit Sturmböen steht kurz bevor |
| 9. dunkle, hochaufgetürmte Cumulonimbus mit gelblicher Verfärbung am Horizont | s.o. + Hagelschlag zu erwarten |
| Niedrige Wolken | |
| 1. Stratus | anhaltend bedeckt, aber nur geringer Niederschlag zu erwarten, Nieselregen |

## Durchführung

| | |
|---|---|
| 2. Strato-Cumulus, die sich nicht verändern | bewölkt, aber vorerst niederschlagsfrei |
| 3. Strato-Cumulus, die sich verdichten | Neigung zu anhaltendem Regen |
| 4. aufziehende Nimbo-Stratus | kräftiger Regen zu erwarten, möglicherweise Dauerregen |

Mittlere Wolken

| | |
|---|---|
| 1. rasch aufziehende Alto-Cumulus in Bändern | Wetterverschlechterung |
| 2. verdichtende Alto-Cumulus | Neigung zu Niederschlägen |
| 3. morgens Alto-Cumulus oder Cirro-Cumulus in Flockenform, zunehmend (besonders aus SW) | Wetterverschlechterung, Gewitterneigung |
| 4. morgens Alto-Cumulus oder Cirro-Cumulus in Bändern, rasch auflösend | schönes Wetter |
| 5. Bildung von Alto-Cumulus am Abend | beständig gutes Wetter |
| 6. Alto-Cumulus, die sich abends zu stark ausgebreiteten Cumulus verwandeln | Gewitterneigung in der Nacht |
| 7. auflockernde Alto-Stratus | Aufklaren |

Hohe Wolken

| | |
|---|---|
| 1. schnell aufziehende Cirrus aus West bis Süd | Regen innerhalb von 6 bis 12 Stunden |
| 2. langsam aufziehende Cirrus aus O | beständig gutes Wetter |
| 3. übereinander geschichtete Cirrus | baldiger Regen zu erwarten |
| 4. Aufzug dicker, geschlossener Cirro-Stratus von W | meist baldige Niederschläge im Winter, Temperaturanstieg |
| 5. schnell zunehmende Cirro-Stratus | unbeständig mit Niederschlagsneigung |
| 6. dünne, kaum sichtbare Cirro-Stratus als einzige Bewölkung | anhaltend schönes Wetter |
| 7. gegen den Uhrzeigersinn drehende Cirro-Stratus | meist Regen, Gewitter und Absinken der Temperatur |
| 8. mit dem Uhrzeigersinn drehende Cirro-Stratus | Warmluftzufuhr, meist unbeständig |

## Durchführung

Vermischte Wolken

| | |
|---|---|
| 1. dichte Cirrus mit fallenden Stratus | Regen innerhalb von 24 bis 48 Stunden |
| 2. nach Regen oder Sturm Wolkenballung im Westen | Wetterbesserung |
| 3. aufziehende Wolken in verschiedener Höhe und Form | Wetterverschlechterung |

### WETTERFRONTEN

Wetterfronten entstehen, wenn Luftmassen unterschiedlicher Temperatur aufeinanderprallen. Je nach der Temperatur der heranziehenden Luftmassen unterscheidet man:

**Warmfronten:** Sie kündigen sich bis zu 48 Stunden im voraus durch folgende Wolkenveränderungen an: Cirrus – fallende Cirro-Stratus – Alto-Stratus – Nimbo-Stratus (kurz: Stratus, die fallen).

Tauchen dabei Cirro-Cumulus auf, so verursacht dies die Bildung von Cumulonimbus – mit Gewitter und heftigem Regen ist zu rechnen.

**Kaltfronten:** Das Barometer fällt, der Wind nimmt zu (in nördlichen Breiten aus südlichen bis südwestlichen Richtungen), dunkle Alto-Cumulus entstehen. Die Vorläufer der Kaltfront sind Nimbo-Stratus und Cumulonimbus, die sich in der "Knautschzone" der aufeinanderprallenden Luftmassen bilden.

Wenn sich die Kaltfront auf einen zubewegt, sieht man sich am besten nach einem Unterschlupf um und ist auf ein Unwetter gefaßt.

Die Entfernung der Wetterfront kann man folgendermaßen abschätzen: Man stoppt den Zeitabstand zwischen Blitz und Donner – drei Sekunden entsprechen etwa einem Kilometer.

Wenn man sich in dichtem Wald befindet und den Himmel nicht sieht, ist ein kalter Windstoß die einzige und letzte Warnung. Kalte Luft geht dem Unwetter etwa vier Kilometer voraus. Rechtzeitig bemerkt bleiben einem etwa 5-8 Minuten, einen Unterschlupf zu finden oder zumindest die Regenkleidung auszupacken.

Wenn die Kaltfront vorüber ist, klart es schnell wieder auf, der Luftdruck steigt und die Temperatur fällt. In bergigen Gegenden können Cumuli hängen bleiben.

### Allgemeine Wetteranzeichen

Es gibt in der Atmosphäre und in der Natur einige allgemeine Anzeichen zur Vorhersage der Wetterverhältnisse, die einigermaßen zuverlässig sind. Meist spielen jedoch außerdem lokale und regionale Einflüsse eine gewisse Rolle; nicht umsonst trifft selbst die amtliche Wettervorhersage nicht immer hundertprozentig zu.

Die folgenden Anzeichen sollten daher weniger als feste Wetterregeln betrachtet werden, sondern vielmehr als Hinweise auf eine Tendenz, eine steigende oder fallende Wahrscheinlichkeit für die jeweilige Wetterentwicklung. Durch Aufmerksames Beobachten und Kombinieren möglichst vieler verschiedener Anzeichen kann man die Zuverlässigkeit seiner Prognosen steigern – zumindest für kurzfristige Vorhersagen für die nächsten sechs bis zwölf Stunden - und ganz brauchbare Ergebnisse erzielen.

**Neigung zu gutem Wetter** (bzw. Anhalten der guten Witterung)

- leichter Wind aus NW
- beständig hoher Luftdruck
- fallender und sich auflösender Frühnebel
- Cumulus-Wolken im Sommer
- kräftiger Frühtau im Sommer
- hoch fliegende Schwalben
- anhaltendes Quaken der Frösche abends
- entfernte Berge in Dunst, schlechte Fernsicht
- mattblauer, wolkenarmer Himmel
- grauer Morgenhimmel
- Cirrus-Wolken am Abendhimmel als einzige Bewölkung
- heiße Tage, kühle Nächte

**Neigung zu Wetterbesserung** (Aufklaren)

- aufsteigende Wolken
- stetig steigender Luftdruck
- von Ost nach West drehende Winde

## Durchführung

– Massenwolken lockern sich zu einzelnen weißen Fetzen auf
– Abendnebel bei schlechtem Wetter

**Neigung zu schlechtem Wetter** (mit Niederschlag)

– dichter werdende Cirrus und nachfolgend tiefere Wolken
– fallende Stratus
– sich auftürmende Cumulus (Gewitter)
– ständig fallender Luftdruck
– Windrichtung – besonders von Nordwinden dreht sich entgegen dem Uhrzeigersinn
– aufsteigender Frühnebel
– tiefblauer Himmel (besonders bei Wind)
– Insekten schon morgens besonders lästig (Gewitter)
– tieffliegende Schwalben, springende Fische
– Beschlagen von Felsen, Mauern etc.
– besonders gute Fernsicht
– stark flimmernde Sterne
– zunehmender Geruch aus Latrinen, Kanälen u.ä.
– Halo um den Mond
– bestimmte Blumen (z.B. Gänseblume, Silberdistel, Huflattich, Hahnen-Hahnenfuß) schließen tags die Blüten
– Bergwild steigt in tiefere Lagen ab
– ausbleibender Tau im Sommer

**Neigung zu Temperaturanstieg**

– nach Süden drehende Winde (im Norden)
– mit dem Uhrzeigersinn drehende Zugrichtung der Cirrus-Wolken
– Siehe Abschnitt 'Warmfront' (Seite 94)
– Schneefall bei steigendem Luftdruck
– tags heiter, nachts bedeckt
– aufkommende Winde im Winter

**Neigung zu fallenden Temperaturen** (bzw. anhaltender Kälte)

– nach N bis NW drehende Winde (im N)
– siehe Abschnitt 'Kaltfront' (Seite 94)
– klare Nächte

## Durchführung

– ständig steigender Luftdruck im Winter
– abends Hochnebel nach klarem, windstillem Tag im Winter
– Bodennebel in Niederungen und Windstille
– gelbbraune Verfärbung der Morgenröte
– von Gewässern aufsteigende Nebelschwaden
– gegen den Uhrzeigersinn drehende Zugrichtung der Cirrus

Eine Änderung der Windrichtung um mehr als 45° weist in der Regel auf einen baldigen Wetterumschlag hin, sofern es sich nicht um den Richtungswechsel der zwischen Tag und Nacht umspringenden Land-See- bzw. Berg-Tal-Winde handelt.

### Luftdruck und Wetter

Wer ein Barometer oder einen Höhenmesser mit sich führt (was dem Prinzip nach dasselbe ist), hat damit weitere und zuverlässige Mittel, Wetterentwicklungen vorherzusagen, besonders dann, wenn er Luftdruckstand, Luftdruckveränderungen und Windrichtung kombiniert wie in der folgenden Tabelle (in Anlehnung an 'Weather' von Lehr, Burnett und Zim, Golden Press, New York; Western Publishing Comp.)

| Luftdruck-stand | Veränderung | Wind-richtung | Prognose |
|---|---|---|---|
| sehr hoch | beständig | | im Winter sehr kalt<br>im Sommer mäßig warm |
| hoch | beständig | NW – SW | heiter und geringe Temperaturänderungen für 1–2 Tage |
| hoch | steigend | NW – SW | heiter, Temperaturanstieg, Regen innerhalb von 2 Tagen |
| hoch | langsam fallend | NW – SW | heiter, langsamer Temperaturanstieg innerhalb von 2 Tagen |
| hoch | langsam fallend | S – SO | Regen innerhalb von 24 Stunden |

## Durchführung

| | | | |
|---|---|---|---|
| hoch | schnell fallend | S – SO | Regen innerhalb von 12 – 24 Stunden zunehmender Wind |
| hoch | langsam fallend | SO – NO | Regen innerhalb von 12 – 18 Stunden, zunehmender Wind |
| hoch | schnell fallend | SO – NO | Regen innerhalb von 12 Stunden, zunehmender Wind |
| mittel/hoch | langsam fallend | O – NO | Sommer: Regen in 2 – 4 Tagen Winter: Niederschläge in 24 Stunden |
| mittel/hoch | schnell fallend | O – NO | Sommer: Regen in 1 – 2 Tagen Winter: Niederschläge in 12 Stunden |
| mittel | langsam fallend | SO – NO | anhaltender Regen |
| mittel | schnell fallend | SO – NO | Regen und starker Wind in wenigen Stunden, Aufklaren in 36 Stunden, im Winter kälter |
| mittel | langsam steigend | S – SW | baldiges Aufklaren, anhaltend schönes Wetter |
| tief | schnell fallend | N – O | starker Wind in wenigen Stunden, Aufklaren innerhalb 24 Stunden, im Winter kälter |
| schnell | schnell fallend | N – O Sturm | Sturm in wenigen Stunden starker Regen oder Schneegestöber, im Winter Kälteeinbruch |
| tief | steigend | nach W drehend | Nachlassen des Sturmes Aufklaren, fallende Temp. |
| sehr tief | beständig | | im Winter mild im Sommer kühl |

## Ein Wort in eigener Sache

Reise-Handbücher wie das vorliegende SURVIVAL-Handbuch für die Wildnis sind sicherlich nicht perfekt. Sie geben in der ersten Auflage zwangsläufig nur die Erfahrungen des Verfassers wieder. Sicherlich haben Sie viele kritische Anmerkungen und Ergänzungen zu diesem Büchlein. Behalten Sie sie bitte nicht für sich. Helfen Sie mit, diese Informationssammlung zu vervollkommnen. Tips und Verbesserungen, die in die nächste Auflage eingearbeitet werden (natürlich unter Ihrem Namen), kommen dann auch anderen Reisenden zu gute. Wir bedanken uns bei Ihnen mit einem Beleg-Exemplar der neuen Auflage.

Rainer Höh + Buchvertrieb Gerda Schettler

## Durchführung

**BLITZSCHUTZ**

- weg von exponierten Punkten (Gipfel, Grat etc.)
- weg vom Wasser
- weg von einzeln stehenden Bäumen
- dichten Wald aufsuchen
- in offenem Gelände mit angezogenen Armen und Beinen auf den Boden legen
- in einem Alu-beschichteten Zelt ist man sicher (Faradayscher Käfig), so lange man nicht ein Bein hinausstreckt oder sich an einer Stange festhält.
- Wenn man eine Rettungsdecke (Alufolie) hat, kann man sich darin einwickeln. Es schadet nicht, daß man die Decke berührt (Faradayscher Käfig), nur darf man auch hier kein Bein hinausstrecken.

## Durchführung

## 3. Allgemeine Wandertips

**GELÄNDE:** Zumindest für nördliche Gegenden (Lappland, Kanada, Alaska), sicher aber auch für andere Zonen, gilt: Es ist meist einfacher, einen Bergrücken entlang zu wandern, als dem Tal zu folgen. Auf den Bergrücken findet man in der Regel trockeneren Boden und weniger oder kein Unterholz, während die Täler oft dicht von übermannshohem Filzicht durchzogen sind, das nur äußerst mühsam zu durchdringen ist, gelegentlich sumpfig sind und allemal mehr Seitenbäche und Flußarme zu überqueren bieten. Zudem ist im Tal mit mehr Moskitos zu rechnen. Und vor allem ist eine Wanderung am Fluß entlang durch dessen Windungen durchschnittlich etwa 4mal so lang wie die entsprechende Strecke am Hang .

**WILDWECHSEL:** Hat man keine andere Wahl, als durch dichtes Unterholz zu wandern, ist es einfacher, einem Wildwechsel zu folgen. Nur sollte man darauf achten, daß man sich nicht von seiner Richtung abbringen läßt.

Wenn ich gezwungen bin, durch dichtes Unterholz zu wandern und finde keinen Wildwechsel, so wate ich – wenn möglich – einen flachen Bach entlang. Sofern man das richtige Schuhzeug hat, ist das eine praktikable Lösung.

**BLOCKFELDER:** Blockfelder sind mit großer Vorsicht zu überqueren. Die Steine sind oft glatt und man weiß nie, wohin sie kippen werden. Nur zu leicht rutscht man mit dem Fuß zwischen die Blöcke und riskiert, sich den Knöchel zu verstauchen oder gar den Fuß zu brechen. Ein Sturz in einem Blockfeld kann zu schweren Verletzungen führen. Langsam gehen !

**Rutschstop:** Wandert man an einem steilen Hang auf einem Schneefeld, Gletscher o.ä., sollte man stets einen kräftigen Stock (Eispickel) oder Skistock) bei sich tragen. Gerät man ins Rutschen, dreht man sich mit dem Gesicht zum Hang und drückt die Spitze des Stockes gegen den Grund. Der Druck sollte hierbei im ersten Moment nicht zu stark sein, damit einem der Stock nicht durch einen plötzlichen Ruck aus der Hand gerissen wird, und dann schnell gesteigert werden. Mit der kräftigeren, meist rechten Hand hält man den Stock oben, um Druck auszuüben, mit der anderen unten nahe der Spitze. Die Füße sollten weniger zum Bremsen eingesetzt werden, da man sonst Gefahr läuft, sich nach hinten zu überschlagen.

**Abseilen (Rappellen):** Ist ein steiler oder senkrechter Hang zu überwinden, benötigt man ein kräftiges Tau, um sich daran abzuseilen. Das Rappellen ist eine Methode des Abseilens, bei der man die Reibung des Seiles sich zunutze macht; es verbindet ein Maximum an Sicher Sicherheit mit einem Minimum an Aufwand.

Zunächst schlingt man das Seil um einen Baum, Fels o.ä., an dem es sich nicht festklemmen kann. Dann legt man sich das so verdoppelte Seil um den Körper, wie in der Skizze gezeigt, und hält es auf beiden Seiten fest. (Möglichst Handschuhe und robuste Kleidung tragen). Indem man den Griff vorsichtig lockert, kann man sich langsam abwärts rutschen lassen, wobei man sich mit den Füßen am Hang abstützt.

Das Seil kann man anschließend wieder zurückerhalten, indem man es einfach am Ende herunterzieht.

## Durchführung

**HÖHENKRANKHEIT:** Bei Wanderungen in hohen Gebirgslagen (z.B. Himalaya, Anden) ist ab Höhen von ca. 3000 m mit Symptomen von Höhenkrankheit zu rechnen. Die Abnahme des Sauerstoffgehaltes und des Luftdrucks in großen Höhen hat eine Vielzahl verschiedener Auswirkungen auf Atmung, Kreislauf, Blutzusammensetzung und –konsistenz sowie auf das vegetative Nervensystem.

Äußerlich wahrnehmbare Symptome sind:
- Atemvertiefung und -beschleunigung,
- Blässe,
- Unruhe, Gereiztheit, Schlafstörungen,
- Kopfdruck,
- Schwindelgefühl,
- Appetitmangel,
- Brechreiz,
- Hitze- Kältegefühl,
- Herzklopfen, Schweißausbruch,
- Atemnot,
- verminderte Urteilsfähigkeit.

Die Auswirkungen der Höhenkrankheit werden verstärkt durch körperliche Belastung, Hitze, Kälte und Wetterumschlag.

Sie kann nicht, wie manche annehmen, durch Willenskraft gemeistert werden. Ignoriert man die Symptome, so kann die Höhenkrankheit im weiteren Verlauf zu Bewußtlosigkeit und zum Tode führen. Die Gefahr wird häufig unterschätzt ! Selbst körperlich sehr gut durchtrainierte Personen sind gegen Höhenkrankheit kaum weniger anfällig als untrainierte, sofern sie an entsprechende Höhen nicht gewöhnt sind.
Höhenkrankheit ist bisher medikamentös weder zu vermeiden noch rückgängig zu machen. Die einzige Therapie besteht in der künstlichen Zufuhr von Sauerstoff oder im Abstieg auf geringere Höhen.

Zur Vorbeugung: Langsam an die Höhe gewöhnen, nicht zu hoch starten, langsam steigen, langsam die Belastung steigern, Ruhetage einlegen.

Treten erste Symptome von Höhenkrankheit auf: nicht höher steigen ! Ruhetag einlegen ! Verstärken sich die Symptome: Abstieg auf geringere Höhen !

Bei Verdauungsstörungen aufgrund von Höhenkrankheit Nahrung möglichst auf Kohlenhydrate beschränken.

**MOORE:** Moore sind nicht so gefährlich, wie man allgemein annimmt. Solange sie von einer geschlossenen Pflanzendecke bewachsen sind, kann man sie überqueren. Der Boden schwankt zwar und gibt bei jedem Schritt etwas nach, aber er trägt. Sollte man doch einmal stecken bleiben: Sofort Rucksack abwerfen, flach auf Rücken oder Bauch legen und alle Viere von sich strecken. So verteilt sich das Körpergewicht auf eine größere Fläche und man kann sich einfacher wieder befreien. Wenn es möglich ist und nicht zu aufwendig, umgeht man ein Moor. Das Wandern auf sumpfigem Boden ist anstrengend.
Vorsicht ist geboten bei sogenannten 'schwimmenden Torfmooren', Dabei handelt es sich um eine Torfrinde , die auf dünnflüssigem Schlamm oder Wasser schwimmt.

Solche Moore haben in der Regel steil abfallende Ufer und sind meist frei von Vegetation. In manchen Fällen jedoch, wenn die Torfrinde mehrere Meter mächtig ist, können sie von Pflanzen bewachsen sein. Ab einer Stärke von mindestens zwei Meters sollte die Torfrinde einen Wanderer tragen (mit einer Stange prüfen!).

Wenn irgend möglich, sollte man jedoch **Moore mit steil abfallendem Ufer bzw. ohne Vegetation unbedingt meiden!**

Falls man je im Moor einsinkt – keine Panik! Gepäck abwerfen! Flach hinlegen und ggf. mit Schwimmbewegungen beginnen. Nach Angaben des Naval Institute soll selbst ein mäßiger Schwimmer meilenweit durch Moorschlamm schwimmen können.

**Treibsand** ist Sand, der durch Wasser in der Schwebe gehalten wird. Er sieht meist aus wie gewöhnlicher Sand. Der Unterschied zeigt sich jedoch schnell, wenn man kleine Steine darauf wirft – in Treibsand versinken sie.

## Durchführung

Sollte man in Treibsand geraten, geht man wie bei Moorschlamm sofort in die Horizontale , hält die Lungen gut luftgefüllt und beginnt mit Schwimmbewegungen. Langsam bewegen – der Druck ist bei Treibsand höher als bei Schlamm.

**DURCHWATEN VON BÄCHEN:** Bergbäche, die von Gletschern oder Schneefeldern kommen, durchwatet man am einfachsten vormittags, bevor die Sonne den Schnee schmilzt und dadurch den Bach anschwellen läßt.

Man sucht eine flache, breite Stelle (an breiten Stellen ist die Wassertiefe meist geringer!) mit möglichst geringer Strömung.
Wenn man Turnschuhe o.ä. dabei hat, zieht man sie an, wenn nicht, zieht man lediglich die Socken aus und die Stiefel über die bloßen Füße. Nicht barfuß waten ! Man verletzt sich leicht die Füße an kantigen Steinen und verliert schneller das Gleichgewicht, weil man nicht sicher auftreten kann. Bevor man ins Wasser steigt, sollte man darauf achten, daß der Hüftgurt am Rucksack offen ist und die Tragriemen locker sind, so daß man ihn – im Falle eines Falles – jeder-

zeit abwerfen kann. Andererseits wiederum darf der Rucksack nicht so lose sitzen, daß er das Gleichgewicht gefährdet. (Nicht zu hoch packen, damit der Schwerpunkt möglichst tief liegt!).

Beim Waten geht man am besten seitlich, Gesicht stromauf und stützt sich mit einem soliden Stock gegen die Strömung. Langsam gehen !

Vorsicht ! Bei starker Strömung kann ein Bach große Steine am Grund entlang wälzen, die einen möglicherweise unerwartet am Schienbein treffen und zu Fall bringen können.

Einen Fluß, der mir wesentlich über den Gürtel reicht, würde ich nur ungern durchwaten – schon wegen der Kälte. Die Temperatur von Bergbächen liegt oft kaum über $0^{o}$C. Außerdem ist ein Durchwaten ab dieser Tiefe nur bei sehr schwacher Strömung möglich. Wenn es sein muß, sichert man sich vorsichtshalber mit einem Tau. Wie man sich notfalls selbst sichern kann, zeigt die Skizze auf S. 106. (Tau ober halb des Gürtels möglichst unter den Armen befestigen!).

Bei längeren Watstrecken in tiefem kaltem Wasser Gefahr einer Unterkühlung beachten! Auch bei geringerer Tiefe und sehr kaltem Wasser kann es passieren, daß die Füße durch Unterkühlung gefühllos werden und man erheblich an Trittsicherheit verliert.

**FLOSS:** Ist ein tiefer und breiter Strom zu überqueren oder ein See – was dann ? Dann baut man sich ein Floß. Man braucht dazu nichts als ein paar trockene Stämme und, wenn man keine Nägel hat, einige Meter Tau. Trockene Stämme finden sich oft am Ufer als Treibholz. Man braucht sich nicht darum zu kümmern, wie sie aussehen – wichtig ist nur, daß sie genügend Auftrieb haben, um eine Person mit Gepäck über Wasser zu halten. Grünes Holz schwimmt zwar auch, liegt aber wesentlich tiefer im Wasser.

Die Stämme legt man parallel nebeneinander und befestigt zwei Hölzer quer dazu, ein drittes diagonal. Die Stämme und Querhölzer werden entweder gut verschnürt – wie in der Skizze (a) gezeigt – genagelt oder beides. Wenn genagelt werden soll, müssen die Querhölzer gekerbt werden, damit die Nägel tief genug in den Stamm darunter eindringen (s. Skizze b auf Seite 108). Hat man eine Axt

## Durchführung

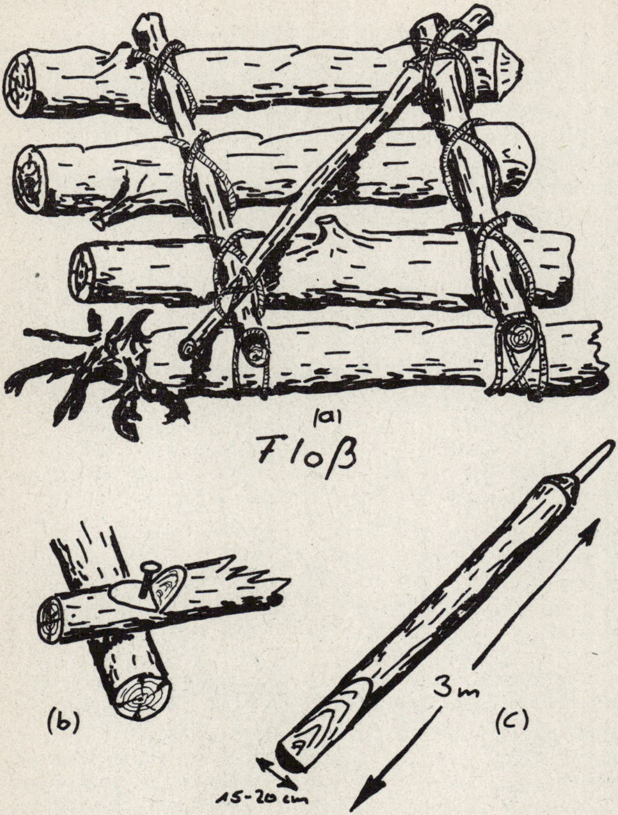

## Durchführung

dabei, kann man sich zwei Ruder improvisieren, indem man zwei Stangen mit 15 bis 20 cm Durchmesser und etwa 3m Länge vorn abflacht (siehe Skizze c auf Seite 108). Notfalls reichen auch nicht abgeflachte Stangen. (siehe Abbildung Seite 108).

Am einfachsten ist es, man baut das Floß in flachem ruhigem Wasser zusammen, so spart man sich die Plackerei, die nötig wäre, es ins Wasser zu schaffen.

Die Ruder können auf den Querhölzern befestigt werden, oder auf einem etwas erhöhten Dreifuß. Letzteres ist bequemer, da man so in aufrechter Haltung rudern kann. Wenn man jetzt noch ein paar Äste oder belaubte Zweige quer legt, damit das Gepäck trocken liegt, kann die Floßfahrt beginnen.

Es würde mich nicht wundern, wenn der eine oder andere auf den Geschmack am "Floßen" käme und beschlösse, daß es wohl ganz gut wäre, weiter flußabwärts zu fahren. Ratsam ist es allerdings, vorher ein wenig über den betreffenden Fluß Bescheid zu wissen – ob und wo mit Stromschnellen zu rechnen ist.

Ich habe das Floßfahren auf dem Yukon in Kanada und Alaska ausprobiert und bin begeistert.

Für eine längere Fahrt baut man das Floß etwas größer und solider. Wir haben für 2 Personen ein Dutzend abgestorbener, aber noch stehender Tannen von etwa 30 bis 40 cm Stärke und 8 m Länge geschlagen, darüber 3 Querhölzer geschnürt und genagelt und ein leichtes Holzgerüst für das Gepäck gebaut. Auf einem solchen Floß kann man dann sein Zelt aufschlagen und sogar eine Feuerstelle bauen (etwas Sand darunter!).

Ein Floß, das wesentlich länger ist als breit, neigt weniger dazu, sich zu drehen. Ein Stein an einer kurzen Schnur, vorn in der Mitte des Floßes befestigt, trägt dazu bei, es besser in der Strömung zu halten.

Die Ruder sollten 3 - 4 m lang sein und ein entsprechend großes Blatt besitzen. Wirhaben Bretter im Treibholz gefunden. Sonst muß man sie mit der Axt herausschlagen. Man kann auch aus einem ca.

1/2 m langen Stammstück eine dünne Bohle herausspalten und auf einer langen Stange befestigen oder notfalls einen Rahmen aus Ästen mit Folie bespannen. Ruder zu kaufen, lohnt sich nicht – sie sind teuer, zu klein für ein Floß und brechen schnell, da sie für leichtere Boote gedacht sind. Unsere gekauften Ruder waren bereits am zweiten Tag beide abgebrochen (Reine Fehlinvestition!).

Mit einem soliden Floß können Stromschnellen gefahren werden, solange die Wassertiefe ausreicht, um nicht auf Felsblöcke aufzulaufen. Im Zweifelsfalle vorsichtig sein ! Man lädt das Gepäck ab, läßt das leere Floß mit einem langen Tau daran oder den Rudern darauf durch die Schnellen treiben und versucht, es unterhalb davon wieder einzufangen. Treideln ist zu gefährlich bzw. unmöglich, weil das Floß wesentlich schwerer ist, als daß man es in der starken Strömung festhalten könnte.

### WANDERSTAB

Was einem angenehmer ist – mit oder ohne Stab zu wandern, das muß jeder selbst herausfinden. Ich habe anfangs nie einen benutzt – die enorme Vorlage, die mein "Kartoffel-Rucksack" erforderte, machte es unmöglich. Seit ich einen Tragegestell-Rucksack besitze, habe ich mich daran gewöhnt, einen Wanderstab zu benutzen und finde, man wandert angenehmer. Er erleichtert das Gehen bergauf und bietet besseren Halt auf Blockfeldern, abschüssigen Strecken etc. Bei Wanderungen oberhalb der Baumgrenze würde ich ihn auf jeden Fall empfehlen. Er ist nützlich als Stütze für ein Schutzdach und sehr wichtig, wenn größere Bäche durchquert werden müssen.

### RASTEN

Mit dem Rasten soll es jeder so halten, wie es sein Körper für richtig hält. Ich meine: Rasten ist wichtig – es sei denn, man hat es eilig. Und wer es dauernd eilig hat, der bleibt besser zu Hause.

So lange man ohne Pfad wandert, ist man gezwungen, zuzusehen wohin man seine Füße setzt. Will man sich umschauen, bleibt man besser stehen. Also halte ich so durchschnittlich alle 10 Minuten kurz an und schaue in die Runde. Und alle ein, zwei Stunden tut

ein Schluck Wasser gut, eine Handvoll Nüsse oder Rosinen – und man setzt sich eine Weile hin.

Sollte man doch einmal gezwungen sein, eine längere Strecke möglichst schnell zurücklegen zu müssen, so finde ich lange Etappen und ausgiebige Rasten günstiger als kurze Strecken und kurze Pausen. Aber auch das mag individuell verschieden sein.

### NACHTWANDERN

Nachts zu wandern, ist nicht zu empfehlen. Besser man hält zeitig vor Einbruch der Dunkelheit an und schlägt sein Zelt auf.

Eine Ausnahme bilden: 1. Wanderungen in Wüstengebieten, wo die Hitze und der Flüssigkeitsverlust tagsüber zu groß sind und 2. die hellen nordischen Nächte.

In Lappland haben wir es oft vorgezogen, nachts zu wandern, wenn mehr Wild unterwegs war und weniger Moskitos.

### WANDERN IM WINTER

**Kälte:** Bei Wanderungen im Winter lautet die erste Frage: Wie halte ich mich warm ? Die Antwort mag überraschend klingen: indem man so wenig wie möglich anzieht. Selbst der beste Isolator verliert seine isolierende Eigenschaft schnell, wenn man zu schwitzen anfängt und er feucht wird. Also: Schwitzen vermeiden ! Kleidung trocken halten !

Überhitzen des Körpers verhindert man:

1. indem man seine Kleidung in lockeren Schichten trägt, und so die Möglichkeit hat, Schicht für Schicht abzulegen;
2. indem man für gute Ventilation sorgt
   - Handschuhe ausziehen
   - Kapuze abnehmen
   - Ärmel öffnen
   - Parka öffnen
   - Hemd über der Hose tragen etc.

Wenn man einen warmen Raum betritt (Blockhütte, Zelt o.ä.), darauf achten, daß kein Schnee an den Kleidern hängt. Wenn doch etwas feucht wird, und ganz läßt sich das nicht vermeiden, sollte man jede Gelegenheit nutzen, um seine Kleider zu trocknen.

- Nichts zu nahe ans Feuer oder direkt darüber hängen (was anschmort verliert seine Isolierfähigkeit)
- Jedes Stück einzeln aufhängen.
- Nichts über den Kochtopf hängen, wenn er dampft.
- Nasse Wäsche auf den Rucksack hängen, aber
- nicht in den Schlafsack stecken (es trocknet zwar, aber der Schlafsack wird feucht).
- Wenn etwas völlig naß geworden ist, kann man es zuerst gefrieren lassen und nachher das Eis herausklopfen (das ist zwar nicht gut für das Material, aber es trocknet dann wesentlich schneller).

**Unterkühlung (Hypothermia):** Unterkühlung tritt dann ein, wenn die Körpertemperatur so weit absinkt, daß lebenswichtige Organe nicht mehr voll funktionieren. Sie kann durchaus auch bei Temperaturen deutlich über dem Gefrierpunkt auftreten, wenn das Wetter naß und windig ist, und sie wird beschleunigt durch Müdigkeit und Nahrungsmangel.

Die Symptome in der Reihenfolge, in der sie auftreten, sind:

- Frieren, Zittern
- Zittern nimmt zu und wird unkontrollierbar
- Rede wird wirr und mühsam, das Denken wird unkontrolliert
- Zittern läßt nach, die Muskeln werden steif und ihre Koordination erschwert, Bewegungen ungelenk
- Gefährlichkeit der Situation kann nicht mehr eingeschätzt werden
- Verlust des Kontaktes zur Umwelt, Benommenheit, Puls und Atmung werden langsamer
- Der Betroffene ist nicht mehr ansprechbar; Herzschlag wird unregelmäßig, Bewußtlosigkeit
- Versagen von Herz und Lunge

Um Unterkühlung zu vermeiden:

- Schwitzen vermeiden ! Nicht zu warm kleiden.
- Kleidung trocken halten (in nasser Kleidung geht die Körper-

wärme angeblich bis zu 200 mal schneller verloren)

- Gute Kopfbedeckung mitnehmen (über den unbedeckten Kopf gehen bis zu 50 % der Körperwärme verloren)
- Erschöpfung und Übermüdung vermeiden
- Regelmäßige kohlehydratreiche Snacks zwischendurch (Schokolade, Rosinen, Trockenfrüchte); sie gewährleisten gleichmäßige Energieversorgung.

Treten die oben genannten Symptome der Unterkühlung auf, so ist der Betroffene sofort folgendermaßen zu behandeln:

- Schutz vor Wind, Regen und Kälte
- Nasse Kleidung ausziehen und trockene anziehen oder in den Schlafsack kriechen.
- Warme Getränke, Fleischbrühe, Suppe o.ä. (kein Alkohol !) und schnell verdauliche Energiespender (Zucker, Rosinen)
- keine proteinreichen Nahrungsmittel wie Käse, Fleisch, Fisch etc!
- Ist er benommen, versuchen ihn wachzuhalten
- Sehr effektiv ist Haut-zu-Haut-Kontakt mit einer anderen Person im Schlafsack.

**Chill-Faktor (Auskühl-Faktor):** Temperatur ist nicht gleich Temperatur – sie ist abhängig von Windgeschwindigkeit und Luftfeuchtigkeit. Der auskühlende Effekt des Windes wird leicht unterschätzt. Bei einer Windgeschwindigkeit von 64 km/h z.B. entspricht eine Temperatur um den Gefrierpunkt – 20° C bei Windstille (gleichbleibende Luftfeuchtigkeit vorausgesetzt).

(Siehe hierzu Tabelle Seite 118).

Tabelle CHILL FAKTOR (KÜHLFAKTOR)

(In Anlehnung an 'TEMPERATURE AND WIND CHILL CHART' aus 'Wilderness Survival', herausgegeben vom Kanadischen Forstamt)

| Windgeschwindigkeit km/h | TEMPERATUR (°C) | | | | | | | | | | | | | | | | | | | | |
|---|---|---|---|---|---|---|---|---|---|---|---|---|---|---|---|---|---|---|---|---|---|
| 0 | 4 | 2 | -1 | -4 | -7 | -9 | -12 | -15 | -16 | -20 | -23 | -26 | -29 | -32 | -34 | -37 | -40 | -43 | -46 | -48 | -51 |
| | Entsprechende Temperatur | | | | | | | | | | | | | | | | | | | | |
| 8 | 2 | -1 | -4 | -7 | -9 | -12 | -15 | -16 | -20 | -23 | -26 | -29 | -32 | -34 | -37 | -40 | -43 | -46 | -48 | -54 | -57 |
| 16 | -1 | -7 | -9 | -12 | -15 | -16 | -23 | -26 | -29 | -32 | -37 | -40 | -43 | -46 | -51 | -54 | -57 | -59 | -62 | -68 | -71 |
| 24 | -4 | -9 | -12 | -16 | -20 | -23 | -29 | -32 | -34 | -40 | -43 | -46 | -51 | -54 | -57 | -62 | -65 | -68 | -73 | -76 | -79 |
| 36 | -7 | -12 | -15 | -16 | -23 | -26 | -32 | -34 | -37 | -43 | -46 | -51 | -54 | -59 | -62 | -65 | -71 | -73 | -79 | -82 | -84 |
| 40 | -9 | -12 | -16 | -20 | -26 | -29 | -24 | -37 | -43 | -46 | -51 | -54 | -59 | -62 | -68 | -71 | -76 | -79 | -84 | -87 | -93 |
| 48 | -12 | -15 | -16 | -23 | -29 | -32 | -34 | -40 | -46 | -48 | -54 | -57 | -62 | -65 | -71 | -73 | -79 | -82 | -85 | -90 | -96 |
| 56 | -12 | -15 | -20 | -23 | -29 | -34 | -37 | -40 | -46 | -51 | -54 | -59 | -62 | -68 | -73 | -76 | -82 | -84 | -90 | -93 | -98 |
| 64 | -12 | -16 | -20 | -26 | -29 | -34 | -37 | -43 | -48 | -51 | -57 | -59 | -65 | -71 | -73 | -79 | -82 | -85 | -90 | -96 | -101 |

| Geringe Gefahr | Zunehmende Gefahr | Große Gefahr |
|---|---|---|
| Windgeschwindigkeiten über 64 km/h haben geringe zusätzliche Wirkung | Fleisch kann innerhalb von einer Minute gefrieren | Fleisch kann innerhalb von 30 Sekunden gefrieren. |

## Durchführung

**Schnee:** Wenn im Tal zu viel lockerer Schnee liegt, ist es einfacher, einen Bergrücken entlang zu wandern, weil der Schnee dort meist weggeweht wird. Allerdings ist man dort bei Wind erheblich exponierter – Hypothermia-Gefahr beachten!

**Wildwechsel:** Auch im Winter ist es einfacher, viel benutzten Wildwechseln zu folgen, als im tiefen Schnee zu stapfen. Aber auch hier auf die Richtung achten.

**Flußläufe**

Zugefrorene Flüsse sind die natürlichen Straßen für Winterreisende. An manchen Stellen kann das Flußeis jedoch selbst bei lang anhaltendem starkem Frost sehr dünn sein. Deshalb halten sich selbst erfahrene Hundeschlitten-Führer in Kanada wenn irgend möglich auf dem Ufer.

Wenn man gezwungen ist, auf's Eis zu gehen, sollte man unbedingt folgende Punkte beachten:

1. Bevor man auf das Eis geht, dafür sorgen, daß ein wasserdichter Feuer-Kit (s.S. 128) jederzeit griffbereit ist (nicht im Rucksack!)
2. Darauf vorbereitet sein, den Rucksack jederzeit abwerfen zu können, falls man einbricht.
3. Wenn man Schneeschuhe oder Skier trägt, wird das Gewicht besser verteilt – aber man trägt sie sicherheitshalber so, daß sie jederzeit abgeworfen werden können.
4. Eine lange Stange gibt einem Halt, falls man einbrechen sollte. Am günstigsten scheint es mir zu sein, man befestigt die Stange quer am Rucksack; dann hat man die Hände frei, der Rucksack geht nicht verloren und braucht nicht erst abgeworfen zu werden, wenn man einbricht.
5. Geht man in einer Gruppe, so hält man genügend Abstand (10 – 15 m) und sichert sich gegenseitig durch ein Seil.
6. Felsblöcke und andere Objekte, die aus dem Eis ragen, meiden. An diesen Stellen wird die Eisbildung verzögert.
7. Wo zwei Flüsse ineinanderfließen, geht man am Ufer. Das unruhi-

ge Wasser der aufeinanderstoßenden Strömungen verzögert ebenfalls die Eisbildung.

8. Auf klarem Eis bleiben, wo dies möglich ist.
Eine dicke Schneeschicht wirkt isolierend, so daß das strömende Wasser das Eis von unten her abtauen kann.

9. In Biegungen geht man auf die Innenseite. Im Außenbogen könnte die stärkere Strömung das Eis an der Unterseite abgetragen haben.

10. Bricht man trotz allem ein, so dreht man sich sofort auf den Rücken, schiebt sich mit Hilfe der Ellbogen vorsichtig zurück aufs Eis und kriecht flach ausgestreckt, bis man sicher ist, daß das Eis trägt. Am Ufer wälzt man sich in der nächsten Schneewehe – Pulverschnee saugt viel Wasser auf – und was an Schnee hängen bleibt sorgt für zusätzliche Isolation.
In Bewegung bleiben und schnell für ein Feuer sorgen, bevor die Finger klamm werden!

**Schneebrille**

Hat man keine Schneebrille dabei, kann eine improvisiert werden, indem man aus einem Stück Holz, Rinde, Karton o.ä. zwei schma-

le Sehschlitze (nur wenige Milimeter breit)ausschneidet und es mit Riemen befestigt. Besonders bei sonnigem Wetter kann das von Schnee und Eis reflektierte Licht sonst zu Schneeblindheit führen. Dies bedeutet: Starke bis völlige Blindheit für mehrere Tage! Gefahr der Panik! Sehr schmerzhafte Folgen!

## Durchführung

### Schneeschuhe

Schneeschuhe erleichtern das Gehen in tiefem Pulverschnee wesentlich. Einfache "Bear Paw" –Schneeschuhe kann man sich aus zwei etwa 2-3cm starken Tannenzweigen und 5 bis 8 m Schnur o.ä. selbst machen.

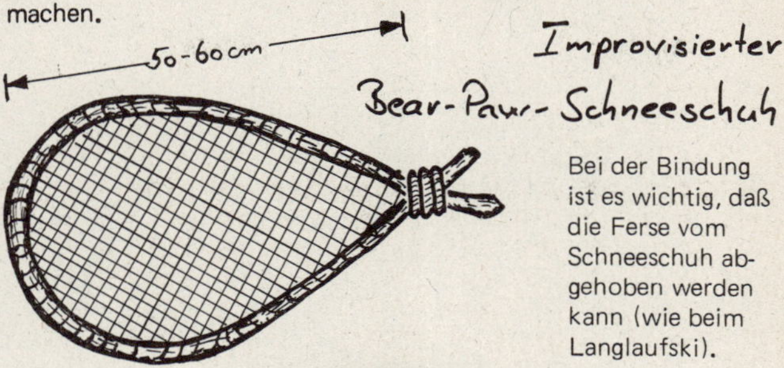


Bei der Bindung ist es wichtig, daß die Ferse vom Schneeschuh abgehoben werden kann (wie beim Langlaufski).

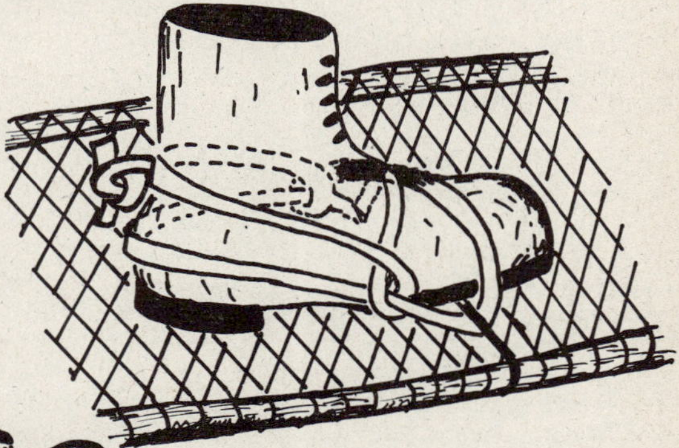

Sie muß so auf dem Schneeschuh angebracht werden, daß dessen hinterer Teil überlastig ist, und die Spitze beim Heben des Fußes nach oben wippt.

## Durchführung

Für waldiges oder buschreiches Gelände sind lange und schmale Schneeschuhe günstiger als der breite Bear Paw. Hierzu werden zwei gut meterlange ca 2 cm starke, möglichst astfreie Stangen an den Enden zusammengebunden und in der Mitte durch Querhölzer ca. 30 bis 35 cm auseinandergebogen. Die Querhölzer dienen gleichzeitig als Fußauflage.

Schneeschuh Typ Michigan

Bei diesem Modell kann im Gewebe vorn ein Loch gelassen werden, durch das die Stiefelspitze hindurchpaßt, wenn beim Heben des Fußes das Vorderende des Schneeschuhs nach oben wippt. Die Spitze des Schneeschuhes kann mit einer Schnur nach oben gespannt werden, wie in der Skizze gezeigt, damit sie sich beim Gehen nicht in den Schnee bohrt.

**Schlitten (Toboggan)**

Bei Wanderungen im Winter ist es einfacher, sein Gepäck auf einem Schlitten hinter sich herzuziehen, als es auf dem Rücken zu tragen – zumal es mehr wiegt als im Sommer. Ein gewöhnlicher Rodelschlitten ist hierzu allerdings nicht geeignet. Er ist zu klein, zu kipplig und versinkt mit seinen schmalen Kufen zu tief im Schnee. Am besten geeignet ist ein sogenannter Toboggan, wie ihn die Indianer Nordamerikas benutzen. Dies ist im wesentlichen nichts anderes als ein 15 bis 30 cm breites und 2 bis 5 m langes Brett, das an der Frontseite zurückgebogen ist. Es ist vorn breiter als hinten, um die Reibung zu vermindern und um nicht als Schneeschaufel zu wirken. Der Toboggan liegt mit der ganzen Fläche auf dem Schnee auf, sinkt also wenig ein und läuft leicht. Eine Person kann etwa ihr eigenes Gewicht an Gepäck darauf befördern. Ist man zu zweit, können beide ziehen – vorteilhafter ist es aber, wenn man am Hinterende des Schlittens eine Stange befestigt, an der einer schiebt und den Toboggan gleichzeitig in der Balance hält. Gezogen wird der Toboggan mit einem breiten Riemen, der über eine Schulter und quer über die Brust läuft. Es können auch Schlittenhunde vor den Toboggan gespannt werden.

Je schmaler der Toboggan ist, desto besser, weil

1. in Wald- oder Buschgelände oft wenig Platz ist und er
2. möglichst in der Spur der Schneeschuhe laufen soll, um die Reibung gering zu halten.

Einen Toboggan kann man sich ohne große Schwierigkeiten selbst bauen. Um das Frontstück zu biegen, muß das Holz mit Dampf oder etwa eine Stunde mit nassen Lappen behandelt werden, die mit einer Lösung aus heißem Wasser und Salzsoda getränkt sind.
Bei der Hudson Bay Company kann man das gebogene Vorderteil einzeln kaufen und an einem passenden Brett befestigen.

Hickory oder Esche liefern das beste Holz, aber auch Ahorn gibt einen guten Toboggan.

# Durchführung

## 4. Feuer

Feuer ist mit das wichtigste Hilfsmittel für den Wildniswanderer. Man braucht es, um zu kochen, um sich zu wärmen, um Schnee zu schmelzen, Wasser abzukochen und eventuell um Signale zu geben.

Beachtet man einige grundsätzliche Regeln, so ist es auch unter widrigen Bedingungen meist möglich, ein Feuer zu machen.

### FEUERSTELLE

Die Feuerstelle muß gegen jedes Ausbreiten des Feuers gesichert sein !!

Am günstigsten ist sandiger oder felsiger Grund. In Waldgegenden sollte man unbedingt Laub und Moos in weitem Umkreis um die eigentliche Feuerstelle beseitigen und dabei tief genug gehen, um sicher zu sein, daß jegliches tote Holz weggeräumt ist. Verrottetes Holz kann unsichtbar weiterglimmen – für Tage und Wochen ! – und plötzlich in offenes Feuer ausbrechen.

Also:

- Feuerstelle und Umgebung gründlich von brennbarem Material säubern !
- Feuer nicht unter einem abgestorbenen Baum, der durch Funken entzündet werden könnte !
- Nicht zu weit vom Wasser entfernt !
- Eventuell einen U-förmigen Steinwall bauen, der bei schwachem Wind gegen den Wind geöffnet sein kann, sonst umgekehrt.
- Keine nassen Steine um das Feuer legen. (Sie können beim Erhitzen explosionsartig zerspringen.)
- Feuer nicht unter einem schneebeladenen Baum. (Der Schnee schmilzt und/oder fällt herunter.)
- Im Winter zuerst den Schnee wegräumen oder eine Unterlage bauen, da er sonst schmilzt und das Feuer löscht.

Günstig für eine Feuerstelle sind besonders Ufer von Flüssen und Seen – sie sind meist frei von Vegetation. Wasser, Steine und Brennmaterial sind vorhanden.

## Durchführung

### FEUER VORBEREITEN

Vier Dinge braucht man für ein Feuer:

- Zünder (Funke)
- Zunder
- Brennmaterial
- Sauerstoff

**Zünder**

Es gibt verschiedene Möglichkeiten, ein Feuer anzuzünden. Im Normalfall hat man:

– Streichhölzer: Es gibt wasserfeste Überallanzünder-Sturmstreichhölzer. Das sind natürlich die besten. Ich zünde mein Feuer mit ganz gewöhnlichen Streichhölzern an, so lange es geht, nehme aber stets 2 - 3 Schachteln wasserfeste Überallanzünder und Sturmstreichhölzer mit. Wasserfeste Streichhölzer kann man in Sportgeschäften kaufen oder selbst herstellen, indem man jedes einzeln in Nagellack oder Wachs taucht. Hierzu nimmt man am besten Überallanzünder, da bei Nässe auch die Reibfläche unbrauchbar wird.

Sturmstreichhölzer brennen auch bei starkem Wind.

– Feuerzeug: Ein billiges Einmal-Feuerzeug habe ich auf jede Fahrt mitgenommen; es produziert auch dann noch Funken, wenn es leer ist.

Für den Notfall könnte man versuchen:

– Brennglas: Das kann aus einem Fernglas oder aus einer Kamera stammen, wenn es sein muß. Es gibt Leute, die behaupten, man könne aus Eis eins zurecht schaben (das möchte ich gern mal sehen!).

– Luntero: Ein etwa 1 cm starker Baumwolldocht, der durch einen Feuerstein (wie beim Benzin-Feuerzeug) zum Glimmen gebracht wird. Der Docht kann meterweise gekauft werden.

Vorteil: Wind bringt den Docht nicht zum Verlöschen, sondern verstärkt die Glut.

## Durchführung

– Feuerstein: In Kanada habe ich ein sogenanntes Stahlstreichholz gesehen: Das ist ein Feuerstein, der, an einem Stück rauhen Stahles gerieben, Funken produzieren soll. Vorteil: nicht feuchtigkeitsempfindlich. Man kann es auch mit einem gewöhnlichen harten Stein und dem Messerrücken versuchen. Auf diese Methode verläßt man sich besser nicht, sie erfordert sehr viel Geschick.

– Munition: Hat man ein Gewehr dabei, kann man eine Patrone aufschneiden, das Projektil entfernen und die Hälfte des Pulvers herausnehmen. Dann lädt man das Gewehr mit der präparierten Patrone und einem Fetzen Stoff und schießt in die Luft. Der Fetzen brennt oder glimmt zumindest. Mit ihm entzündet man das restliche Pulver.

– Feuerbohrer: Das ist fast schon ein Kapitel für sich, und wenn es nicht funktioniert ist dies bestimmt noch kein Grund, an den Naturgesetzen zu zweifeln. Die Anwendung ist ausgesprochen mühsam. Falls es also darauf ankommt: Nicht gleich aufgeben !

Man braucht:

1. Ein Brett oder sonst ein flaches, möglichst hartes und trockenes Stück Holz mit einer Vertiefung, in die der Bohrer paßt, und mit einer Kerbe direkt daneben.
2. Einen Bohrer aus ähnlichem Holz.
3. Einen Bogen mit einer Schnur, die als Schlaufe um den Bohrer gelegt werden kann.
4. Einen Halter – ein Stück Holz oder Stein mit einer flachen Höhlung, in die der Bohrer paßt.

Man setzt die Teile zusammen, wie in der Skizze gezeigt, hält das Brett mit den Knien, den Bogen mit der rechten und den Halter mit der linken Hand (Linkshänder umgekehrt). Der Zunder liegt unter der Kerbe. Nun zieht man den Bogen hin und her so schnell man kann und drückt dabei den Bohrer mit Hilfe des Halters fest gegen das Brett. Wenn man nur einen Augenblick innehält, ist alles vergebens; und falls es kalt und windig sein sollte, ist es ohnehin aussichtslos.

## Durchführung

Falls man durchhält und mit genügend Druck schnell genug bohrt, beginnt irgendwann schwarzes Holzpulver durch die Kerbe zu rie-

Feuerbohrer

seln. Man bohrt noch etwas schneller, bis es zu rauchen beginnt. Dann fallen glühende Holzteilchen in den Zunder und man pustet vorsichtig, um die Glut aufflammen zu lassen.

**Zunder:**

Gemeint ist jenes feine, leicht entflammbare Material, das der Funke zünden soll. In der Anwendung wird es auch 'Feuernest' genannt.

Birkenrinde ist mit Abstand der beste natürliche Zunder, den ich kenne. Sie besitzt kleine hauchdünne Fetzelchen, die schnell Feuer fangen – auch bei frischer Rinde – enthält viel Harz und brennt daher ausgesprochen "feurig", auch bei starkem Wind und nach anhaltendem Regen.

Kleine tote Zweiglein von Nadelhölzern, nicht dicker als eine Bleistiftmine, sind ebenfalls geeignet: weiterhin trockene Gräser, Baumwollfetzen, Nester von Vögeln oder Mäusen, trockenes Moos, Holzmehl, Birkenschwamm etc. oder sogenannte f u z z s t i c k s (Lokkenhölzchen). Das sind weiche, trockene Hölzer, an denen man mit dem Messer schabt, daß sich feine Späne bilden, aber nicht abfallen – ähnlich den Tannenbäumchen aus Holz, die man gelegentlich als Weihnachtsschmuck sieht.

Außerdem trage ich in meinem Feuer-Kit zusammen mit den wasserfesten Streichhölzern stets einen Kerzenstummel, einige Stückchen Esbit, ein paar Ölofenanzünder u.ä. Das braucht wenig Platz, wiegt kaum und ist unter widrigen Verhältnissen sehr hilfreich.

**Brennstoff**

Jedes Holz brennt, wenn genügend heiße Glut vorhanden ist. Trockenes Holz brennt schneller und besser; harziges und nasses Holz produziert Rauch. Je feiner das Holz gespalten ist, desto leichter entflammbar und desto weniger Rauch.

Nadelholz brennt leichter, schneller, weniger lang und heiß, gibt weniger Glut und verursacht Funken. (Vorsicht mit Daunenjacken!).

Dicke nasse Hartholzklötze halten am längsten. Laubholz brennt langsamer, länger, heißer und gibt bessere Glut und weniger Funken.

Holz, das am Boden liegt, ist meist feucht. Besser und fast immer trocken ist totes Holz noch stehender Bäume oder Sträucher.

Die unteren abgestorbenen Äste von Tannen sind meist auch bei Regen noch trocken, brennen gut und sind besonders zum Anzünden des Feuers hervorragend geeignet.

Was, wenn kein Wald in der Nähe ist ? Treibholz findet sich an den meisten Flüssen und Seen; oberhalb und nördlich der Baumgrenze wachsen oft noch ausreichend kleine Büsche und Sträucher. In besonders kargen Gegenden kann man notfalls immer noch mit Bündeln trockenen Grases heizen, mit Wurzeln, Moos, Flechten, Torf, trockenem Tierkot etc.

**Sauerstoff**

Es wird oft nicht genügend beachtet, daß ein Feuer auch Sauerstoff benötigt. Also: Das Feuer vor allem beim Anzünden nicht mit Brennstoff überhäufen! Für ausreichende Sauerstoffzufuhr sorgen! Sonst erstickt es!

## Durchführung

### FEUER ANZÜNDEN

Bevor man das Feuer anzündet, dafür sorgen, daß alles bereitliegt, was man benötigt.

Über einem Häufchen Zunder errichtet man ein kleines Tipi aus dünnen, maximal 1/2 cm starken, trockenen Zweigen. Auf der Windseite läßt man eine Öffnung und zündet dort an – mit dem Streichholz eventuell zunächst ein Stück Birkenrinde und damit dann den Zunder. Bei stärkerem Wind gegebenenfalls einen Windschutz errichten.

Sobald die Zweige brennen, bläst man in die Flammen, bis es prasselt und legt dann dickeres Holz nach.

Wichtig beim Anzünden eines Feuers ist, daß man in Ruhe arbeitet. Selbst, wenn es eilt, sollte man nicht hetzen, nichts überstürzen, sonst geht es doch länger oder am Ende gar nicht. Auch, wenn es beim ersten Mal nicht klappt, auf keinen Fall nervös werden!

### FEUERARTEN

Je nachdem, ob das Feuer zum Kochen, Wärmen oder für Signale dienen soll, muß es unterschiedlich angelegt und beheizt werden.

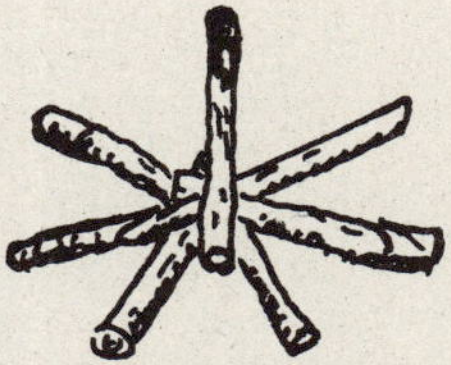

**Sternfeuer:** Um ein kleines, schnell und heiß brennendes Feuer zu erhalten, legt man mehrer trockene, gespaltene Nadelholzäste mit den Enden übereinander sternförmig über das Feuernest. Die Äste können von außen nachgeschoben werden, so, wie sie abbrennen.

**Kreuzfeuer** (Jägerfeuer): Benötigt man ein Feuer, das bei mäßiger Hitzeentwicklung langsamer brennt, so legt man über zwei parallel liegende, stärkere Hartholzklötze kreuzförmig kräftige Hartholzäste (Buche, Birke, Eiche). Darunter entzündet man das Feuer.

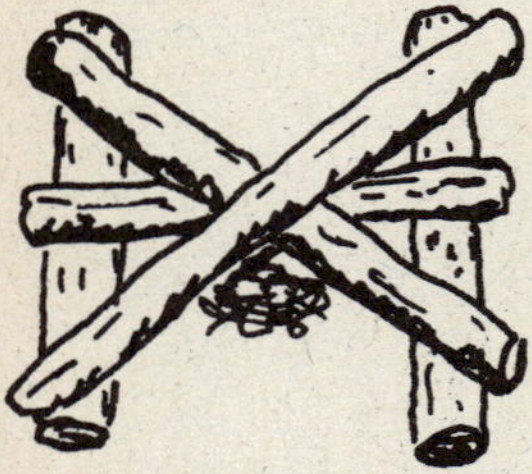

Kreuzfeuer und Sternfeuer sind vor allem zum Kochen gedacht, aber auch als Wärmfeuer geeignet.

**Kastenfeuer:** Ähnlich, wie beim Kreuzfeuer, legt man zunächst zwei starke Hartholzklötze (am besten Eiche) parallel und schichtet darüber kreuz und quer mehrere Lagen Hartholzscheite, evtl. gemischt mit etwas Nadelholz, kastenförmig übereinander.

Dieses Feuer strahlt nach allen Seiten starke Hitze ab und ergibt eine große Menge lang anhaltender Glut. Es ist daher als kräftiges Wärmfeuer gut geeignet, ebenso zum Kochen und Grillen auf der Glut. Da es nicht flach am Boden brennt und sehr kräftige Hitze entwickelt, kann es auch zum Backen im Reflektorofen gut benutzt werden.

## Durchführung

**Reflektorfeuer:** Man schlägt zwei starke grüne Hartholzpfähle schräg in den Boden und schichtet daran etwa armstarke trockene Knüppel empor, am besten Eichen- oder Buchenholz. Dann entfacht man direkt davor oder mittels dagegengelehnter schwächerer Weichholzzweige ein Feuer. Es ergibt gute Hitzeentwicklung und brennt langsam ab. (Siehe auch 'automatischer Heizer').

Da die Hitze flächig in einer Richtung abgestrahlt wird und lange anhält, ist es besonders gut zum Beheizen eines auf einer Seite offenen Windschutzes und zum Backen mit dem Reflektorofen geeignet.

**Grubenfeuer:** Man hebt eine runde Grube aus und stellt an die Wand ringsum trockene Äste, Hart- und Weichholz gemischt nebeneinander. Auf dem Boden der Grube, gegebenenfalls auf etwas Rinde oder auf Steinplatten zum Schutz vor Erdnässe, entzündet man ein kräftiges Feuer, das die senkrecht gestellten Äste zum Brennen bringt.

Aufriß

Draufsicht

## Durchführung

Das Grubenfeuer konzentriert die Hitze, strahlt sie fast ausschließlich nach oben ab und brennt sparsam und lange.

Es ist sehr gut geeignet zum langsamen Schmoren und Kochen auf kleiner Flamme, insbesondere auch bei starkem Wind. Und nachdem das Feuer zu Glut heruntergebrannt ist, kann die Grube als Kochgrube zum Dämpfen von Speisen benutzt werden (siehe S. 170 ). Aber auch zum Beheizen von Notunterkünften ist das Grubenfeuer gut geeignet.

**Hobo-Ofen:** besonders dann, wenn das Brennmaterial knapp ist, kann ein schlichter, leicht zu improvisierender Hobo-Ofen sehr vorteilhaft sein, da er die Hitze wesentlich besser ausnutzt als dies bei einem offenen Feuer möglich wäre.

Von einer möglichst großen Konservendose o.ä. trennt man den Deckel ab, schneidet entlang dem unteren Rand Lüftungsöffnungen und in den oberen Rand Kerben als Rauchabzug.

Dieser Ofen kann mit so ziemlich allem beheizt werden, was brennt; notfalls genügt ein einfacher Kerzenstummel, um eine Suppe heiß zu machen oder einen Kaffee.

**Kochfeuer:** Um zu kochen, ist es nicht nötig, daß man ein flammendes Inferno anrichtet – ein kleines Feuerchen aus ein paar Handvoll gut daumenstarke Zweige genügt vollauf. Wenn man mehrere Töpfe hat, in denen gleichzeitig gekocht werden soll, so macht man ein längliches Feuer oder mehrere kleine.

## Durchführung

Um die Kochutensilien über dem Feuer zu halten, gibt es eine Reihe verschiedener Möglichkeiten. Hier einige Beispiele:

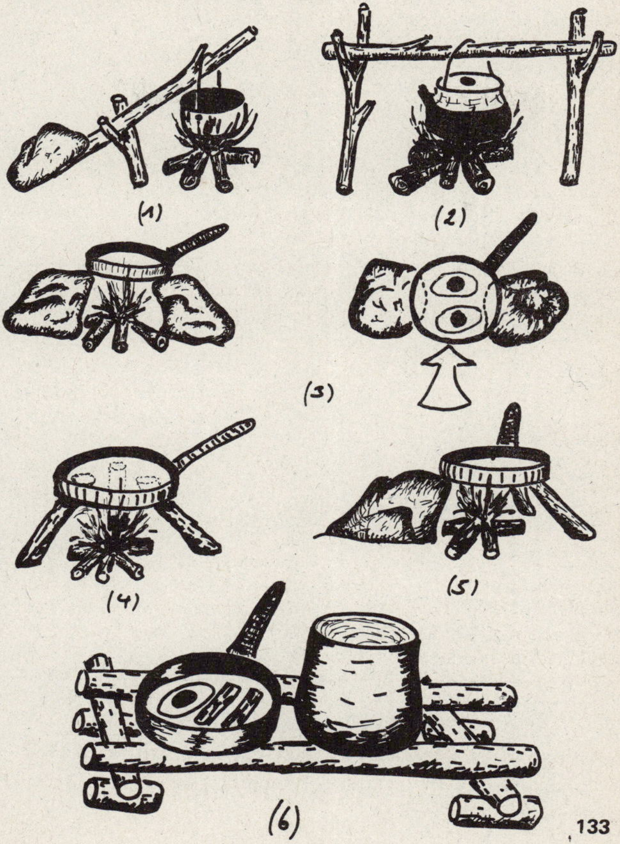

## Durchführung

Bis auf die Kochvorrichtung Nr. 6 habe ich alle abgebildeten Möglichkeiten unter verschiedenen Bedingungen ausprobiert und kann sagen, daß sie funktionieren. Auch die grünen Pflöcke (Nr. 4 u. 5) halten lange genug, um einen Bannock zu backen oder zwei. Nr. 6 kenne ich von einem kanadischen 'outdoor-Profi'. Es funktioniert sicher auch, wenn nur die Töpfe recht groß sind, damit man die Hölzer weit genug auseinander legen kann.

**Glut über Nacht:** Ist man knapp an Streichhölzern, sollte man dafür sorgen, daß das Feuer über Nacht nicht ausgeht. Es ist einfacher, das Feuer die Nacht durch zu erhalten, als ohne Streichhölzer am Morgen ein neues zu entzünden.

Man legt hierzu einen oder mehrere dicke grüne Laubholzklötze auf die Glut. Sie glimmen die ganze Nacht über, selbst bei Regen und am nächsten Morgen braucht man nur ein paar dürre Zweige draufzulegen, kräftig pusten und schon kann man den Kaffeekessel übers Feuer hängen.

**Glut transportieren:** Mit Hilfe von getrockneten Baumschwämmen kann Glut auch über größere Strecken mitgeführt werden. Baumschwämme glimmen stundenlang und entwickeln dabei nur sehr wenig Rauch. Der glimmende Schwamm kann in einem feuerfesten Behälter mit kleinen Löchern im Deckel (z.B. Konservendose) entweder in der Hand oder am Gürtel getragen werden.

**Heizfeuer:** Das Heizfeuer wird in der Regel größer sein als das Kochfeuer und mit dickerem Holz beheizt werden, das länger vorhält. Will man am Feuer schlafen, sollte es etwa so lang sein wie der Körper.

**Feuer über Nacht:** Hat man kein Zelt dabei oder zieht man es vor, unter freiem Himmel zu schlafen, und die Nächte sind kalt, so ist es angenehm, die ganze Nacht über ein wärmendes Feuer zu haben. Obige Glutmethode reicht dann nicht. Man sammelt einen ausreichenden Vorrat an Brennholz und macht, falls man keine Isoliermatte hat, zunächst ein großflächiges Feuer von 1 1/2 auf 2 m (Laub und Moos wegräumen!). Nach einer Stunde scharrt man alle Glut zusammen auf einen 2 m langen Streifen am Rand. Auf die freigewordene Fläche, auf der bisher das Feuer brannte, legt man Tannenzweige o.ä., darüber eine Plane oder Parka und darauf dann den Schlafsack. Hat man eine gute Isoliermatte dabei, so ist es nicht nötig, den Boden aufzuheizen und die Prozedur wird wesentlich einfacher.

Zusätzlich kann man sich einen "automatischen Heizer" bauen, der allerdings nicht immer ganz automatisch funktioniert, wie er dies der Theorie nach sollte:

Man schlägt neben dem Feuer zwei grüne Pflöcke schräg in die Erde und schichtet das Brennholz an ihnen empor. Die Idee dabei ist, daß, sobald das untere Holz verbrannt ist, weiteres nachrutschen soll. Auch wenn es nicht perfekt funktioniert, so muß man doch zumindest weniger oft nachlegen.

Selbst in sehr kalten Nächten braucht man nicht zu befürchten, man könnte im Schlaf erfrieren. Wenn das Feuer herunterbrennt und es kühl wird, wacht man mit Sicherheit auf, legt dann ein paar Scheite nach und dreht sich aufs andere Ohr.

**Reflektor:** Um nicht die ganze Nacht auf der feuerabgewandten Seite zu frieren, braucht man einen Reflektor. Das kann ein Felsblock

# Durchführung

oder eine steile Böschung sein. Ist nichts dergleichen vorhanden, so baut man sich nach oben genanntem Prinzip des 'Feuerfütterers' selbst einen Reflektor.
In allen Büchern habe ich solche Reflektoren vom Körper weg geneigt gefunden. Wenn ich einen baue, ist er leicht über den Schlafplatz geneigt. Das scheint mir einleuchtender, da die Wärme auf mich reflektiert werden soll und nicht auf den Mond. Auf jeden Fall aber soll man den Reflektor so bauen, daß sich der Schlafplatz zwischen ihm und dem Feuer befindet. Lediglich bei Windstille kann es sich als nützlich erweisen, auch jenseits des Feuers etwas entsprechendes zu errichten, da sonst ein Sog entsteht, der den Rauch in Richtung auf den Schläfer abzieht.

Die Äste für den Reflektor müssen trocken sein – nasses Holz absorbiert zu viel von der Wärme – es sei denn, man habe eine Rettungsdecke (Alufolie) dabei, die man über den Reflektor spannen kann. Das gibt den bei weitem effektivsten Reflektor und ist auch bei trokkenem Holz zu empfehlen. Dann reicht es jedoch auch, nur die Folie aufzuspannen und man schläft in der Wärme eines Reflektorofens.

## Durchführung

**Signalfeuer**

Als Notsignal sind drei Feuer üblich, die entweder in einer geraden Linie oder in einem gleichseitigen Dreieck angeordnet werden. Wenn das Brennmaterial nur für ein Feuer reicht, kann man seine Absicht auch dadurch deutlich machen, daß man die Rauchsäule mittels einer nassen Decke mehrmals kurz unterbricht.

Bei Nacht sollen die Signalfeuer möglichst hell brennen; also trokkenes Nadelholz benutzen. Tags sind stark qualmende Feuer am besten zu sehen – im Sommer mit weißem, bei Schnee mit schwarzem Rauch. Um weißen Rauch zu erzeugen, legt man belaubte Zweige über die Flammen, grünes oder morsches Holz, Gras, Moos o.ä.; schwarzen Rauch ergeben harzige Hölzer, Birkenrinde, Harz oder irgendwelche Kunststoffteile, die man entbehren kann. Harz läßt sich gewinnen, indem man die Stämme von Nadelbäumen einkerbt und das ausgelaufene Harz später einsammelt.

Die Signalfeuer rechtzeitig vorbereiten, so daß man sie nur noch anzuzünden braucht, sobald ein Flugzeug auftaucht.

In Wüstengegenden kann eine Blechdose, gefüllt mit benzin- oder petroleumgetränktem Sand als Signalfeuer benutzt werden. Es produziert dicken schwarzen Rauch und ist gegen hellen Sandboden sehr weit zu sehen.

### FEUER BEI REGEN

Wenn man eine Axt dabei hat, kann man selbst bei starkem Dauerregen ein Feuer machen.

Man sucht einen toten, noch stehenden Baum (am besten Nadelholz), fällt ihn und spaltet den Stamm in der Mitte. Das Kernholz ist selbst bei stärkstem Dauerregen noch trocken. Man spält es in dünne Scheite und schnipselt mit dem Messer eine Handvoll Späne als Zunder ab. Wenn das Feuer gut brennt, kann man das restliche Holz nachlegen.

Hat man keine Axt oder findet keinen passenden Baum, dann sucht man reichlich Birkenrinde. Sie ist wasserfest und nachdem man sie außen trocken gewischt hat, brennt sie immer. Auch die unteren toten Tannenzweige sind, durch die oberen Äste geschützt, meist auch bei Regen noch trocken.

In nassem Wetter ist es nützlich, einen Kerzenstummel, etwas Esbit, Wachspapier o.ä. wasserdicht verpackt, bei sich zu tragen. Unter den Zunder gelegt, bringen sie ihn zum Brennen, auch, wenn er feucht ist.

### WENN GAR NICHTS MEHR GEHT

Angenommen man hat keine Axt dabei und findet keine Birkenrinde, es regnet seit Tagen und die Streichhölzer sind womöglich auch feucht geworden (letzteres wäre fahrlässig), was dann ?

Man baut sein Zelt auf oder sucht bzw. macht sich einen Windschutz und kriecht in den Schlafsack. Bevor man zu viel Energie vergeudet mit dem aussichtslosen Versuch, ein wärmendes Feuer zu machen, sorgt man besser dafür, die Wärme nicht zu verlieren, die man hat – seine Körperwärme.

## Durchführung

### FEUER LÖSCHEN

Bevor man das Camp verläßt, ist unbedingt dafür zu sorgen, daß das Feuer gründlich gelöscht ist – bis auf den letzten Funken ! Sand oder Erde darauf zu werfen, genügt nicht ! Das Feuer kann darunter für Tage und Wochen weiterglimmen und irgendwann durch einen Windstoß plötzlich aufflammen.

Der einzig sichere Weg ist, Wasser darüber zu gießen, bis alles schwimmt. Erst wenn man sicher ist, daß auch nicht die Spur von Rauch übrig bleibt, kann man die Feuerstelle verlassen. Besser, man rührt die Asche durch und gießt noch einmal Wasser darüber.

Ich betone dies deshalb, weil ich innerhalb von 2 Monaten im letzten Sommer fast ein Dutzend brennender und abgebrannter Wälder gesehen habe. Mit der nötigen Vorsicht läßt sich das vermeiden.

# Durchführung

## 5. Wetterschutz

Es ist nicht unbedingt gesagt, daß man für jeden Trip ein Zelt braucht. Ich nehme zwar vorsichtshalber immer eins mit, weil es nicht viel wiegt und weil man nie sicher weiß, wie sich das Wetter entwickeln wird, und vor allem wegen der Moskitos! Aber es gibt viele Nächte, in denen man keins benötigt. Und für den Notfall bieten sich zahlreiche Möglichkeiten, einen Wetterschutz zu improvisieren.

### LAGERPLATZ

Der Lagerplatz sollte in erster Linie trocken sein – also: nicht in einer Mulde zelten! Nötigenfalls einen Graben um das Zelt ziehen! Außerdem sollte er eben und waagerecht sein. Wenn es nicht anders geht, schläft man besser mit dem Kopf zum Hang, das ist angenehmer als hangabwärts.

Weiterhin ist darauf zu achten, daß Wasser und Brennholz in der Nähe sind und daß es nicht zu viele Stechmücken gibt. In offenem Gelände sind sie erheblich weniger lästig als im Wald. Man baut das Zelt mit dem Eingang zur windabgewandten Seite, im Winter quer dazu, weil sich sonst Schneewehen davor bilden. Hinter Büschen, Felsblöcken, einem Erdwall o.ä. ist man besser windgeschützt als im freien Gelände. Einkalkulieren, daß Bergbäche bei Regen um ein Vielfaches (7 – 8 m!) ansteigen können. Genügend Abstand halten!

### WETTERSCHUTZ AUS EINEM PONCHO

Am besten und vielseitigsten und auch am billigsten ist der US-Militär-Poncho. Er ist wasserdicht, sehr haltbar und hat an den Seiten Druckknöpfe, mit deren Hilfe man mehrere Ponchos zusammenknöpfen (oder einen einzelnen in einen Schlafsacküberzug verwandeln) kann. (Siehe auch S. 55, Kapitel **Kleidung.**)

Bei trockenem Wetter kann man ihn als Unterlage gegen Bodenkälte und -feuchtigkeit benutzen. Ist mit Niederschlag zu rechnen, kann man ihn zu einer Tüte zusammenknöpfen und über den Schlafsack ziehen. Nachteil: Körperfeuchtigkeit kann nicht entweichen und

## Durchführung

kondensiert an der Innenseite – der Schlafsack wird feucht. Bei länger anhaltendem Regen spannt man daher den Poncho auf die eine oder andere Art über sich auf.

Falls man mehrere Ponchos zusammenknöpft, ist es günstig, wenn die Nahtstelle etwas unterhalb vom First auf der windabgewandten Seite verläuft.

Folgende Skizzen sollen als Anregungen dienen.

(1)

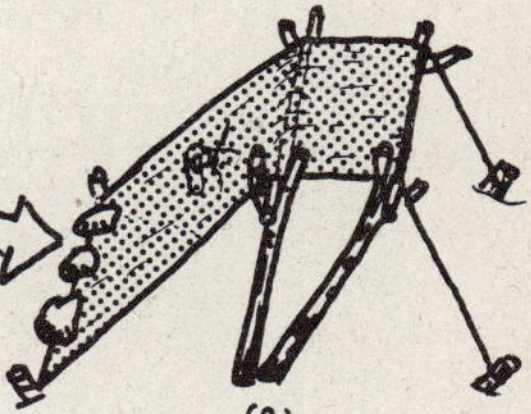

(2)

(3)

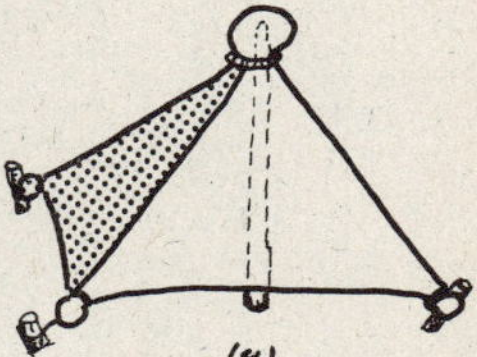

(4)

(5)

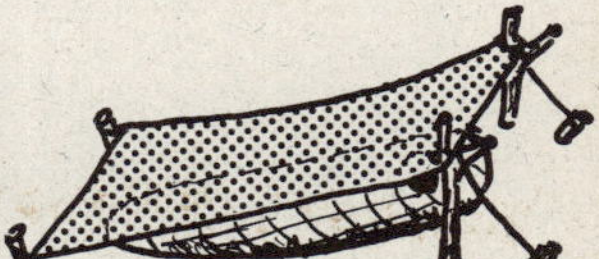

(6)

## Durchführung

### WETTERSCHUTZ AUS ALUFOLIE

Mit Hilfe einer Rettungsdecke (Alufolie) kann man sich ebenfalls, wie bereits im Kapitel **Feuer** erwähnt (s.S. 124), einen Wetterschutz improvisieren. Will man im Eingang ein Feuer unterhalten, ist Alufolie besonders günstig, weil sie einen hohen Prozentsatz der Wärme reflektiert.

### NATÜRLICHER SCHUTZ

Hat man keinen Poncho oder vergleichbares und findet keinen natürlichen Schutz wie Höhlen, Überhänge, dicht belaubte Bäume o.ä., kann man mit einfachen natürlichen Mitteln einen Wetterschutz improvisieren.

**Gerüst aus Ästen:** Aus ein paar starken Ästen ist schnell ein Gerüst für einen Wetterschutz aufgebaut. Das einfachste besteht aus drei Ästen – einer davon etwas länger – die man zu einem Dreifuß zusammenschnürt.

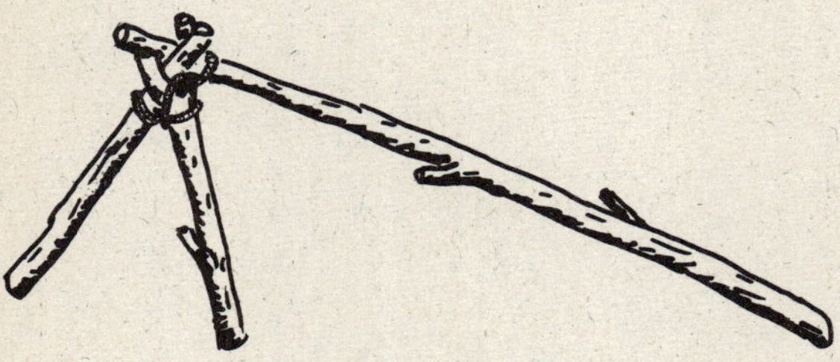

Ein verbessertes Gerüst erhält man, indem man zwei Astgabeln in den Boden schlägt, eine Stange quer darüber legt und zwei schräge Stangen daran befestigt. Ein Winkel von 45° ist dabei der günstigste Kompromiß, um sowohl den Regen abzuhalten, als auch genügend Platz zu haben.

## Durchführung

Hier einige Möglichkeiten, die Äste zu befestigen.

Sind keine starken Äste vorhanden, läßt sich aus Weiden ein Gerüst bauen, indem man sie in den Boden steckt und oben zusammenschnürt.

**Eindecken des Gerüstes:** Als Deckmaterial können Tannenzweige, Rindestücke oder große Blätter verwendet werden. Sie werden, von unten beginnend, wie Dachziegel übereinander geschichtet.

## Durchführung

Die gesamte Schicht sollte bei Tannenzweigen beispielsweise wenigstens 15 cm stark sein, um den Regen zuverlässig abzuhalten. (In der Skizze wurden der Anschaulichkeit halber nur wenige Zweige in größeren Abständen dargestellt.) Die seitlichen Dreiecke können entsprechend eingedeckt werden. Die offene Seite weist selbstverständlich in die windabgewandte Richtung.

Für einen besseren Halt bei Wind wird die untere Reihe der Eindeckung mit Steinen beschwert, die obere festgebunden.

**Windschutz aus Steinen oder Grassoden:** Oberhalb der Baumgrenze oder sonst in Gegenden, wo kein Holz zur Verfügung steht, läßt sich aus Steinen oder Grassoden ein Windschutz bauen. Man kann entweder einen Felsblock o.ä. ausbauen oder einen U-förmigen Wall errichten und die Ritzen mit Moos, Gras, Flechten, Erde etc. verstopfen.

Hat man eine Plane oder vergleichbares, legt man sie darüber und beschwert sie ringsum mit Steinen. Wenn nicht, kann es bei kräftigem Wind auch genügen, daß man die Rückwand hoch genug macht, um den Regen etwas abzuhalten.

## Durchführung

**Boden:** Den Boden in einem Windschutz kann man mit Gras, Moos, Blättern oder Tannenzweigen auspolstern. Darauf liegt man weicher, trockener und wärmer. Tannenzweige in Reihen mit der Unterseite nach oben legen (andersherum als sie wachsen) und darauf achten, daß die abgeschnittenen Enden von der nächsten Reihe bedeckt werden.

**SCHNEEHÖHLE**

Wo im Winter der Schnee genügend tief liegt, ist es einfach, eine Schneehöhle zu bauen. Am günstigsten ist eine große Schneewehe. Man findet sie am ehesten an einem Steilufer, Abhang, Überhang o.ä.

Man gräbt, indem man so tief wie möglich ansetzt, zunächst einen etwa 1/2 m langen Tunnel schräg aufwärts. Dann gräbt man nach beiden Seiten und höhlt einen Raum aus, der hoch genug ist, um bequem darin sitzen zu können. Wiederum eher nach oben graben – der Boden der Höhle soll höher liegen als der Tunneleingang (Kaltluft fällt). Die Wände sollten am besten halbkugelförmig gewölbt sein - einerseits der Stabilität wegen und andererseits, um evtl. Schmelzwasser am Tropfen zu hindern. Bei einer gewölbten Decke rinnen die Tropfen an den Wänden herab und frieren wieder an.

Wenigstens 30 cm sollte die Decke stark sein, um sich selbst zu tragen und um ausreichend zu isolieren. Auf der Rückseite der Höhle läßt man Bänke stehen, die mindestens ebenso hoch sind wie der höchste Punkt des Tunnels. Und schließlich einen Lüftungskanal in der Decke nicht vergessen.

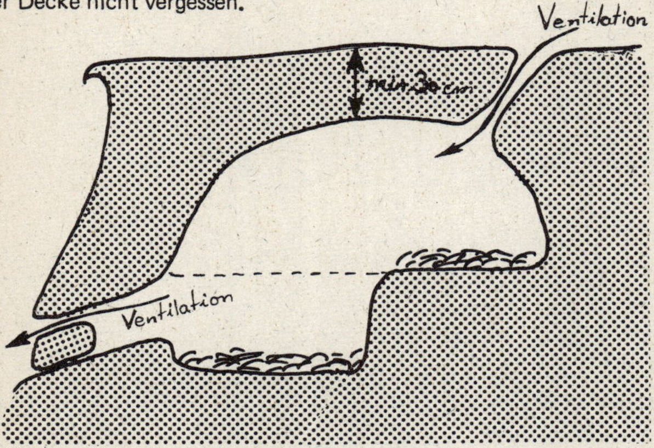


Boden und Bank können wiederum mit Zweigen o.ä. ausgelegt werden. Den Eingang verschließt man nachts mit einem Schneeblock bis auf eine kleine Öffnung für die Belüftung. Insgesamt sind also mindestens zwei Öffnungen erforderlich, um die Höhle mit genügend Sauerstoff zu versorgen. Das ist besonders wichtig, wenn darin gekocht werden soll. Eine Kerze ist ein guter Indikator für beginnenden Sauerstoffmangel. Sobald die Flamme kleiner wird und anfängt zu flackern, müssen die Ventilationskanäle weiter geöffnet werden. Überdies kann eine Kerze ausreichen, um die Höhle erträglich zu temperieren. Weit über $0^{\circ}$ C darf die Temperatur nicht steigen. Nimmt die Tropfenbildung an der Decke zu, öffnet man den Eingang.

Will man zu zweit an der Höhle arbeiten, läßt sich der Bau beschleunigen, indem man einen zweiten Eingang gräbt, den man wieder verschließen kann, sobald sie fertig ist. Es empfiehlt sich, beim Graben imprägnierte Kleidung anzuziehen.

## Durchführung

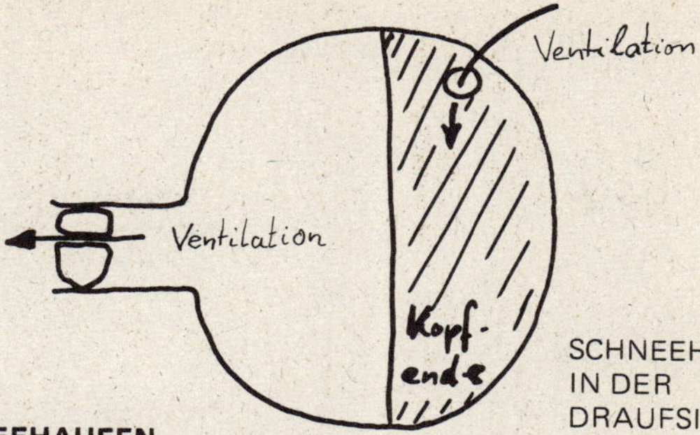


SCHNEEHÖHLE IN DER DRAUFSICHT

**SCHNEEHAUFEN**

Befindet man sich in flachem Gelände, wo es keine Schneewehen gibt, kann man einen großen Haufen möglichst verschiedener Schneearten aufschaufeln, etwas zusammendrücken und gut eine Stunde lang liegen lassen. Der Schnee ist dann neu kristallisiert und gefestigt, und mann kann anfangen zu graben wie bei der Schneehöhle, nur, daß in diesem Fall der Eingang im rechten Winkel zur Windrichtung angelegt werden kann.

**SCHNEEGRABEN**

Hat man es eilig, z.B. weil ein Blizzard droht, gräbt man ein einfaches Schneeloch. Man schaufelt einen 1 – 1,50 m tiefen und gut körperlangen Graben, deckt in ab mit Schneeblöcken, Skiern, Schneeschuhen o.ä. und einer Schicht Schnee. Ventilation nicht vergessen!

**ÜBERDACHTER GRABEN**

Ist der Schnee nicht tief genug für ein Schneeloch, so schneidet man Blöcke aus festem Schnee und errichtet, wie in den folgenden Abbildungen gezeigt, einen Tunnel. Um den Blöcken besseren Halt zu geben, schneidet man auf beiden Seiten des Tunnels Kerben (s. Abb. Nr. 1).

Errichtet man die Wände senkrecht wie in Abb. 2, kann man das

## Durchführung

Kopfende etwas höher bauen, so daß man darin sitzen kann. Die schräge Version ist weniger windanfällig.

(1)

(2)

### IGLU

Für den Bau eines Iglus benötigt man ein Schneemesser oder eine Schneesäge und fest gepackten, gefrorenen Schnee, der das Gewicht einer Person trägt. Solche Schneeverhältnisse finden sich gewöhnlich nur jenseits der Baumgrenze.

Bevor man anfängt zu bauen, prüft man, ob der Schnee fest und tief genug ist. Das kann z.B. mit einem geraden Stock geschehen.

Der Durchmesser eines Iglus soll 3 m für eine Person betragen und je einen Meter mehr für jede weitere Person. Um die Blöcke zu schneiden, macht man zunächst ein Loch etwa 1 m breit und 0,5 m tief, und zwar so, daß ein Graben vom Loch zu der Stelle, an der der Iglu stehen soll, nachher als Eingangstunnel benutzt werden kann.

Dann beginnt man in Richtung auf den geplanten Iglu, Blöcke von etwa 15 cm Stärke zu schneiden. Die Seiten der Blöcke können abgeschrägt werden, damit sie sich nachher in Kreisform aneinander fügen lassen. Der Iglu soll spiralig gebaut werden, also müssen die Blöcke für den ersten Ring langsam höher werden.

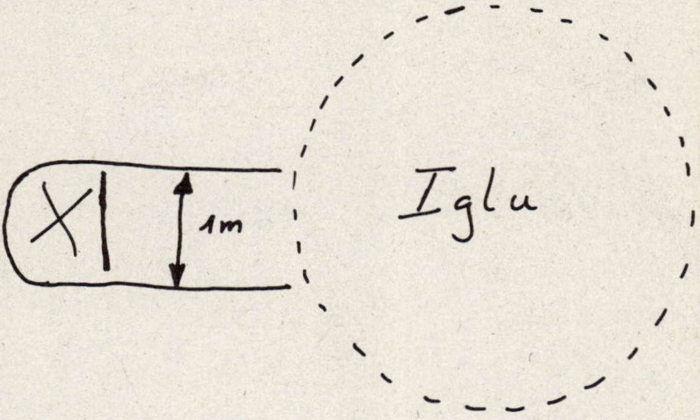


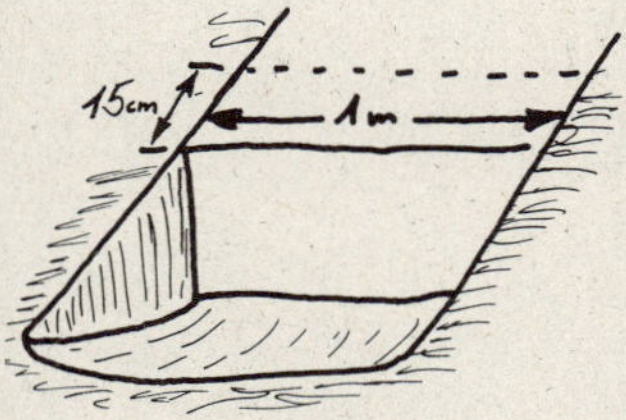


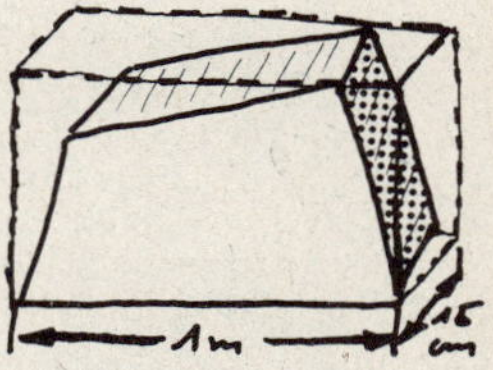


Dort, wo der erste Ring von Blöcken sitzen soll, schneidet man eine Kerbe, so breit wie die Blöcke, damit diese guten Halt haben. Dann beginnt man, die Schneeblöcke leicht nach innen geneigt aneinanderzusetzen. Dazu müssen sie leicht trapezförmig sein. Man trimmt sie eben so lange, bis sie sich fügen. Die Höhe der Blöcke langsam zunehmen lassen, bis der erste Ring geschlossen ist. Oder, wenn einem das leichter fällt: Zunächst einen Ring gleich hoher Blöcke setzen und anschließend mit dem Schneemesser die Steigung schneiden. Der erste Block der neuen Reihe muß wieder etwas niedriger abgeschrägt werden – bzw. der letzte der ersten Reihe etwas höher – so daß es einen glatten Übergang gibt. Außerdem sollte der erste Block jeder zweiten Reihe etwa halb so lang sein wie die übrigen, damit die senkrechten Fugen versetzt sind.

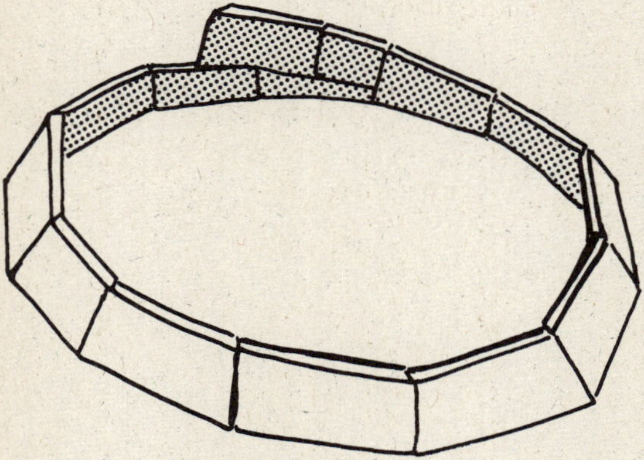

Die Neigung nach innen muß mit jedem Ring stetig zunehmen, so daß eine halbkugelförmige Wölbung entsteht. Der letzte Block, der den Bau abschließt, soll nicht kreisrund sein, sondern etwas länger als breit, damit man ihn nach außen durchreichen kann. (Es empfiehlt sich nicht, auf den Iglu zu klettern, um den letzten Block einzufügen!) Wenn er richtig sitzt, schneidet man ein kleines Loch für die Ventilation und ein größeres als Eingang. Der Eingangstunnel wird nach demselben Prinzip wie der überdachte Schneegraben gebaut. Wenn möglich, sollte der Tunneleingang tiefer liegen als der Boden des Iglu. Nachts kann er mit einem Schneeblock verschlossen werden bis auf eine Lüftungsöffnung. Auch hier kann eine Kerze als

## Durchführung

Anzeige dafür dienen, ob genügend Sauerstoff vorhanden ist.

Nun versiegelt man alle Ritzen mit Pulverschnee und der Iglu ist bezugsfertig. (Inneneinteilung siehe Skizze.) Er ist der geeignetste Wetterschutz jenseits der Baumgrenze – warm, windbeständig und komfortabel.

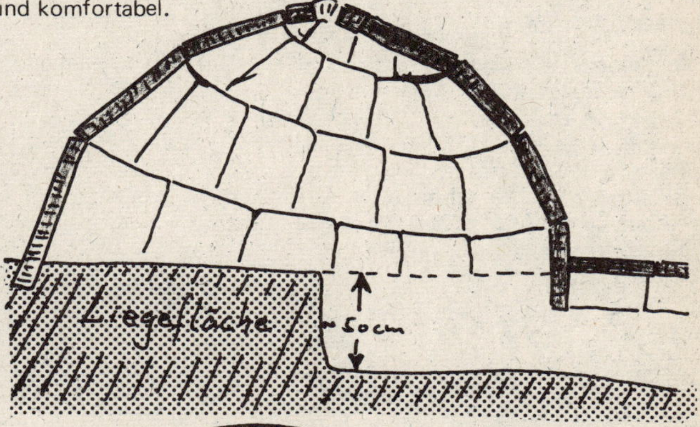


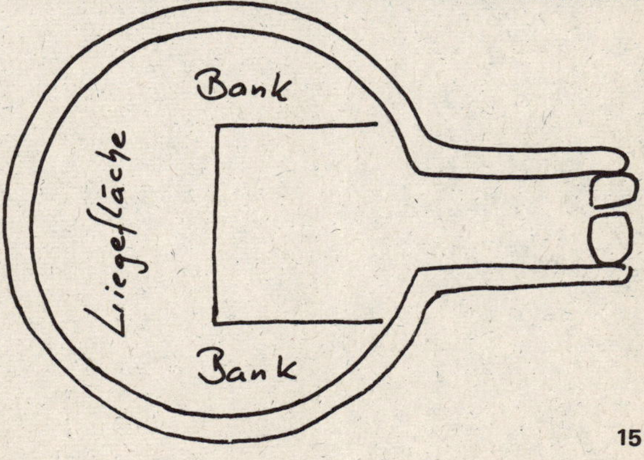

# Durchführung

## 6. Wasser

Wasser ist wesentlich wichtiger als Nahrung. Ein gesunder Mensch kann mehrere Wochen unbeschadet ohne Nahrung auskommen, aber nur wenige Tage ohne Wasser.

### WASSER FINDEN

**Im Sommer:** Direkt von der Quelle ist das Wasser am reinsten und auch geschmacklich am besten. Als nächstes folgt Wasser aus schnell fließenden Bächen. Wasser aus Seen, die einen Abfluß haben, ist gewöhnlich ebenfalls trinkbar. Aus stehenden Gewässern sollte nur Wasser getrunken werden, nachdem es 5 Minuten abgekocht worden ist. Abgekochtes Wasser hat einen faden Geschmack; er kann verbessert werden, indem man es mit etwas Holzasche versetzt und eine Nacht lang stehen läßt.

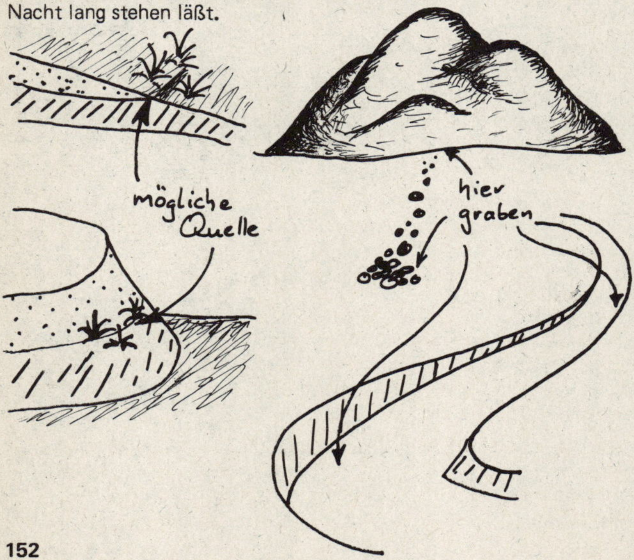

## Durchführung

Wenn man kein Wasser an der Oberfläche findet, gräbt man in feuchter Erde an natürlich vertieften Stellen wie Mulden, trockenen Bachbetten u.ä. Geeignete Stellen finden sich dort, wo zwei Erdschichten aufeinanderstoßen, im Außenbogen eines trockenen Bachbettes, am Fuß von Felsklippen oder unterhalb von Geröllhaufen. Sie sind meist an kräftigerem grünem Pflanzenwuchs zu erkennen. (Abb. S. 152).

Das Grundwasser kann trübe sein – man läßt es etwas stehen, damit sich die Verunreinigung absetzen kann. An Küsten gräbt man oberhalb der Fluthöhe – Süßwasser ist leichter als Salzwasser und schwimmt deshalb obenauf.

Findet man nur Salzwasser, kann man es destillieren (s.S. 155) oder Fische auspressen bzw. kauen – sie enthalten trinkbares Süßwasser.

**Im Winter:** Auch im Winter benutzt man so lange als möglich offenes Wasser oder versucht, das Eis von Flüssen oder Seen zu durchschlagen. So spart man Heizmaterial. Muß man das Wasser erst durch Schmelzen gewinnen, so nimmt man nach Möglichkeit Eis. Schnee erfordert mehr Energie für dieselbe Menge Wasser. Steht nur Schnee zur Verfügung, packt man ihn zuerst dicht zusammen – so schmilzt er schneller.

Meereis wird salzfrei, wenn es im Sommer auftaut und wieder gefriert. Es ist dann bläulich, während salzhaltiges Eis eine graue Farbe hat. Im Sommer kann man auf Eisschollen auch Süßwasserpfützen finden.
Sauberer Schnee kann gegen Durst gegessen werden. Da er jedoch keine Salze enthält, kann eine Wasserversorgung, die über längere Zeit ausschließlich auf Schnee basiert, zu Salzmangel führen, sofern das Salz nicht anderweitig ersetzt wird. Salzmangel würde die Fähigkeit des Körpers, Wasser zu binden, verringern.

Man sollte Schnee auf jeden Fall langsam und in kleinen Mengen essen, besonders dann, wenn man erhitzt ist und keinen Schnee essen, wenn man friert.

**In der Wüste:** Es gibt ein paar Möglichkeiten, auch in Wüsten- oder

Halbwüstengebieten mit viel Glück ein wenig Wasser zu finden. Man sollte sich aber auf keinen Fall darauf verlassen !!

Befindet man sich zufällig in der Nähe einer Wasserstelle, so kann man das oft daran erkennen, daß sich Tiere dort aufhalten. Wüstentiere entfernen sich in der Regel nicht allzu weit von Wasserstellen. Ihre Spuren führen meist zu einem Wasserloch — allerdings nicht immer auf direktem Wege. Die Entfernung dorthin kann für einen durstigen Menschen sehr weit sein.

Nach Wasser graben kann man, außer an den bereits erwähnten Stellen, am tiefsten Punkt zwischen zwei Dünen. Ist das Wasser mit Sand vermischt, kann man es mit einem Stück Stoff aufsaugen und dann auswringen.

Nahezu alle Kakteen können trinkbares Wasser enthalten — tun das aber nicht immer. Nach langer Trockenheit sind auch sie ausgetrocknet. Enthalten sie Wasser, kann man es bei einigen einfach herausschöpfen, nachdem man die Spitze abgeschnitten hat, andere müssen in Stücke geschnitten und ausgepreßt werden.

Den milchigen Saft kaktusähnlicher Pflanzen nicht trinken ! Er kann giftig sein !

Tau kann auf einer Plane (z.B. Zelt) gesammelt werden, die man in eine Mulde legt und mit kühlen Steinen aus 30 bis 50 cm Tiefe beschwert.

Kühlwasser kann getrunken werden, wenn es kein Anti-Gefriermittel enthält.

Mit einer Kunststoffplane von etwa 2 x 2 m läßt sich ein D e s t i l l a t o r bauen. Günstig dafür sind alle jene Stellen, die oben als geeignet zum Graben empfohlen wurden. Man hebt zunächst eine Mulde von 0,5 m Tiefe und gut 1 m Durchmesser aus. In der Mitte der Grube versenkt man einen Behälter und — so man hat — legt man einen Schlauch vom Behälter bis über den Rand der Grube. Das obere Ende des Schlauches sollte so aus dem Sand ragen, daß keine Insekten hineinkriechen können. Nun legt man die Plane schwach gespannt über die Mulde, so daß sie deren Wände nicht berührt. Auf die Ränder der Plane häuft man Sand, damit sie nicht verrutscht und damit unter ihr ein möglichst luftabgeschlossener Raum entsteht. In der Mitte, direkt über dem Behälter, beschwert man die Plane mit einem etwa faustgroßen Stein. Sie soll an dieser Stelle etwa 40 cm unter dem Bodenniveau liegen.

Falls man irgendwelche Pflanzen findet, zerschneidet man sie und legt sie unter die Plane. Der Sand unter dem Destillator kann auch mit Salzwasser, nicht genießbarem Kühlwasser, Tierblut, Urin o.ä. getränkt werden, um die Effektivität der Anlage zu steigern.

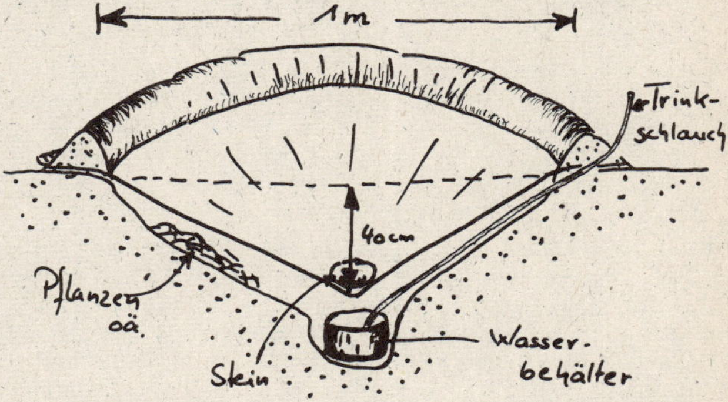


Die Idee bei der Sache ist, daß die verdunstende Bodenfeuchtigkeit an der Unterseite der Plane kondensiert und sich im Behälter sammelt.

Wenn die Stelle für den Destillator gut gewählt ist und alle ein bis zwei Tage gewechselt wird, so sollten zwei Destillatoren ausreichen, den Wasserbedarf einer Person zu decken.

Ein Nebeneffekt des Destillators besteht darin, daß das sich ansammelnde Wasser Tiere anlockt, die als Nahrungsquelle dienen können. Insekten, Schlangen und kleine Nagetiere fangen sich selbst, wenn sie die Plane hinunterrutschen, um an das Wasser zu gelangen (Plane gut beschweren!) Die Nager sollte man möglichst schnell fangen, weil sie sonst die Plane beschädigen.

**WASSER REINIGEN**

Selbst das klarste Wasser eines Bergbaches kann gefährlich sein, wenn ein paar Meter stromauf eine Tierleiche darin liegt. Am sichersten ist es, jedes Wasser abzukochen.

**Abkochen:** Um sicher zu sein, daß sämtliche Keime abgetötet sind, muß das Wasser mindestens fünf Minuten sieden. Abgekochtes Wasser wird schmackhafter, wenn man es mit etwas Holzasche versetzt und dann stehen läßt, bis sich die Teilchen abgesetzt haben.

In heißen und tropischen Gebieten können fünf Minuten Kochzeit nicht ausreichen, um alle Keime zu vernichten; das Wasser sollte dann mindestens 15 Minuten gekocht werden. Sicherer ist es, das Wasser mit Hilfe von Keramikfiltern (siehe Seite 154) zu reinigen. Dasselbe gilt in großen Höhen, in denen das Wasser schon wesentlich unter 100° C siedet.

**Chlortabletten:** Diese sollten in geschlossenen Behältern und nicht zu lange aufbewahrt werden, um ihre Wirksamkeit nicht einzubüßen. Die Anwendung ist auf der Packung beschrieben. Gewöhnlich reichen zwei Chlortabletten, um einen Liter Wasser zu reinigen. Man läßt die Tabletten sich auflösen; dann schüttelt man den Behälter, damit er in allen Winkeln desinfiziert wird, und läßt das Wasser mindestens eine halbe Stunde stehen.

**Jodtabletten :** In tropischen Gegenden reichen Chlortabletten nicht, um das Wasser garantiert keimfrei zu machen. Es muß abgekocht oder mit Jodtabletten behandelt werden. Eine 120 mg Jodtablette enthält 8 mg Jod und genügt, um einen Liter Wasser zu desinfizieren.

Darauf achten, daß alle Teile des Behälters, die mit dem Wasser oder dem Mund in Berührung kommen, desinfiziert sind. Man läßt das Wasser 10 Minuten – wenn es sehr kalt sein sollte, 20 Minuten – stehen, bevor es getrunken wird.

Ist das Wasser trübe, verfärbt oder enthält Teilchen von Pflanzen o. ä., so benutzt man zwei Tabletten pro Liter.

## Durchführung

**Jod:** Notfalls kann das Wasser auch mit gewöhnlichem Jod aus dem Verbandskasten desinfiziert werden. Die Mengenangaben hierfür variieren zwischen einem und acht Tropfen je Liter (im Zweifelsfall lieber einen zuviel als zu wenig). Das Wasser sicherheitshalber mindestens eine Stunde stehen lassen.

Falls einen "Montezumas Rache" doch einmal erwischen sollte – gekochter Reis, Schokoladenpudding, Kartoffelpurree oder etwas aufgelöste Holzkohle helfen bremsen.

**Filter:** Die wohl zuverlässigste Methode zur Reinigung von Trinkwasser besteht in der Benutzung von keramischen Spezialfiltern, die nur Wassermoleküle und Mineralien passieren lassen.

Inzwischen gibt es auch endlich den leichten, handlichen Kleinfilter für Rucksacktouren, der nur 700 g wiegt und 25 cm lang ist. Er ist besonders für Fahrten in heiße und tropische Gebiete sehr empfehlenswert.

Dieser Minifilter wird von der Firma Deutsche Katadyn GmbH, München, hergestellt und u.a. von der Firma Gerda Schettler, Postfach 64, D-3415 Hattorf vertrieben.

**Trübes Wasser:** Sedimenthaltiges Wasser wird klar, wenn man es über Nacht stehen läßt.

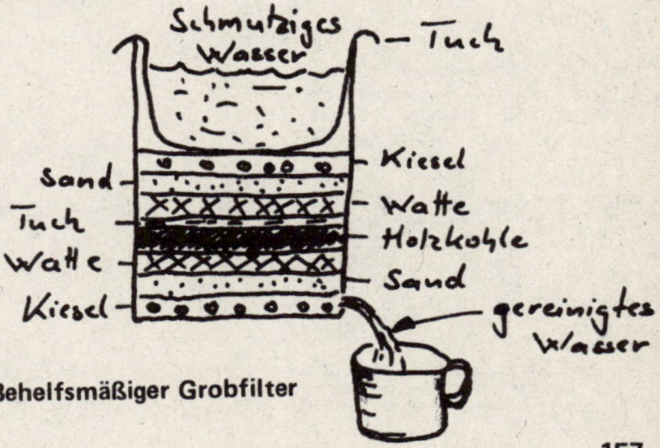


**Behelfsmäßiger Grobfilter**

## Durchführung

**Grobfilter:** Zur Reinigung von stark verschmutztem Wasser kann man auch einen behelfsmäßigen Grobfilter improvisieren. Hierzu schlägt man in eine möglichst große Konservendose unten seitlich ein Loch und füllt sie dann zu etwa zwei Dritteln, wie in der Skizze gezeigt, in abwechselnden Schichten (v.u.n.o.) mit sauberen Kieseln, Sand, Watte, Holzkohle, feines Tuch (Mullbinde o.ä.), Watte, Sand, Kiesel. Über die Dose hängt man nochmals ein Stück Tuch.

Das so gereinigte Wasser muß auf jeden Fall noch abgekocht werden, um Bakterien und Keime zu vernichten, die den Filter passieren können.

**Chemische Verunreinigungen:** Auch in Gegenden, in denen man es kaum erwarten würde, kann das Wasser durch Abfälle der Industrie verunreinigt sein – selbst in den entlegensten Bergen ! Die Salpeter- und Schwefeloxyde, die in die Luft entlassen werden, können sich über den gesamten Erdball verteilen und kommen als Salpeter- bzw. Schwefelsäureregen wieder herab.

Wie soll man wissen, welches Wasser noch genießbar ist ? Was kann man als Wanderer tun, wenn das Wasser schon an der Quelle chemisch verschmutzt ist ? Ich weiß es nicht ! Chemische Verunreinigungen sind weder mit Chlor, noch mit Jod zu neutralisieren.

### WASSERMANGEL

Wird das Trinkwasser knapp, so muß man dafür sorgen, daß man möglichst wenig Körperflüssigkeit verliert. Schwitzen vermeiden ! Sich im Schatten aufhalten, bei heißem Klima in der Dämmerung oder nachts wandern, langsam bewegen, helle Kleidung tragen und wenn möglich, feucht halten, wenig essen, und die Nahrung möglichst auf Kohlehydrate (Stärke, Zucker) beschränken – keine Proteine! Die Verdauung von Protein erfordert wesentlich mehr Wasser als die von Kohlehydraten! Keinen Alkohol trinken! Nicht rauchen! Kein Salzwasser trinken!

### SALZMANGEL

Bei starkem Flüssigkeitsverlust durch Schwitzen verliert der Körper große Mengen Salz. In diesem Fall löscht alles Trinken nicht den

## Durchführung

Durst – das Salz muß ersetzt werden. Es empfiehlt sich, in heiße Gebiete ausreichend Salz mitzunehmen (gesalzene Nüsse, Schinken etc. oder auch Salztabletten).

## Durchführung

## 7. Nahrung

Vier Dinge braucht der Körper zur ausgeglichenen und vollwertigen Ernährung: Kohlenhydrate, Eiweiß (Protein), Fett und Vitamine.

**KOHLENHYDRATE** (Zucker und Stärke) enthalten 4,1 kcal/g. Sie sind leicht verdaulich und deshalb geeignet zur schnellen Energieversorgung, für's Mittagessen und für Snacks zwischendurch. Sie erfordern weniger Wasser zur Verdauung als Fett und Eiweiß und sind daher bei Wassermangel vorzuziehen. Kohlehydrate versorgen den Körper hauptsächlich mit Energie und Balaststoffen.

Sollte man höhenkrank werden, so sind es die Kohlenhydrate, die am ehesten dort zu bleiben geneigt sind, wo man sie nach dem Kauen hinbefördert.

Reis, Teigwaren, Kartoffeln, Hülsenfrüchte, Mehl, Getreideflocken etc. enthalten Kohlenhydrate in Form von Stärke; fast alles, was süß schmeckt, enthält sie in Form von Zucker.

**PROTEIN** (Eiweiß) liefert etwa ebensoviel Energie wie Kohlenhydrate, erfordert aber gleichzeitig zur Verdauung mehr Wasser und Energie als andere Nährstoffe. Eine reine Eiweißdiät (ohne Fett) führt schneller zu Gewichtsverlust und Hungertod als völliges Fasten!

Eiweiß enthält die lebenswichtigen essentiellen Aminosäuren und wichtige Spurenelemente (wie Stickstoff, Schwefel u.a.).

Milch(–pulver), Ei(–pulver), Fleisch, Fisch, Leber und Sojamehl sind besonders reich an Eiweiß.

**FETTE** sind mit 9,3 kcal/g die, im Verhältnis zum Gewicht, energiereichsten Nahrungsmittel.

In kaltem Wetter steigt der Fettbedarf des Körpers. Der Rucksack für eine Wintertour muß also mehr Fett enthalten als im Sommer.

Die im Fett enthaltene Energie steht dem Körper nicht so schnell zur Verfügung wie die der Kohlehydrate, hält aber länger vor.

Wurst, Käse, Nüsse, Butter, Öl, Speck etc. sind Fettlieferanten.

**VITAMINE:** Kohlenhydrate enthalten die Vitamine A, $B_1$ und $B_2$,

## Durchführung

Fett die Vitamine A, D, E und F. Trockenfrüchte, dehydriertes Gemüse und Zitronenkonzentrat können auf Rucksack-Trips als Vitamin-C-Lieferanten dienen. Außerdem kann man sich unterwegs selbst mit Vitaminen aus Beeren, wilden Pflanzen, frischem Fleisch und Fisch versorgen. Eine Tasse Tannennadel-Tee täglich z.B. deckt den Tagesbedarf einer Person an Vitamin C und schützt zuverlässig vor Skorbut.

Auf Wintertouren empfiehlt es sich, Vitamintabletten mitzunehmen (z.B. Multibionta).

Im Normalfall werden etwa 3/4 des Energiebedarfs durch Kohlenhydrate gedeckt, der Rest zu gleichen Teilen durch Fett und Eiweiß. Bei kaltem Wetter steigt der Fettanteil auf ca. 25%.

### ZUBEREITEN DER NAHRUNG

**Kochen,** Dämpfen oder Garen in Alu-Folie ist die beste Art der Zubereitung von Lebensmitteln, wenn es darum geht, Nährwerte zu erhalten. In Alu-Folie werden die Speisen nicht wirklich gebraten, da sie im eigenen Saft eingeschlossen sind; sie schmecken so eher wie gekocht oder gedämpft.

Beim Braten am Spieß geht viel Fett verloren. Nicht länger kochen als nötig, sonst zerstört man wichtige Vitamine. Kaninchen jedoch lange genug kochen, um sicher zu sein, daß mögliche Parasiten abgetötet sind.

In Höhen über 3000m ist das Kochen aufgrund des niedrigen Siedepunktes des Wassers nicht mehr sehr effektiv und sehr zeitraubend.

Was roh gegessen werden kann, ißt man am besten roh, um die Vitamine zu erhalten.

**Backen:** Auf Trips, die länger als ein paar Tage dauern, stellt sich die Frage, wie man sich mit Brot versorgen kann. Frisches Brot ist zu schwer und nicht lange haltbar, Knäckebrot nimmt zuviel Platz weg und zerbröckelt. Will man nicht darauf verzichten, muß man unterwegs sein eigenes Brot backen.

B a n n o c k ist seit Jahrhunderten eines der wesentlichen Grundnahrungsmittel der Wildnisreisenden. Er ist denkbar einfach herzustellen. Man benötigt: Mehl, Backpulver, Salz und Wasser.

Auf zwei Tassen Mehl (am besten Vollkornmehl) nimmt man zwei Teelöffel Backpulver, 1/2 Teelöffel Salz und genügend Wasser, um einen festen Teig zu erhalten. Den Teig formt man zu etwa fingerdicken Fladen und bäckt diese in der leicht gefetteten Pfanne braun (etwa 5 – 10 Minuten pro Seite).

Das Feuer sollte nicht zu groß sein und gleichmäßig brennen.

Es gibt Dutzende von Möglichkeiten, Bannock zu variieren; hier nur einige Zutaten, die ich mit schmackhaftem Resultat ausprobiert habe: Vollkornmehl, Schrot, Haferflocken, Kleieflocken, Milchpulver, Eipulver, Erdnüsse, Beeren, Rosinen, Speck.

Am besten schmeckt Bannock, so lange er frisch ist; trotzdem wird man in der Regel gleich mehrere auf einmal backen, um etwas Vorrat für unterwegs zu haben.

Sauerteig : Auf längere Zeit möchte man sicher ein gutes Sauerteigbrot nicht vermissen. Auch das ist kein Problem.

Am einfachsten ist es, schon zuhause etwas Sauerteig vorzubereiten und ihn mitzunehmen (nicht im Metallbehälter und nicht luftdicht verschlossen aufbewahren). Er wird wie folgt angesetzt: Man mischt zwei Tassen Mehl und zwei Tassen lauwarmes Wasser oder frische Milch und läßt es unbedeckt bei Zimmertemperatur stehen. Nach 2 bis 5 Tagen wird der Teig sauer und wirft Blasen. Mit etwas Hefe (ungefähr 15 g auf 2 Tassen Mehl) läßt sich der Vorgang beschleunigen – er dauert dann nur 24 bis 36 Stunden.

Der Sauerteig sollte stets unverschlossen aufbewahrt werden, am besten in einem Holzbehälter. Wenn er nicht gebraucht wird, kann man ihn kühl lagern – aber nie einfrieren lassen ! Jede Woche einmal – falls er in dieser Zeit nicht gebraucht wird – sollte man die Hälfte wegnehmen und mit frischem Mehl und Wasser ersetzen, sonst wird er zu sauer. Die verbrauchte Menge wird ebenfalls jedesmal mit Mehl und Wasser ersetzt, so daß man jederzeit 1 bis 2 Tassen Sauerteig bereit hat.

## Durchführung

*Sauerteigbrot:* Man benötigt 1/2 Tasse Sauerteig, 1 Tasse lauwarmes Wasser (max. 30° C), 2 1/2 Tassen Vollkornmehl, einen 3/4 Teelöffel Salz sowie evtl. einen Teelöffel Backpulver und 1/2 Teelöffel Soda. Läßt man Backpulver und Soda weg, benötigt man eine ganze Tasse Sauerteig.

Angelassen wird, indem man eine Tasse Mehl mit dem Sauerteig und dem Wasser vermischt und über Nacht (mindestens 8 Stunden) an einem warmen Ort stehen läßt.

Wenn sich sonst kein warmer Ort fand, pflegten die alten Klondike-Prospektoren ihren "Starter" in einem luftdurchlässigen Be-

Reflektor-Ofen

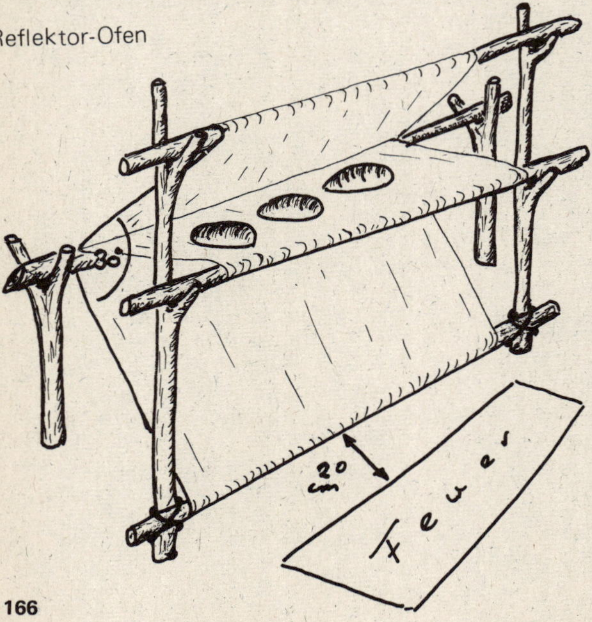

hälter unterm Hemd am Körper zu tragen.

Ist der Teig aufgegangen, wird er mit den übrigen Zutaten verknetet und gut durchgeschlagen. Den ausgeformten Laib noch eine halbe Stunde am Feuer gehen lassen (nicht zu nahe!) und dann in der gefetteten Pfanne oder im Reflektorofen (s. Abb. S. 163) backen. Eine weitere Möglichkeit, das Brot zu backen, besteht darin, es in einem zugedeckten Topf für 15 bis 20 Minuten in die heiße Asche zu stellen und mit Glut zu bedecken. So bäckt der Teig schön gleichmäßig. Nur sollte man beachten, daß Sauerteig stark aufgeht.

Ob das Brot fertig ist, zeigt ein trockener Grashalm an, den man in den Laib steckt – bleibt nichts daran hängen, ist der Laib gebacken.

**Reflektorofen:** Mit stabiler Alu-Folie läßt sich ein Reflektorofen bauen, in dem man alles backen kann wie zuhause im Backofen. Man errichtet aus grünen Stangen ein Gerüst – wie in der Skizze gezeigt – und spannt die Folie darüber. Der Winkel sollte etwa 90° betragen.

Davor, in etwa 20 cm Abstand, wird ein Feuer gemacht. Hat man das Feuer flach auf der Erde, bekommt man zuviel Unterhitze. Indem man es auf ein paar flachen Steinen oder grünen Hölzern macht oder schräg gegen einen Felsen o.ä. gelehnt, wird dies vermieden.

Es ist darauf zu achten, daß die Folie sauber und glänzend ist, da sich sonst der Heizwert des Ofens erheblich verringert.

**Backen am Spieß:** Auch wenn man weder Pfanne noch Alu-Folie hat, braucht man auf Brot noch lange nicht zu verzichten. Man nimmt einen Ast aus grünem Laubholz, läßt ein paar Zweigstummel dran und erhitzt ihn über dem Feuer. Der Teig wird zu einer langen "Wurst" gerollt, um den Ast gewickelt und über gleichmäßiger Hitze gebacken.

**Backen in Lehm** ergibt ähnliche Resultate wie das Backen in Alu-Folie – es bewahrt den Saft und die Nährwerte. Ein kleineres Tier wird ungehäutet bzw. ungerupft in Lehm eingeschlossen und unter dem Feuer in die Glut vergraben. Die Backzeit variiert je nach Grösse des Tieres zwischen einer halben und einer Stunde. Wenn man es etwas länger im Feuer läßt als nötig, so verbrennt das Fleisch dennoch nicht, da der Saft nicht entweichen kann. Der Lehm wird im Feuer hart und läßt sich nachher leicht entfernen. Wenn man die Lehmkruste zerschlägt, können das Fell, die Federn oder die Stacheln gleichzeitig mit entfernt werden.

**Backen im Topf:** Hat man einen ausreichend großen Topf mit passendem Deckel, so kann man darin backen, wie in der folgenden Skizze gezeigt.

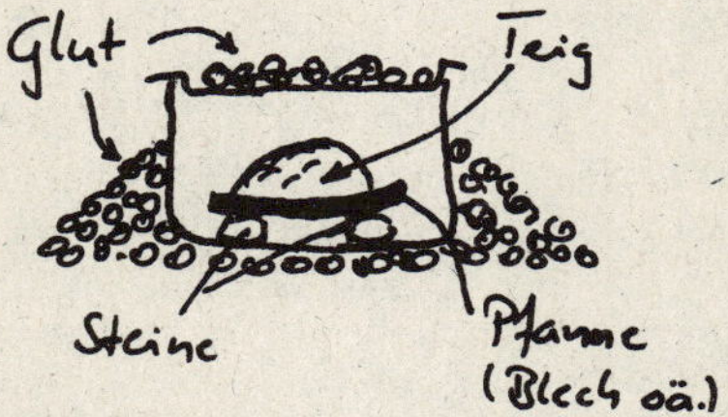


Ist der Topf für diese Methode zu klein, kann man den Teig auch direkt in ihn hineinlegen. In diesem Fall darf unter dem Topf keine Glut sein und der Teig darf die Wände des Topfes nicht berühren.

Es braucht etwas Übung, bis man Hitze und Backzeit richtig regulieren kann, damit der Laib gut ausbäckt und nicht anbrennt. Die Hitze zu Anfangbbesser gering halten.

**Grillen:** Beim Grillen oder Braten am Spieß gehen viele Nährwerte verloren. Es ist daher nicht zu empfehlen, wenn man knapp an Lebensmitteln ist (ergibt aber ansonsten einen sehr schmackhaften Braten). Außerdem werden mögliche Keime nicht zuverlässig abgetötet (besonders bei Kaninchen beachten ! Sie haben oft Würmer !).

**Braten in Fett:** Besonders bei Tieren mit wenig oder keinem eigenen Fett wie z.B. Kaninchen, Fisch etc. ist es günstiger, in der

## Durchführung

Pfanne (oder auch Folie) mit reichlich Fett zu braten. Dies verbessert den Geschmack und erhöht den Nährwert.

**Dämpfen** kann man in einem Erdloch, in das man erhitzte Steine legt. (Keine Steine aus einem Gewässer nehmen!) Über die Steine kommt eine dicke Schicht nasses Gras o.ä., dann die Nahrungsmittel und darüber eine weitere Schicht feuchter Pflanzen. Das Loch wird mit Erde oder Lehm bis auf eine kleine Öffnung zugedeckt, durch die man gelegentlich etwas heißes Wasser nachgießen kann.

Das Dämpfen ist ebenfalls eine schonende Art der Zubereitung.

**Lehmofen:** Ist man längere Zeit an derselben Stelle und findet dort eine Lehmbank, sollte man sich die Gelegenheit nicht entgehen lassen und einen Lehmofen bauen.

Ist die Lehmbank stark genug, schlägt man etwa 1 m hinter der Kante einen Pfahl in den Grund und höhlt den Ofen aus, wie in der Abbildung gezeigt. Die Decke muß ungefähr 30 cm stark sein, um nicht einzustürzen.

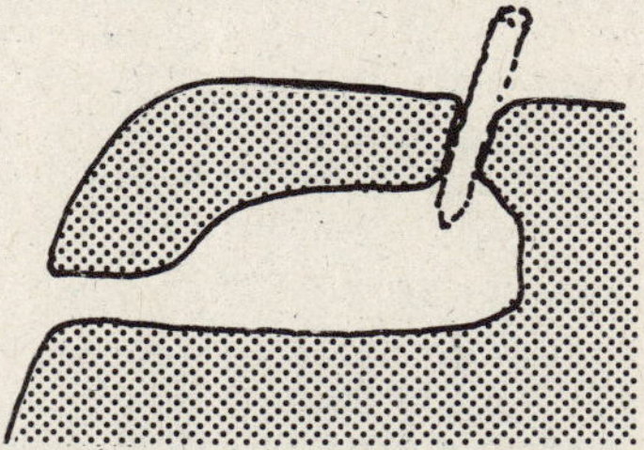

Nachdem der Ofen fertig gegraben und der Pfahl entfernt ist, wird ein Feuer darin angezündet. Der Lehm speichert die Hitze. Sobald er aufgeheizt ist, wird die Asche entfernt, die Nahrungsmittel werden auf Blättern o.ä. hineingelegt und beide Öffnungen verschlossen.

Ist die Lehmschicht für diese Art von Ofen nicht geeignet, kann man mit einigen grünen Zweigen – am besten Weiden – ein halbkugelförmiges Gerüst errichten und mit mehreren Schichten Lehm über-

## Durchführung

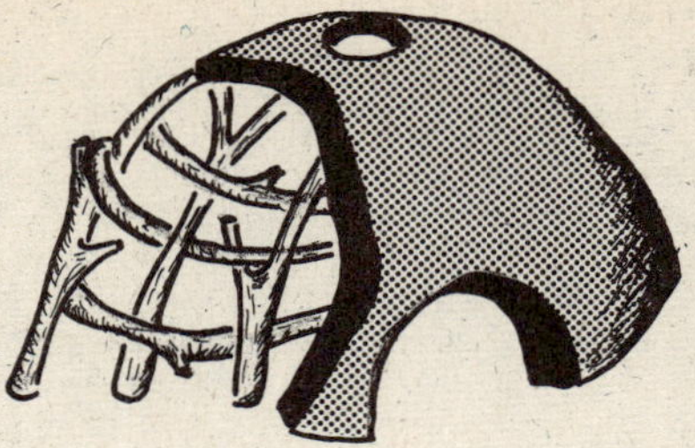

Lehmofen

ziehen. Die einzelnen Schichten sollten jeweils etwas trocknen, bevor die nächste Lehmschicht folgt. Man läßt eine Öffnung oben und eine an der Seite und verfährt weiterhin wie beim Ofen in der Lehmbank.

**Suppenloch:** Sollte es einem passieren, daß man keinen Kochtopf oder vergleichbares hat, gibt es immer noch eine Möglichkeit, eine heiße Suppe zu kochen. Man gräbt eine kleine Grube oder findet sonst eine passende Mulde, kleidet sie wasserdicht mit einem Poncho, einer Zeltplane, Alu-Folie, Tierhaut o.ä. aus und erhitzt den Inhalt, indem man saubere heiße Steine hineinlegt. Damit die Verkleidung – falls sie aus Kunststoff besteht – nicht schmilzt, kann man Rinde o.ä. unter die Steine legen.

## KONSERVIEREN DER LEBENSMITTEL

Beeren kann man mit Zucker im Verhältnis 1 : 1 zu Marmelade kochen. Fleisch wird getrocknet, indem man es in fingerdicke Streifen schneidet und an einem luftigen Ort in die Sonne hängt, bis es schwarz, hart und trocken ist. Das kann mehrere Tage dauern. Will man das Fleisch räuchern, darf das Feuer nicht mit harzigem Holz geschürt werden und nicht groß sein. Sonst fängt das Fleisch an zu rösten.
Gut geeignet ist Weidenholz. Das Feuer sollte möglichst nur glimmen.

Früchte, Beeren und einige Pflanzen können ebenfalls durch Trocknen konserviert werden. Größere Früchte sollten hierzu vorher zerteilt und dann wie Beeren auf einen Faden gezogen und warm und luftig aufgehängt werden.

**Pemmikan** ist einfach selbst herzustellen, indem man getrocknetes Fleisch (s.o.) fein zerhackt und mahlt, Speck in walnußgroße Würfel geschnitten in der Pfanne ausläßt (Fett darf nicht kochen) und beides im Verhältnis 1:1 mischt. Das Ganze wird mit Salz, Pfeffer, Paprika o.ä. gewürzt und in wasserdichte Beutel verpackt, bevor das Fett fest wird. Außerdem empfehlen sich als weitere Zusätze Pflanzenfett, getrocknete Beeren und etwas Sojamehl.

Pemmikan ist sehr gut haltbar und soll außer Vitamin C alle Nährwerte enthalten, die der Körper braucht.

### AUFBEWAHREN

In Gegenden, in denen Bären oder große Raubtiere vorkommen, dürfen Lebensmittel auf keinen Fall mit ins Zelt genommen werden !

Am sichersten ist es, den gesamten Proviant in einem wasserdichten Beutel zu verpacken und zwischen zwei Bäumen wenigstens 3 m hoch aufzuhängen (auch über Nacht).

### VOM LAND LEBEN

Ich möchte gewiß nicht sagen, daß jemand, der keine profunden Kenntnisse und Erfahrung darin hat, vom Land zu leben, ganz ohne jeden Proviant in die Wildnis ziehen sollte – aber ich bin sicher, daß niemand verhungern oder an Skorbut sterben muß, der sich mitten in der Wildnis plötzlich ohne Proviant findet, wenn er nur weiß, was er essen kann und wie er es erlangt.

Dies gilt zumindest für die Wälder des Nordens und sehr wahrscheinlich auch für die Tropen; in Wüstengebieten wird es nahezu unmöglich sein, und in der Tundra kann es, zumal im Winter, ebenfalls erhebliche Schwierigkeiten bereiten.

Bevor man seine 'eiserne Ration' angeht, sollte man alles versuchen, natürliche Nahrungsquellen zu finden und zu nutzen. Sollte man zunächst erfolglos damit sein, kann es nicht schaden, die ersten Tage ohne Nahrung zu bleiben – im Gegenteil: der Gesundheit und dem

Wohlbefinden der meisten wird es eher förderlich sein. Die Eskimos jedenfalls haben es, wenn die Nahrung knapp war und Aussicht auf baldigen Nachschub fraglich, stets so gehalten, daß die ersten Tage nichts gegessen wurde — und ich bin sicher, sie wußten genau warum.

**Was ist genießbar ?**

Zunächst ein grober Überblick über die Möglichkeiten, sich vom Lande zu ernähren. Eßbar sind:

- alle felltragenden Tiere
  Tieren mit sehr wenig eigenen Fettreserven (z.B. Kaninchen) beim Kochen Fett zusetzen ! (s.S. 163 "Protein") Gut kochen ! Parasiten möglich !
- alle Vögel und Vogeleier (auch bebrütete)
  Einige Vögel, wie Raben, Dohlen, Habicht, Sperber haben zähes Fleisch und erfordern deshalb lange Kochzeit.
- Frösche, nachdem sie gehäutet sind (die Haut kann giftige Sekrete enthalten); Kröten sind nicht genießbar
- alle Süßwasserfische nördlicher und gemäßigter Breiten (für tropische Gebiete spezielle Informationen besorgen)
- Schnecken (sie sind besonders nahrhaft)
- Schlangen und Eidechsen (in Tropen- und Wüstengebieten sind Ausnahmen möglich. Auf jeden Fall häuten!)
- Larven und Maden (sie sind sehr nahrhaft. Vorsicht! Raupen sind oft giftig!)
- größere Insekten, wie z.B. Grashüpfer (Kopf, Füße, Flügel entfernen. Kochen! Parasiten möglich!)
- Muscheln (jedoch von April bis Oktober meiden, weil sie in dieser Zeit giftige Stoffe aus dem Wasser ansammeln)
- Seeigel und andere Krustentiere kalter und gemäßigter Zonen (für heiße Zonen speziell informieren)
- alle Grassamen, sofern sie nicht schwarze Punkte aufweisen; Mutterkorn: giftig !
- die Bastschicht vieler Bäume (sie enthält viel Stärke)
- alle Arten von Tang und Meeralgen (reich an Protein; sind allerdings oft wirksame Abführmittel!)
- Nüsse (äußerst nahrhaft!)

## Durchführung

Pilze enthalten fast nur Wasser; ihr Nährwert ist so gering, daß sich das Risiko einer Vergiftung nicht lohnt. Kerne von Früchten meiden — sie enthalten meist giftige Stoffe (Blausäure).

Für Beeren in nördlichen Gegenden habe ich mir folgende Faustregel sagen lassen: Schwarze und blaue Beeren sind meist genießbar, rote manchmal, weiße nie.

Pflanzen, die Gurken, Melonen oder Bohnen ähneln, meiden — viele sind sehr giftig !

Pflanzen mit milchigem, rotem, orangem, gelbem oder dunklem Saft oder mit seifigem Geschmack meiden, sofern man sie nicht zuverlässig kennt — besonders dann, wenn der Saft an der Luft schnell schwarz wird.

**Im Zweifelsfall:** Ist eine Pflanze in großen Mengen vorhanden und man ist nicht sicher, ob sie genießbar ist, kann man dies im Notfall (!) auf folgende Art prüfen:

Man nimmt zunächst einen Löffel voll davon (roh oder gekocht, je nachdem, wie man sie später essen will) in den Mund, kaut gründlich und wartet fünf Minuten. Spürt man kein Brennen, keinen Brechreiz, keinen seifigen Geschmack o.ä., schluckt man und wartet 8 Stunden. Zeigt sich in dieser Zeit kein negativer Effekt (Erbrechen, Kopfschmerz, Krämpfe, Durchfall) ißt man mehrere Löffel davon und wartet weitere 8 Stunden. Zeigen sich auch dann noch keine Krankheitssymptome, kann man die Pflanze essen.

Ich würde mich auf diese Methode allerdings nur im wirklichen Notfall verlassen. Sicher ist das Risiko gering, aber ich könnte mir vorstellen, daß es Pflanzen gibt, die nicht seifig oder sonstwie übel schmecken und von denen dennoch ein Löffel voll genügen kann, um Schaden anzurichten.

Eine gute Pflanzenkennerin, die ich danach fragte, hielt es ebenfalls für bedenklich, diese Methode ohne weiteres zu empfehlen. Also: nur im Notfall !

Einige allgemeine Tips:

— Mageres Fleisch, z.B. Kaninchen, Fisch, mit Fett braten

## Durchführung

- Vögel sind gerupft nahrhafter als gehäutet
- Wurzeln und Knollen enthalten mehr Nährwerte als das Grünzeug
- Pflanzen, die bittere Stoffe (z.B. Tannin) enthalten, mehrfach in frischem Wasser waschen bzw. während des Kochens mehrmals das Wasser wechseln
- Stärkehaltige Pflanzenteile (Wurzeln, Knollen, Bast) sind gekocht besser verdaulich
- Knochen nicht wegwerfen! Das Mark ist außerordentlich nahrhaft. Kleinere Knochen werden in der Suppe oder im Eintopf mitgekocht, größere werden gespalten, um an das Mark zu gelangen. Je weniger das Mark gekocht wird, desto reicher an Nährwerten ist es.
- Blut erlegter Tiere aufbewahren – es ist ausgesprochen reich an wichtigen Nährstoffen und kann gut in Suppen, Soßen oder Eintöpfe gegeben werden.
- Fisch enthält relativ wenig Kalorien, sofern es sich nicht um Fisch mit viel Fett handelt, wie z.B. Lachs oder Aal.

### JAGEN OHNE WAFFE

Auch ohne Gewehr gibt es zahlreiche Möglichkeiten, sich mit frischem Fleisch zu versorgen. Größtenteils sind sie nicht gerade "waidgerecht" und einem Hubertusjäger werden sich bei diesem Kapitel sicher sämtliche Haare sträuben, aber wenn es um's Überleben geht, ist meines Erachtens jede Methode gerechtfertigt, um sich mit tierischem Eiweiß und Fett zu versorgen.

Improvisierte Waffen wie Pfeil und Bogen, Speer o.ä. sind für die Jagd in der Regel wenig brauchbar, da es großer Erfahrung und Geduld bedarf, nahe genug an das Wild heranzukommen, um es auf diese Weise zu erlegen. Schlingen und Fallen sind erheblich wirksamer und arbeiten Tag und Nacht ununterbrochen.

**Schlingen:** Um Schlingen zu legen, sucht man sich zunächst einen vielbenutzten Wildwechsel, am besten in dichtem Wald. Der Draht für die Schlingen muß stark genug sein, um das Beutetier sicher festzuhalten – für Kaninchen ca. 0,5–0,75mm. Die Öse für eine Schlinge stellt man her, indem man das Drahtende etwas umbiegt und mit

## Durchführung

dem übrigen Draht verdreht (s.Abb.). Man bringt die Schlinge an einer natürlichen Verengung des Wechsels an oder verengt ihn künstlich, indem man links und rechts einige Zweige in die Erde steckt. Die Schlinge wird für Kaninchen etwa 8 cm, für Rotwild 40 - 50 cm über der Erde g u t befestigt. (Ein gefangenes Tier entwickelt unglaubliche Kraft). Sie sollten für Kaninchen einen Durchmesser von rd. 12 cm, für Rotwild von 60 cm haben.

Etwa vier gut plazierte Schlingen sollten wenigstens ein Kaninchen pro Nacht liefern.

Eichhörnchen sind mit Schlingen an einer Stange zu fangen, die schräg an einen Baum gelehnt wird. Günstige Bäume erkennt man leicht daran, daß der Boden unter ihnen übersät ist von entschupp-

ten Tannenzapfen. Die Schlingen werden angebracht, wie in der Skizze (s.u.) gezeigt. Sie sollen einen Durchmesser von 7 cm haben und mit der Öse nach oben befestigt werden.

Es lohnt sich, mehrere Schlingen hintereinander anzubringen — Eichhörnchen sind gesellige Tiere.

## Durchführung

**Springfalle:** Insbesondere dann, wenn man nur Draht hat, der zu schwach ist für das Tier, das gefangen werden soll (oder nur Bindfaden, Angelleine o.ä.), so daß es ihn zerreißen oder durchnagen könnte, baut man mit Hilfe eines heruntergebogenen Bäumchens eine Springfalle, wie in der Skizze gezeigt.

Bei starkem Frost kann diese Falle ihre Wirksamkeit verlieren, wenn das Bäumchen in der gebogenen Stellung gefriert.

## Durchführung

**Fußschlinge:** In offenem Gelände, wo Äste zum Befestigen von Schlingen nicht vorhanden sind bzw. zu auffällig wären, legt man Fußschlingen.

Auf ganzer Breite des Wechsels wird eine etwa 20 cm tiefe Grube ausgehoben und mit einem Stück Pappe oder dünner Birkenrinde abgedeckt. Dies soll dafür sorgen, daß der Fuß der Beute so lange in der Schlinge bleibt, bis sie sich zugezogen hat.

Darüber legt man die Schlinge mit einem Durchmesser von etwas mehr als der halben Breite des Wechsels. (Je enger, desto größer die Chance, daß sie sich zuzieht, je weiter, desto eher tritt das Tier hinein.)

Die Grube wird getarnt, indem man sie mit Erde bestreut. Die Schlinge kann an einem Felsblock oder an einem kurzen Pflock befestigt werden.

**Schlinge für luftatmende Wassertiere:** Biber, Bisamratte, Enten und andere luftatmende Wassertiere kann man fangen, indem man an geeigneter Stelle (Wechsel, Bau, Nest) eine Schlinge auslegt und sie mit einem Stein verbindet, der ungefähr so schwer ist, daß ihn das Beutetier noch wegschleppen kann. Ein weiteres, genügend langes Stück Schnur wird irgendwo am Ufer festgebunden oder mit einem Stück Holz als Schwimmer verbunden.

Das gefangene Tier wird versuchen, ins Wasser zu flüchten und dabei durch das Gewicht des Steines hinabgezogen und ertränkt werden. Die Schnur zwischen Schlinge und Stein sollte hierzu möglichst kurz sein.
Der Schwimmer gibt später die Position der Beute an.

**Fallgrube:** Eine Fallgrube erfordert größeren Aufwand und lohnt sich daher nur, wenn man längere Zeit an derselben Stelle bleibt. Man gräbt auf einem vielbenutzten Wechsel mindestens so tief, wie die Schulterhöhe des Beutetieres beträgt und deckt die Grube – nachdem man einen oben zugespitzten Pfahl darin angebracht hat – mit Zweigen, Blättern, Erde u.ä. ab, so daß sie möglichst wenig auffällt.

Nie in Gegenden, in denen mit Wanderern zu rechnen ist !!

## Durchführung

**Schlagfalle:** Eine Schlagfalle wird errichtet, indem man einen schweren Gegenstand (Baumstamm, Felsblock o.ä.) an einem Ende hochhebt und mit einer Vorrichtung aus Ästen so in der Balance hält, daß er bei der geringsten Berührung herunterfällt und das auslösende Tier erschlägt. Auf einem Wildwechsel angebracht erfordert eine Schlagfalle eigentlich keinen Köder – gut am Auslöser befestigt, erhöht er jedoch die Wahrscheinlichkeit, daß die Falle ausgelöst wird. Ansonsten kann auch eine Stolperschnur als Auslöser dienen.

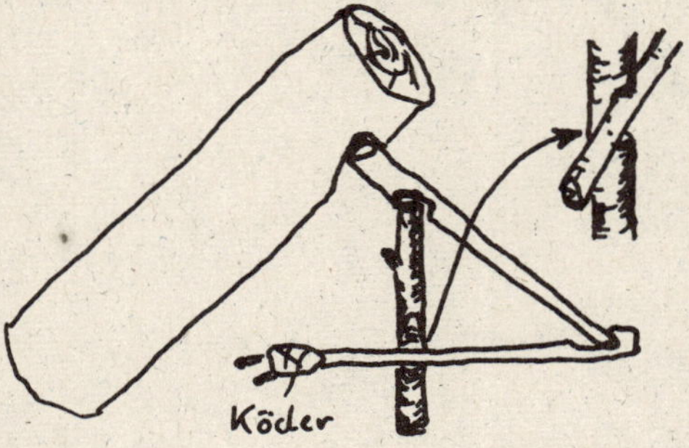


Figur-4-
Auslöser

Schlagfalle

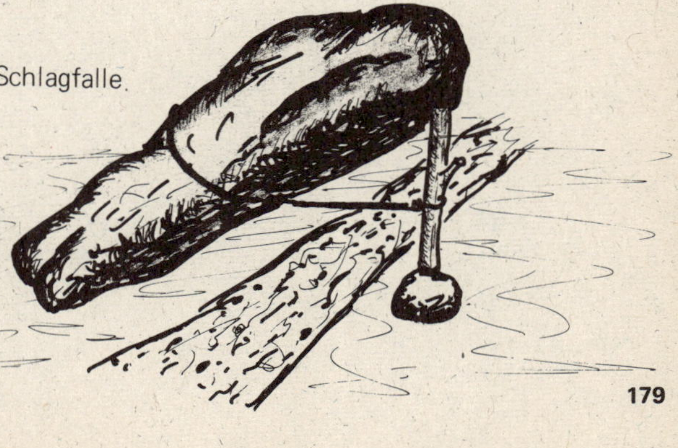

## Durchführung

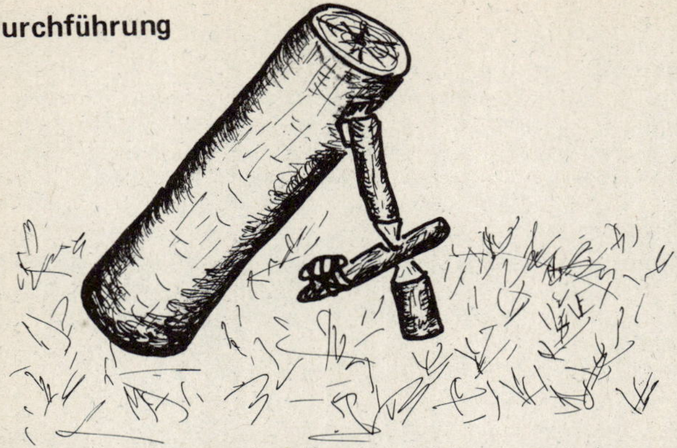

Nach dem Prinzip der Schlagfalle mit aufgehängtem Stein (siehe Skizze) kann man auch eine Zugfalle konstruieren, falls die Temperaturen für eine Springfalle (s.S. 176) zu tief sind.

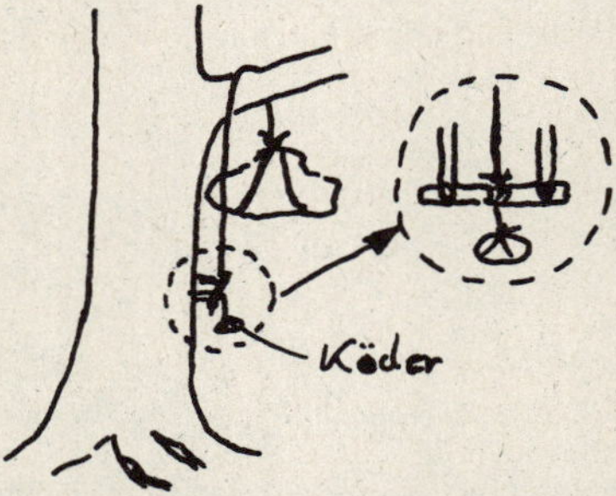


Zu diesem Zweck wird nahe der Auslösevorrichtung eine Schlinge so angebracht, daß ein Beutetier, um an den Köder zu gelangen, seinen Kopf durch sie hindurch stecken muß. Die Schlinge wird dann über ein Seil mit dem aufgehängten Stein verbunden.

Eine solche Zugfalle erlaubt es, auch größere Tiere mit relativ schwachen Schlingen zu fangen.

## Durchführung

**Hühnervögel**, wie Birk-, Schnee-, Haselhuhn o.ä. lassen oft den Menschen so nahe an sich herankommen, daß man sie ohne Schwierigkeiten mit einer einfachen Schleuder erlegen kann. Manchmal genügt sogar ein gezielter Steinwurf. Trifft man nicht sofort, bleiben sie meist sitzen und geben einem Gelegenheit zu weiteren Versuchen – und selbst, wenn sie auffliegen, so landen sie doch meist nach wenigen Meters schon wieder.

**Möwen und Enten** kann man gelegentlich fangen, indem man ein kurzes Stück harten Holzes an beiden Enden anspitzt, an einer Schnur befestigt und in einem Köder (z.B. Brot oder Fisch) versteckt.

Dies scheint mir allerdings eine für die Tiere recht qualvolle Methode zu sein. Ich würde sie nur im Notfall anwenden und dann in der Nähe bleiben, um zu vermeiden, daß die Vögel unnötig lange gequält werden.

**Enten und Gänse** kann man mit etwas Geschick in flachen Teichen fangen, indem man, als treibendes Pflanzenbüschel getarnt, langsam an die Vögel heranwatet (nicht direkt darauf zugehen), den ersten bei den Füßen packt, gleichzeitig rasch unter Wasser zieht und ihm den Hals umdreht. Wenn man es geschickt macht, kann man auf diese Weise einen ganzen Flug Gänse oder Enten "pflücken", da die übrigen Vögel keinen Verdacht schöpfen, wenn einer von ihnen verschwindet.

Auffliegende Enten, Gänse oder Hühnervögel kann man mit einer 'Bola' fangen. Das sind drei bis vier kreuzförmig zusammengebundene Schnüre, an deren Enden Steine o.ä. festgebunden werden. Die Bola schleudert man in den Schwarm hinein. Meist wird einer oder mehrere Vögel getroffen.

**Igel** sind eine leichte Beute – nicht nur für Autofahrer – und zudem sehr nahrhaft, da sie viel Fett besitzen. Sie werden durch einen scharfen Stockschlag oder einen Stich ins Genick getötet und am besten in einer Lehmkugel gebacken. In Nordamerika und in Teilen Asiens tritt anstelle des Igels das größere und ebenfalls sehr nahrhafte Stachelschwein, das wie der Igel leicht zu erlegen ist. Es läuft nicht weg, rollt sich nicht einmal zur Kugel zusammen und kann entgegen anderslautenden Gerüchten nicht mit seinen Stacheln schießen. Allerdings sollte man sich vor den Stacheln hüten und sie, wenn man doch einen abbekommen hat, schnell entfernen. Sie verursachen schmerzhafte Wunden und arbeiten sich, wenn sie nicht sofort entfernt werden, mittels Widerhaken tiefer ins Fleisch.

**Frösche** kann man an einem Tümpel mit der Angel und einem Fetzchen Stoff als Köder fangen oder bei Nacht mit einer Lichtquelle anlocken und mit einem einfachen Holzspeer erlegen bzw. mit der Hand fangen.

**Seeigel und andere Krustentiere** können bei Ebbe auf dem Gezeitenstreifen gesammelt werden.

**Andere für sich jagen lassen**

Stößt man auf einen Raubvogel oder ein kleineres Raubtier, das eben Beute geschlagen hat, kann man versuchen, das Tier plötzlich aufzuscheuchen, so daß es seine Beute liegen läßt. Bei einem Fuchs, einem Luchs, einer Wildkatze o.ä. sollte das durchaus möglich sein. Bei einem Rudel Wölfe kann man es notfalls versuchen, indem man sich langsam und geräuschvoll nähert. In den meisten Fällen werden sich die Wölfe zurückziehen. Tun sie es aber nicht, gibt man besser als der "Klügere" nach. Sollte es sich um einen Bären, einen Vielfraß oder sonst um größeres Raubwild handeln, müßte ich schon in sehr desperatem Zustand sein, um einen Versuch zu wagen.

**Ausnehmen eines Tieres** (am Beispiel eines Kaninchens)

- Das erlegte Tier an den Hinterbeinen aufhängen (dazu kann eine Schnur zwischen Knochen und Sehne durchgezogen werden)
- Die Kehle aufschneiden und ausbluten lassen (Blut auffangen! Wertvolle Nährstoffe!)
- Fell vorsichtig vom Anus bis zum Brustbein aufschneiden (Innereien nicht verletzen)
- Zwei Schnitte entlang der Innenseite der Schenkel; Rundschnitt oberhalb der Füße

## Durchführung

– Das Fell läßt sich nun abziehen wie ein umgestülpter Handschuh

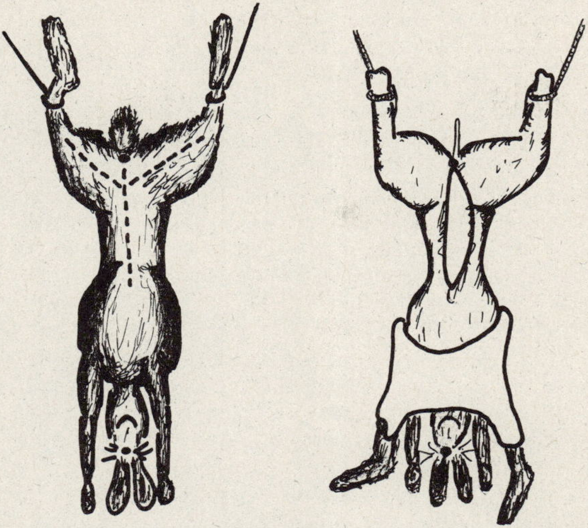

– Bauchdecke vorsichtig aufschneiden und Innereien herausnehmen (Galle nicht verletzen! Leber auf Zysten und Flecken untersuchen; ist sie gleichmäßig gefärbt, wird sie zusammen mit Herz und Nieren als wertvoller Leckerbissen aufbewahrt).
– Bei größeren Tieren Bauchhöhle durch einen Stock offenhalten, damit der Körper schneller auskühlt
– Wenn man Zeit hat, auf Geschmack Rücksicht zu nehmen, empfiehlt es sich, Wildbret an einem luftigen, kühlen und trockenen Ort für einige Tage aufzuhängen.

### FISCHEN

Fischen ist weniger lohnend als oft angenommen wird. Die meisten Fische sind arm an Kalorien. Forellen z.B. bringen pro Pfund nicht viel mehr als 250 kcal – d.h. um seinen Energiebedarf bei anstrengender Tätigkeit ausschließlich durch Forellen zu decken, müßte man täglich sechs bis acht Kilo davon vertilgen.

Eine Ausnahme bilden Fische mit reichlich Fett, wie etwa der Lachs, der ca. 900 kcal pro Pfund liefert.

**Günstige Stellen** zum Fischen sind: Stromschnellen, kleine Wasserfälle, Bachmündungen, Ausflüsse von Seen und Stromschatten von Felsblöcken (besonders für Lachs).

**Mit der Hand:** Zur Zeit, in der die Lachse steigen, ist es an Stromschnellen oft möglich, die Fische mit der bloßen Hand zu fangen, wenn sie erschöpft im ruhigen Wasser am Ufer ausruhen. Manche verstehen es auch, Forellen mit langsamen, tastenden Bewegungen unter den Uferhöhlungen aufzuspüren und mit einem schnellen Griff hinter die Kiemen zu fangen.

**Haken:** Eine gebogene Stecknadel oder eine geöffnete Sicherheitsnadel kann man mit etwas Geschick als Angelhaken benutzen. Da jedoch die Widerhaken fehlen, muß die Leine stets straff gehalten werden, sobald ein Fisch angebissen hat – sonst kommt er wieder los.

Aus Knochen, Geweih oder Gräten können Haken hergestellt werden. Steht nichts anderes zur Verfügung, geht auch zähes, hartes Holz – nur muß man diese Haken dann gegebenenfalls beschweren, damit sie nicht schwimmt.

Am einfachsten ist ein an beiden Enden zugespitztes Hölzchen, das man ganz im Köder versteckt. Hat der Fisch es verschluckt und zieht, stellt es sich quer und man kann ihn an Land holen. (S.S. 181).

**Blinker** können aus einem Stück Blech, einem Knopf, einem gewöhnlichen Löffel o.ä. improvisiert werden.

**Köder:** Mit Ködern sollte man etwas experimentieren – es läßt sich nicht grundsätzlich sagen, was am geeignetsten ist: Fliegen, Würmer, Käfer, flaumige Grassamen, Heuschrecken etc., um nur einige Beispiele zu nennen.

## Durchführung

Hat man einen Fisch gefangen, empfiehlt es sich, seinen Magen zu öffnen und nachzusehen, was er gefressen hat, um sich nachher bei der Auswahl seiner Köder daran zu orientieren.

**Nachtangel:** Sehr effektiv soll es sein, über Nacht einige Haken mit Köder (z.B. Fischreste) in tiefem Wasser auszulegen und die Leinen am Ufer zu befestigen. Allerdings: sehr zartfühlend wird das auch nicht gerade sein. Wenn irgend möglich, würde ich davon absehen.

**Winterangel:** Zum Angeln im Winter durch das Eis genügt ein Haken, eine Leine und ein glänzender Gegenstand.

**Fischspeer:** Man kann es mit einem einfachen, zugespitzten und über der Glut gehärteten Holzspeer versuchen. Wirksamer ist ein Speer mit Widerhaken. Den Widerhaken kann man entweder selbst einschnitzen oder mit Hilfe eines Nebenzweiges herstellen (s.Skizze 1 u. 2). Am zuverlässigsten ist ein Fischspeer, wie ihn die Indianer Nordamerikas benutzten. Er besteht aus einer Astgabel mit drei Spitzen aus Geweih, Knochen, Gräten o.ä. (Skizze 3).

(1) eingekerbter Widerhaken

(2) Nebenzweig als Widerhaken

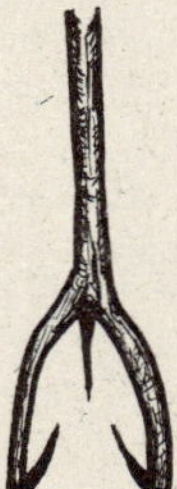

(3) indianischer Fischspeer aus Astgabel + 3 Spitzen aus Gräten, Geweih o.ä.

Ein Fischspeer sollte möglichst lang sein. Wenn man nicht direkt senkrecht über seiner Beute steht, sollte man die Speerspitze im

## Durchführung

Wasser halten, um sich beim Zustoßen nicht durch die Lichtbrechung an der Wasseroberfläche täuschen zu lassen.

**Schlinge:** Eine Schlinge aus Angelleine oder feinem Draht wird an einem langen Ast befestigt und langsam über den Kopf eines ruhig im Wasser stehenden Fisches geschoben. Mit einem plötzlichen Ruck zieht man die Schlinge zu und schleudert den Fisch an Land.

**Falle:** Hat man genügend Zeit und einen fischreichen Bach, kann man mit Holzpfählen oder Steinen eine Falle bauen, wie sie die Skizze zeigt, oder auch aus Weiden o.ä. Reusen flechten.

Geschieht das in der Zeit, in der die Lachse steigen, sollte die Öffnung der Falle flußab weisen. Sonst kann man die Fische mit irgendeinem Köder (Fischabfälle, Innereien) in die Falle locken.

Fische, die in die Falle gegangen sind, kann man mit einem Speer, einem improvisierten Käscher oder notfalls einfach mit der Hand fangen.

Gehen Lachse in die Falle, muß man sie entweder sofort speeren oder die Falle mit Ästen o.ä. abdecken, weil die Lachse sonst herausspringen.

Einen flachen Bach, in dem man Fische entdeckt hat, kann man auf ganzer Breite durch einen reusenförmigen Wall aus Steinen oder mit Holzpfählen absperren bis auf eine Öffnung in der Mitte, in die ein Netz gehängt wird (notfalls genügt auch ein durchlöcherter Sack o.ä.). Von einer Stelle etwa 100m weiter stromaufwärts geht man dann langsam auf die Falle zu, während man mit einem Ast o.ä. auf's Wasser schlägt und insbesondere unter überhängenden Uferböschungen herumstochert, um die Fische in die Falle zu treiben.

An Küsten kann man bei Ebbe einen halbkreisförmigen Steinwall aufschichten (Öffnung zum Land), der bei Flut überspült wird. Geht das Wasser dann wieder zurück, bleiben Fische und anderes Seegetier hinter dem Wall hängen und sind auf dem Trockenen leicht zu fangen.

**Netz:** Eine der erfolgversprechendsten und lohnendsten Methoden des Fischens ist das Fischen mit dem Netz. Besonders geeignete Stellen für das Auslegen eines Netzes sind Ein- und Ausflüsse von

## Durchführung

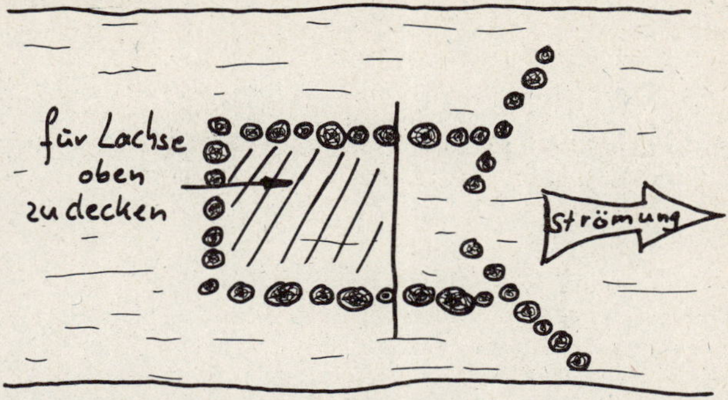


Seen und der Stromschatten großer Felsblöcke in Flüssen (besonders für Lachs).

Je enger die Maschen des Netzes, desto kleinere Fische kann man damit fangen. Einen großen Fisch fängt man auch in einer engeren Masche. Normalerweise nimmt man eine Maschenweite von fünf bis sieben Zentimeter; für Königslachse genügen 10 – 15 cm.

Ein Netz kann aus Angelleine, dünner Schnur, Faden o.ä. selbst hergestellt werden, wie in der Skizze gezeigt.

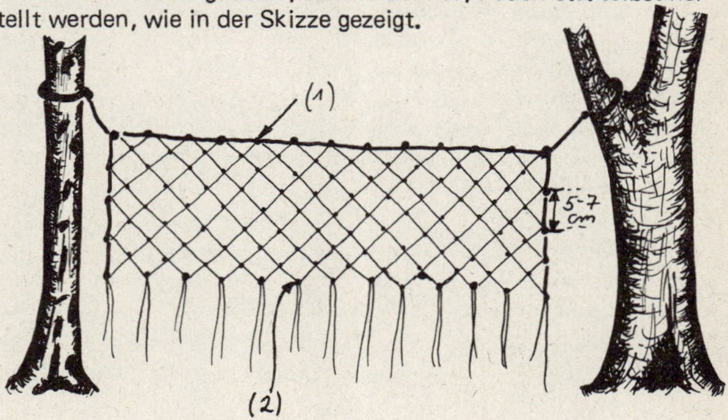

## Durchführung

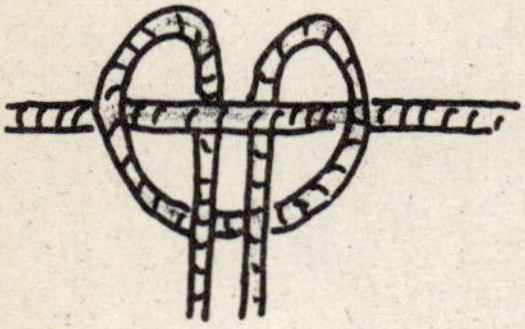

Um das Netz senkrecht im Wasser zu halten, befestigt man oben Holzstücke, unten Steine.

**Netz setzen:** Im Sommer kann man das Netz mit Hilfe einer langen Stange vom Ufer aus setzen, falls kein Boot zur Verfügung steht. (s.Skizze S. 189).

Im Winter kann das Netz unter dem Eis eines Sees ausgelegt werden. Man schlägt Löcher in das Eis und schiebt mit einer Stange zunächst eine Schnur durch, an der man dann das Netz unter das Eis zieht. Dazu braucht man, besonders wenn man allein ist, mehrere Löcher, durch die man die Schnur Stück für Stück weiterreicht.

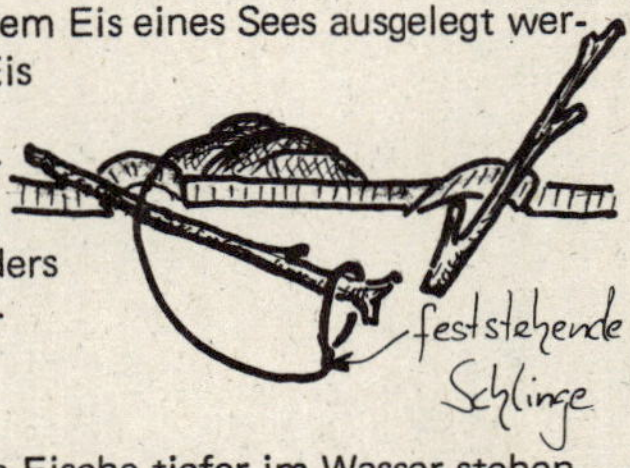


Es ist zu berücksichtigen, daß die Fische tiefer im Wasser stehen, wenn der See zugefroren ist. Außerdem sollte man darauf achten, daß das Netz das Eis nicht berührt, da es sonst festfrieren könnte.

Die beiden Seilenden, an denen das Netz hängt, durch lange Zwei-

## Durchführung

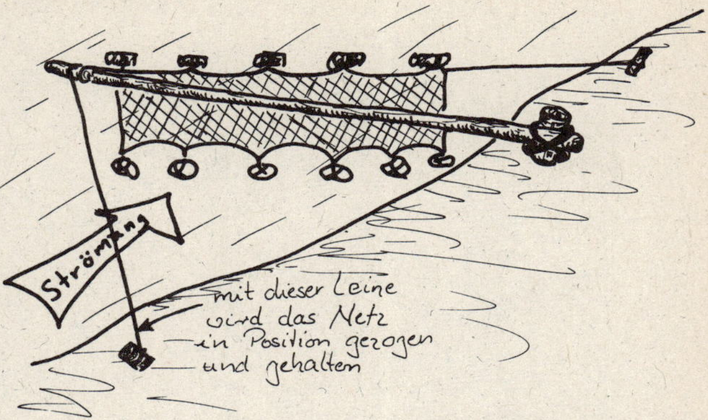


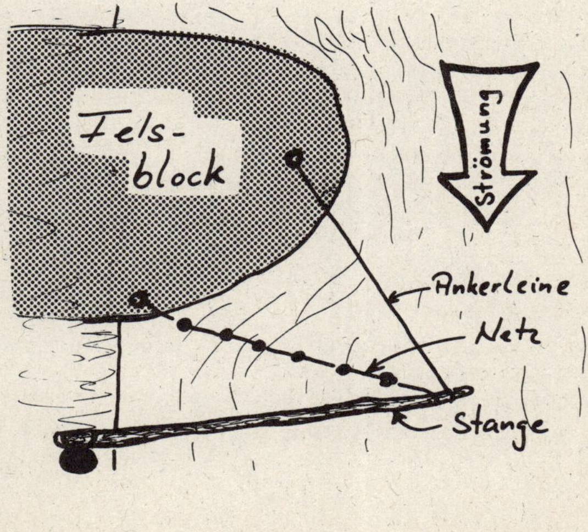

ge o.ä. absichern, damit sie nicht durch die Löcher rutschen können.

**Putzen von Fischen:** Fische werden geputzt, indem man sie zunächst sauber abwäscht und schuppt. Hierzu schabt man mit dem Messer wie mit einem Rasiermesser gegen die Schuppen am Fischkörper entlang (d.h. vom Schwanz zum Kopf).

Kopf und Flossen müssen nicht unbedingt entfernt werden – sie halten die Gräten zusammen, so daß sie nachher besser entfernt werden können.

Die Bauchdecke wird vom Darmausgang bis zu den Brustflossen aufgeschnitten, die Innereien herausgenommen (Galle nicht verletzen!) und die Bauchhöhle sauber ausgewaschen.

Will man den Fisch nicht sofort zubereiten, kann man ihn über Nacht in Essig- oder Zitronenwasser (falls vorhanden) legen, um den Geschmack zu verbessern. (Die Säure nimmt etwas den fischigen Geschmack.)

Fisch am besten mit reichlich Fett zubereiten; das verbessert den Geschmack und erhöht den Nährwert.

## Durchführung

Zur Konservierung kann Fisch ebenso getrocknet oder geräuchert werden wie Fleisch.

### ESSBARE PFLANZEN

Es gibt eine solche Fülle wildwachsender Pflanzen, die genießbar sind, daß sie unmöglich alle hier aufgeführt werden können. Es empfiehlt sich, speziell für die Gegend, in der man seinen Trip plant, Informationen zu sammeln oder sich einen Führer zu besorgen, wie es sie für viele Gegenden bereits gibt.

Ich möchte hier nur auf eine Anzahl der wichtigsten eßbaren Wildpflanzen hinweisen, die häufig vorkommen und größtenteils als Nahrungsreserve unbekannt sind.

**Bast:** Die innere, saftführende Schicht zwischen Borke und Holz, der sogenannte Bast vieler Bäume (z.B. Birke, Ahorn, Pappel, Weide, Fichte u.ä.) ist genießbar, sehr nahrhaft und eine der wichtigsten Nahrungsquellen in der Taiga. Besonders im Winter stellt Bast oft die einzig zugängliche pflanzliche Nahrung dar.

Nachdem man die äußere, harte Rinde entfernt hat, kann der Bast in Streifen vom Stamm gezogen werden. (Möglichst nicht mehr als den halben Stammunfang abschälen, die Bäume sterben sonst ab.)

Der Bast kann entweder roh gegessen oder in Streifen geschnitten und wie Nudeln gekocht werden. Er enthält sehr viel Stärke. Wenn man die Streifen trocknet und zerreibt, erhält man ein haltbares Mehl, das entweder dazu dienen kann, Suppen und Eintöpfe zu bereichern oder zu Bannock, Fladen o.ä. verbacken werden kann.

(Entfernen von Bitterstoffen, z.B. bei Kiefer oder Fichte s.S. 174).

**Flechten:** Alle Flechten, wie überhaupt die gesamte arktische Vegetation, sind eßbar und eine wichtige Stärkereserve zu jeder Jahreszeit.

Gewöhnlich sind Flechten alle sehr trocken, weshalb es am günstigsten ist, sie nach einem Regen zu sammeln. Obwohl alle arktischen Flechten genießbar sind, enthalten viele eine Säure, die Magenverstimmungen und Brechreiz verursachen kann. Man sollte sie deshalb einweichen und dabei – bzw. beim Kochen – das Wasser wenigstens zweimal wechseln.

Sie können wie Bast in Suppen und Eintöpfen gekocht oder zu Mehl zerrieben und verbacken werden.

**Hagebutten** (Heckenrose) finden, nachdem die Samenkörner entfernt sind, vielfältige Verwendung: Sie können roh gegessen werden, zu Marmelade oder Mus gekocht werden und aus den Samen kann Tee bereitet werden. Sie sind außerordentlich reich an Vitamin C und anderen wertvollen Nährstoffen.

**Löwenzahn:** Die Blätter können als Gemüse, die Wurzeln wie Kartoffeln gekocht werden. Sollte er zu bitter schmecken, ebenfalls mehrmals das Wasser wechseln. Außerdem können die Wurzeln vom Löwenzahn über kleinem Feuer geröstet, gemahlen und als Kaffeersatz verwendet werden.

**Klee:** Blüten, Blätter und Wurzeln sind genießbar, aber schwer verdaulich und sollten daher gekocht werden. Blüten und Samen können auch getrocknet und in Brot mitgebacken werden.

**Brennesseln** können als Spinat gekocht oder als Tee zubereitet werden – sie "brennen" dann nicht mehr.

Sie enthalten viel Eisen, wirken blutreinigend, schleimlösend und wassertreibend. Tee aus Brennesseln ist gut gegen Verschleimung, Ausschläge und Entzündungen der Harnwege.

**Wegerich:** Die Blätter können als Gemüse gekocht werden – reich an Vitamin A, C und an Mineralstoffen.

**Tannennadeln** können zu jeder Jahreszeit als Tee zubereitet werden. Sie sind außerordentlich wichtig für die Vitamin-C-Versorgung im Winter. Die zahlreichen Prospektoren, Stampeders etc., die in Kanada und Alaska an Skorbut gestorben sind, wären nicht daran erkrankt, wenn sie dies berücksichtigt hätten.

Eine Tasse Tannennadeltee täglich schützt zuverlässig vor Skorbut. Tannennadeln sollen angeblich fünfmal (!) soviel Vitamin C enthalten wie Zitronen und außerdem reichlich Vitamin A.

## Durchführung

Die Samen in den Zapfen sind eßbar und können in Brot, Bannock etc. mitgebacken werden.

**Farne:** Der Wurzelstock und die jungen Wedel des Adlerfarns sind genießbar. Da sie Bitterstoffe enthalten, sollte man sie zunächst abbrühen. Die Wurzelknollen sind reich an Stärke und können getrocknet und zu Mehl zerrieben werden. Das Mehl sollte, wenn möglich, mit einer Sodalösung entbittert werden und kann dann zum Backen von Brot, Bannock etc. verwendet werden.

**Edeldistel:** Knospen und junge Stengel (nachdem man die Stacheln entfernt hat) können als Gemüse gekocht werden. Die Wurzeln enthalten viel Stärke und können getrocknet und zu Mehl gemahlen werden.

**Huflattich:** Blätter als Gemüse, Kräutersuppe, Salat oder Tee. Sie können wie Kohl gekocht werden.
Huflattichblätter und -blüten als Tee sind ein gutes Mittel gegen Husten und wirken schleimlösend.

**Schilfrohr:** Blattspitzen im Mai und Juni, Rohrkolben während der Blüte als Gemüse, Mark der jungen Schößlinge kann roh oder gekocht gegessen werden. Das Wurzelwerk ist zur Herstellung von Mehl geeignet.

**Schlehe:** Die Beeren sind zwar etwas herb, aber genießbar; nach den ersten Frösten werden sie etwas milder. Tee aus Blüten und Blättern wird gegen Magenkrämpfe, Durchfälle und Wurmkrankheiten genommen. Die Beeren wirken stärkend auf Herz und Kreislauf und ihr Saft dient als Gurgelmittel bei Mund-, Hals- und Zahnfleischerkrankungen.

**Weidenröschen** wächst ziemlich häufig und in großer Zahl auf Lichtungen, Heiden und abgebrannten Waldhängen. Die jungen Triebe können als Gemüse wie Spargel gekocht werden; junge Blätter zu Salat oder getrocknet als Tee; Stengel und Blätter auch im Sommer noch als Gemüse.

## Durchführung

**Eicheln** können, nachdem man sie geschält und gekocht hat, um das bittere Tannin zu entfernen (s.S. 174) zu stärkehaltigen Fladen oder Kuchen gebacken werden.

**Beeren** scheinen mir als Nahrungsquelle hinreichend bekannt zu sein, und ich nehme an, daß die meisten die eßbaren Beeren Europas kennen.

In Nordamerika gibt es eine Fülle verschiedenster Beeren, die fast alle genießbar sind. Man sollte sich anhand eines speziellen Führers informieren. Dies gilt besonders für Touren in tropische Gebiete, in denen giftige Pflanzen wesentlich zahlreicher sind als im Norden.

**Pilze** sind – wie bereits erwähnt – von geringem Nährwert und sollten – wenn man sie nicht genau kennt – wegen des Risikos einer Vergiftung besser gemieden werden.

**Meeresalgen und -tange** sind alle genießbar und eine ausgesprochen proteinreiche Nahrungsquelle. Sie können gekocht oder gedämpft werden.

## BÄREN
### – und andere vielgefürchtete 'GEFAHREN DER WILDNIS'

In der ersten Auflage dieses Buches habe ich ein Kapitel über 'Bären, Schlangen und Wilde Tiere' nach einigem Überlegen bewußt weggelassen, da ich der Meinung war – und bin! –, daß diese Gefahren in der Regel unverhältnismäßig überschätzt werden und ich nicht dazu beitragen wollte, sie weiter hochzuspielen.

Daß ich mich nun doch entschlossen habe, darüber zu schreiben, ist vor allem einigen Grizzlies und Schwarzbären zu verdanken, mit dener ich zwischenzeitlich in Kanada zum Teil recht unangenehme (jedoch nie gefährliche!) Erfahrungen gemacht habe; insbesondere einem gefräßigen Grizzly, der mir letzten Winter in die Blockhütte einbrach und die Vorräte plünderte.

Ich hoffe, nunmehr irrationale Ängste abbauen und eine möglichst gelassene, überlegte Haltung Bären (und sonstigen 'Wilden Tieren') gegenüber fördern zu können, indem ich über sie informiere und darauf hinweise, was man bei einer Begegnung beachten sollte bzw. wie wie man sie vermeiden kann.

**Bären — zum Exempel**

Ruhig bleiben! Panik – so meine ich nach wie vor – ist wohl in jedem Fall wesentlich gefährlicher als der Bär selbst.
Andererseits darf man es aber auch nicht am nötigen Respekt mangeln lassen, wie dies einige Amerikaner offensichtlich tun, von denen mir ein Ranger in Alaska erzählte, daß sie allen Ernstes versucht haben, ihre kleinen Kinder auf (lebende!) Grizzly-Bären zu setzen, um sie für's Familienalbum zu fotografieren. (Here comes a photo!).

So nicht!

Bären sind keine Ungeheuer, aber auch keine Plüschtiere!
Der beste Schutz vor Bären (meist erheblich besser als ein Gewehr!) scheint mir zu sein, wenn man einige grundlegende Dinge weiß und sich in Bärengegenden entsprechend verhält.

In den letzten Jahren habe ich im Yukon eine ganze Reihe von Kanuten getroffen, die 'zur Sicherheit' mit Gewehren ausgerüstet waren – darunter Kleinkalibergewehre und Schrotflinten. Es ist nicht zu bestreiten, daß in manchen – extrem seltenen – Fällen nur noch ein Gewehr helfen kann. Aber das Gewehr allein macht's dann eben auch nicht! Gleichzeitig ist es wichtig, daß man das richtige (!) Gewehr hat, damit umgehen kann u n d einiges über Bären weiß. Sonst beschwört die Schußwaffe mit Sicherheit mehr Gefahren herauf, als sie jemals verhindern könnte.

Ein verwunderter Bär ist ein wirklich gefährlicher Bär und ein Grizzly kann, selbst dann, wenn man ihm ein ganzes Magazin in die Brust gefeuert hat, noch dazu in der Lage sein, den Schützen zu filetieren.

Ich meine: sofern man nicht ein erfahrener Schütze ist und über Bären wenigstens einigermaßen Bescheid weiß, stellt ein Gewehr in den meisten Fällen eine größere Gefahr dar als ein Bär.

## Durchführung

### Worauf es ankommt

Es kommt darauf an w o man einem Bären begegnet. Die wenigen Braunbären, die es in Lappland noch gibt, sind so scheu, daß man sie nur mit viel Glück einmal von weitem zu Gesicht bekommt. Man braucht sich nicht besonders um sie zu kümmern – selbst im Rappa-Tal, wo es angeblich noch die meisten geben soll, habe ich sogar Lebensmittel mit ins Zelt genommen, ohne je belästigt zu werden.

Am häufigsten werden Bären in und um Naturparks Nordamerikas gefährlich, wo sie ständig mit Menschen in Berührung kommen und ihre Scheu verloren haben. Sie lernen den Menschen vor allem als Futterlieferanten kennen und entwickeln im Laufe ihres Lebens ein unglaubliches Genie, wenn es darum geht, an den Proviant der Camper heran zu kommen – ob er nun einfach vor dem Zelt liegt, im Kofferraum eingeschlossen ist oder in den Bäumen hängt.

Werden sie dabei gestört, so können sie ausgesprochen ärgerlich und agressiv werden.

Bären in entlegenen Wildnisgebieten dagegen werden dem Menschen in den meisten Fällen doch aus dem Wege gehen, wenn sie vielleicht auch nicht gerade vor ihm davon laufen. Und, was das Proviantträubern angeht, sind sie in der Regel auch ein ganzes Stück naiver als ihre Artgenossen vom 'Campground'.

Weiter ist es wichtig zu wissen, was für einen Bären man vor sich hat. Zwar unterscheiden Zoologen allein in Nordamerika an die zwanzig verschiedene Arten und Unterarten, für den Wanderer genügt es jedoch in den meisten Fällen, wenn er unterscheiden kann, ob es sich um einen Schwarzbären oder einen Grizzly (bzw. Alaska-Braunbären oder Kodiakbären) handelt.

Einem Eisbären wird man als Wanderer nur schwerlich einmal begegnen; sollte es doch passieren, behandelt man ihn vorsichtshalber so, als wäre er ein Grizzly.

Schwarzbären und Grizzlies bzw. Braunbären sind nicht zuverlässig an der Farbe ihres Felles voneinander zu unterscheiden.

## Durchführung

So sind etwa Schwarzbären nicht immer schwarz – manche haben ein zimtfarbenes bis braunes Fell und manche sollen einen weißen Fleck an der Kehle haben.

Im Gegensatz zu Braunbären und Grizzlies haben sie jedoch einen länglicheren Schädel, eine weniger abgesetzte Schnauze und keinen Schulterhöcker. Ihre Spuren ähneln etwas der Fußspur eines Menschen, die Krallen sind kleiner und wesentlich kürzer als beim Grizzly (siehe Skizze).

Schwarzbären leben in fast allen bewaldeten Gegenden Nordamerikas. In der Regel sind sie deutlich kleiner als Grizzlies und haben mehr Respekt vor dem Menschen.

Schwarzbär

Schwarzbären greifen seltener an als Grizzlies und wenn, dann beschränkt sich ihr Angriff meist auf einen Schlag oder Biß, der zwar zu ernsten Verletzungen führen kann, jedoch selten tödlich ist. In den meisten Fällen geht es ihnen lediglich darum, daß man ihnen aus dem Wege geht – sie wollen einen vertreiben, nicht töten.

Grizzlies haben, wie andere Braunbären auch, deutliche Schulterhöcker höcker und eine kurze abgesetzte Schnauze. Die Farbe ihres Felles variiert zwischen schwarz, dunkelbraun, gelbbraun und gräulich. Bei ihren Spuren sind alle Ballen und Verse deutlich zu unterscheiden und ihre Krallen sind wesentlich stärker und länger (d.h. die Krallenabdrükke sind weiter vom Fußabdruck entfernt) als beim Schwarzbären (siehe Skizze).

Grizzly (bzw. Braunbär)

Grizzlies leben im westlichen Kanada, in Alaska und zum Teil noch in wenig besiedelten Gegenden der Rocky Mountains von Wyoming, Montana und Idaho. Sie sind wesentlich seltener als Schwarzbären. In Grizzly-Gegenden sind besondere Vorsichtsmaßnahmen geboten. Grizzlies und Braunbären sollte man nach Möglichkeit aus dem Wege gehen; sie neigen eher dazu, anzugreifen und sind unberechenbarer als Schwarbären.

Greifen sie an, so neigen sie eher als Schwarzbären dazu, einen Menschen, der sie oder ihre Jungen bedroht,zu töten.

Bären, egal welcher Couleur und Sorte, sind keine raubgierigen Fleischfresser, die es ungestüm nach einem Wanderer-Lendchen gelüstet, sondern Allesfresser, die sich weitgehend vegetarisch sowie von Kleinnagern ernähren. Auf einen Wildniswanderer haben sie in der Regel keinen Appetit – Süßigkeiten sind ihnen viel lieber! Extrem seltene Ausnahmen sind alte Grizzlybären, die ihr knurrender Magen eben aus dem Winterschlaf geweckt hat. Ihnen begegnet man besser nicht – sie befinden sich in einer echten Survival-Situation und werden vermutlich alles fressen, was verdaulich ist.

## Durchführung

Zu jeder anderen Jahreszeit jedoch, den strengsten Winter ausgenommen, hat es ein Bär, der ins Camp spaziert kommt, mit Gewißheit nicht auf den Zeltbewohner abgesehen, sondern auf dessen Vorräte.

### Bären und Proviant

In Gegenden, die häufig von Menschen besucht werden, insbesondere in Nationalparks, lernen die Bären schnell, wie sie einfach und ohne Mühe zu reichlich schmackhafter Nahrung kommen können, die sie im Wald nicht finden. Sind sie erst einmal auf den Geschmack gekommen, so ist es schwer, sie wieder davon abzubringen und im Zweifelsfall ist ihnen jedes Mittel recht, um an die begehrte Schokolade heranzukommen. Bären sollen des öfteren geparkte Autos aufbrechen, in denen sich Lebensmittel befinden und Grizzlies haben die Kraft, selbst solide Blockhütten über den Haufen zu reißen, wenn's darauf ankommt.

Ein Bär, der mit Menschen und deren Proviant Erfahrung hat, wird also, wenn er den Schoko-Riegel unter Ihrem Kopfkissen riecht, schwerlich lange zögern, bevor er ins Zelt marschiert, um nachzuschauen. Ergo: der Schoko-Riegel gehört in Bärengegenden – und ganz besonders in 'Grizzly-Country' – keinesfalls unter's Kopfkissen!

Die meisten Unfälle mit Bären passieren dadurch, daß die Tiere durch Lebensmittel angelockt werden, und beim Versuch, an die Nahrungsmittel heranzukommen, mit dem Camper in Konflikt geraten. Entweder sie kommen – da sie ihre Scheu verloren haben – direkt ins Zelt, falls sich der Proviant dort befindet oder der (ursprüngliche) Besitzer des Proviants erwacht am lauten Schmatzen und Rülpsen und gerät in Panik. In beiden Fällen passiert es dann leicht, daß der Bär seinerseits erschrickt, sich bedroht fühlt und möglicherweise angreift.

Solange man dagegen keine Lebensmittel im Zelt hat, wird ein Bär wohl in den allerseltensten Fällen einen Grund sehen einzubrechen; und solange man ihn nicht erschreckt, wenn er davor herumschleicht, wird er auch nicht angreifen.

Lebensmittel bewahrt man über Nacht am besten weder im Zelt, noch direkt daneben, sondern in einiger Entfernung auf. In Grizzly-Gegenden sollte man dies besonders sorgfältig beachten!

Auch Lebensmittelreste sollten nicht im oder um's Zelt liegen, ebenso alles, was danach riecht, wie Kochgeschirr, Rucksäcke oder Hosen, an denen zuvor die fettigen Finger abgewischt wurden. Selbst Cremes mit süßlichem Geruch oder ein Fettstift zur Lippenpflege können einen Bären ins Zelt locken.

Besonders auf Campingplätzen, wo die Bären wissen, daß sie Futter finden – fast könnte man sagen: gefüttert werden – können 'Bären-Überfälle' zum Problem werden. Man sollte nicht glauben, 'mitten in der Wildnis' sei man gefährdeter als auf dem Campingplatz – das Gegenteil ist wahr.

Da die Bären in entlegenen Wildnisgegenden meist scheuer sind und den Menschen noch nicht als 'Nahrungsquelle' erkannt haben, meiden sie ihn in der Regel und meist auch seinen Proviant.

Da es jedoch, wie ich erfahren mußte, Ausnahmen von dieser Regel durchaus gibt, und man gerade in entlegenen Gegenden auf seinen Proviant dringend angewiesen ist, sollte man ihn möglichst sicher aufbewahren. Bären können in einer einzigen Nacht die Lebensmittel für eine mehrwöchige Tour restlos verputzen und der Grizzly, der in meine Hütte eingebrochen ist, hat innerhalb von nur zwei Tagen etwa die Hälfte des gesamten Wintervorrats vernichtet – darunter allein 15 kg Zucker, 5 kg Dörrobst und an die 20 kg Fett!

Wer seine Vorräte sicher vor Bären, Mäusen, Eichhörnchen etc. aufbewahren will, sollte sie in einem wasserdichten Sack verpackt ( Rucksack, Bootssack o.ä.) wenigstens vier Meter hoch an einem Ast aufhängen, wie in der Skizze gezeigt. (Seite 203)

Bei Konserven sollte man nicht glauben, daß sich das Aufhängen erübrige – Bären zerbeißen auch die stärksten Dosen!

Wo sich kein passender Ast findet, kann man eine Stange zwischen zwei Bäumen befestigen oder ein Tau und die Säcke daran aufhängen.

In manchen Gegenden, z.B. Tundra, wird es schwierig oder unmöglich

## Durchführung

Aufhängen von Proviant

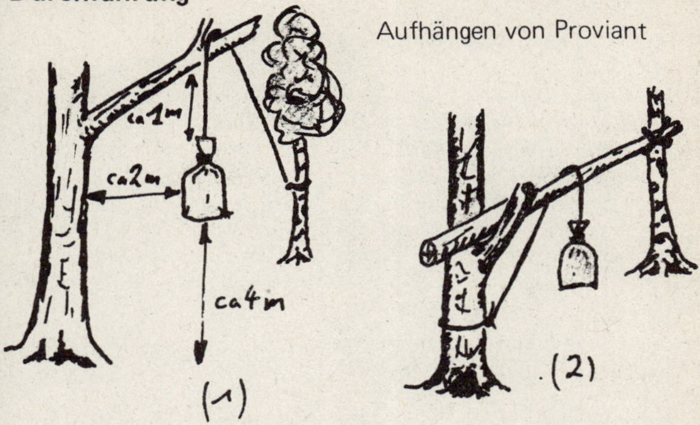


sein, geeignete Bäume zu finden – und machem wird es zu aufwendig sein, jeden Abend die Lebensmittel auf diese Weise aufzuhängen. Da ist es vielleicht doch einfacher, einen guten Hund mitzunehmen, der die Bären auf Distanz hält. Es darf allerdings kein Hund sein, der die Bären erst aufstöbert und dann davon läuft, um sich winselnd hinter seinem Herrn zu verstecken.

Ich habe im Yukon und in Alaska, in Gegenden, wo sehr selten jemand zeltet, meine Vorräte meist nicht aufgehängt und alles, was mir bisher dabei abhanden gekommen ist, war ein halber Bannock, der auf das Konto eines Erdhörnchens ging.

**Bären verjagen**

Viele sagen, einen Schwarzbären, der ins Camp getrottet kommt, könne man verjagen, indem man ihn anschreit, Lärm schlägt oder Steine nach ihm wirft (ohne jedoch dabei zu treffen!!).

Von Leuten, die in Alaska im Busch arbeiten, habe ich sogar schon gehört, daß sie sich einen Spaß daraus gemacht haben, Schwarzbären mit Steinen durch die Gegend zu jagen – allerdings hab ich auch schon gehört, daß sich dann gelegentlich mal einer umgedreht und zurückgeschlagen hat.

Durch Lärm kann man sie gelegentlich verscheuchen, soviel kann ich bestätigen, manchmal jedoch auch nicht – mit Steinen habe ich bisher noch nicht nach Bären geworfen.

Auf jeden Fall sollte man, bevor man versucht, einen Schwarzbären zu verscheuchen, sicherstellen, daß er auch einen Ausweg hat und nicht in die Enge getrieben wird. Man sollte ihn stets gut beobachten, versuchen, seine Reaktionen abzuschätzen und die eigenen Maßnahmen danach ausrichten; fängt der Bär an zu grummeln und zu drohen, so tut man gewiß besser daran, ihn nicht länger zu belästigen.

Dringend betonen möchte ich, daß dies alles n u r f ü r S c h w a r z - b ä r e n gilt. Werfen Sie nie mit Steinen nach einem Grizzly! (Das ist ein ungesunder Sport!). Und auch bei einem Schwarzbären ändert sich vieles, wenn sie erst mal beim Fressen sind. Hat er sich also Ihren Proviantsack bereits unter die Kralle gerissen, so schreiben Sie ihn besser ab. Denn hat er ihn mal geschnappt, gehört er laut Bärenlogik ihm und sie werden ihn nicht mehr vom Gegenteil überzeugen. Sollten Sie es dennoch versuchen, kann es leicht passieren, daß der Bär zu Argumenten greift, denen Sie vermutlich nicht viel entgegen setzen können.

Wenn Sie nachts aufwachen und hören einen Bären um's Zelt schnüffeln, erschrecken Sie nicht (oft ist es doch nur ein Stachelschwein) und vor allem – erschrecken Sie den Bären nicht durch einen schrillen Schrei o.ä.; er könnte Sie vor lauter Schreck beschädigen. Reden Sie ruhig und freundlich auf ihn ein, damit er merkt: Sie sind zu Hause. Sofern Sie nichts im Zelt haben, was seinen Appetit reizt, werden Sie dann sehr wahrscheinlich von ihm in Ruhe gelassen.

weiteres verjagen. Zwei Grizzlies, die diesem Sommer über ein Stunde lang um meine Blockhütte kreisten, weil sie's auf meinen Lachs a abgesehen hatten, ließen sich jedenfalls weder dadurch beeindrucken, daß ich (stets in Sprungweite vor der Tür!) mit zwei Freunden zusammen Lärm machte, noch dadurch, daß mein Hund mehrere Schein-

Angriffe riskierte.

**Gefährliche Situationen**

In einigen Situationen können Bären gefährlich werden und neigen am ehesten dazu anzugreifen. Wenn man einige wichtige Dinge weiß und beachtet, lassen sich diese Situationen fast immer vermeiden.

1. Werden Bären überrascht und fühlen sich in die Enge getrieben, so reagieren sie wie jedes Tier, das sich bedroht fühlt und nicht ausweichen kann – sie greifen an. Selbst eine Maus würde das tun.

Daher sollte man bei Wanderungen im dichten Wald oder Buschland stets etwas Lärm machen, besonders in Grizzly-Gegenden und bei Gegenwind. Sonst riskiert man, daß man ganz plötzlich und überraschend einem Bären auf den Zehen steht – bzw. umgekehrt!

In den meisten Fällen wird der Mensch in dichtem Busch ohnehin Lärm genug machen, um einen Bären zu warnen. Sicherer ist es jedoch, gelegentlich zu pfeifen, mit Dosen zu klappern oder ähnliches.

Selbst einem erfahrenen Waldläufer, dessen Partner ich in Dawson kennenlernte, ist es passiert, daß er um eine Ecke bog und mit einem Grizzly zusammenprallte.

2. Eine Bärin, die ihre Jungen bedroht fühlt, kann sehr gefährlich werden und greift manchmal ohne zu zögern sofort an.

Schwarzbären-Mütter sollen in dieser Hinsicht angeblich etwas toleranter sein als Grizzlies, solange man nicht näher als sie selbst an die Jungen herankommt und vor allem, solange man sich nicht zwischen der Bärin und deren Jungen befindet. Ich habe zwar schon von Leuten gehört, die selbst letztere Situation glimpflich durchstanden haben, würde allerdings niemandem dazu raten, zu versuchen, ob es wirklich fertig zu bringen ist, so nahe an die Jungen heranzukommen wie die Bärin. Wenn es um ihre Jungen geht, kann auch eine Schwarzbärin jeglichen Respekt vor dem Menschen verlieren.

Grizzly-Mütter sind wesentlich reizbarer und agressiver, da die männlichen Bären oft versuchen, die Jungen anzugreifen und zu töten. Die

Bärin sieht daher ihre Jungen in ständiger Bedrohung. Von einer Grizzly-Bärin mit Jungen sollte man tunlichst stets größtmöglichen Abstand halten!

Wiederum ist es ratsam, sich schon auf weite Entfernung bemerkbar zu machen, damit die Bärin ihre Jungen wegführen kann.

Wer dauerndes Dosengeklapper oder Gejodel als störend empfindet, sollte bedenken, um wieviel störender eine wütende Grizzly-Bärin werden kann, wenn sie ihre Jungen bedroht sieht.

3. Ein verwunderter Bär kann extrem gefährlich werden – auch ein Schwarzbär! Deshalb vor allem meine ich, daß ein Gewehr in der Hand eines unerfahrenen oder Nicht-ausreichend-Erfahrenen ein erheblich höheres Risiko darstellen kann als der Bär an sich.

Ein angeschossener Bär ist eine ständige Bedrohung, selbst, wenn er im ersten Moment nicht angreift, sondern flieht. Er weiß, daß der Mensch ihm gefährlich ist, fühlt sich bedroht, wird durch den Schmerz gereizt und agressiv und ruht oft nicht eher, bis er die Gefahr beseitigt hat.

Auf einen Grizzly zu schießen, grenzt an Selbstmord, sofern man nicht ausreichend erfahrung hat.

4. Ein Grizzly, der glaubt, sein Territorium verteidigen zu müssen, kann ebenfalls zum Angriff neigen, wenn man ihm nicht aus dem Wege geht.
Schwarzbären haben meines Wissens keine festen Territorien.

Wer in Grizzly-Gegenden unterwegs ist, sollte es unbedingt vermeiden, auf oder direkt neben Pfaden zu übernachten , die an den Flußufern verlaufen. Dies sind meist Bärenwechsel, die von Grizzlies auf ihren nächtlichen Streifzügen gern benutzt werden. Die Bären könnten sehr erbost reagieren, wenn man so unverfroren ihr Territorium verletzt.

**Begegnungen mit einem Bär – wer hat Vorfahrt?**

Im Zweifelsfalle hat immer der Bär Vorfahrt – denn er war zuerst da! (und außerdem ist er der Stärkere!).

## Durchführung

Auf keinen Fall sollte man jedoch kopflos davonrennen – das könnte den Bären erst zum Angriff provozieren. Außerdem ist er sowieso schneller; man hätte keine Chance. Selbst fettgefressene Grizzlies können die Geschwindigkeit eines Pferdes erreichen und sind wendig wie ein Wiesel.

Besser ist es, zunächst stehen zu bleiben und – sofern es sich um einen Schwarzbären handelt – abzuwarten. Entweder der Bär weicht aus oder man weicht selbst aus und geht in weitem Bogen um ihn herum und seiner Wege. Es ist sehr selten, daß Schwarzbären bei solchen Begegnungen angreifen; Ausnahmen können die oben beschriebenen kritischen Situationen sein.

Handelt es sich dagegen um einen Grizzly und er macht sich nicht sofort aus dem Staub, so geht man besser – evtl. indem man ruhig auf ihn einredet – langsam rückwärts und räumt das Feld.

Der Grizzly wird sich möglicherweise auf den Hinterbeinen aufrichten, drohend den Kopf hin und her schwenken und mächtig grollen. Wem in einer solchen Situation die Knie schlottern, den kann ich durchaus verstehen; sie ist jedoch nicht so bedrohlich, wie es den Anschein haben mag. Nur darf man auf keinen Fall die Nerven verlieren – sonst wird's gefährlich – sondern sollte, nicht überstürzt, aber deutlich, rückwärts gehen.

Bei dem rüden Benehmen des Bären handelt es sich lediglich um eine Drohgebärde, die soviel zu bedeuten hat wie: 'Hau ab , sonst setzt's was!' oder etwas milder: 'Laß mich in Ruh', dann laß ich Dich auch in Ruhe'. Und wenn er merkt, daß man begreift und entsprechend darauf reagiert, so wird er einen in der Regel tatsächlich in Ruhe lassen.

Bloß keine Panik! Nicht schreien oder rennen und auf keinen Fall schießen! Solange ein Grizzly aufgerichtet dasteht, greift er nicht an, sondern droht lediglich. Bevor er angreift. läßt er sich zunächst wieder auf alle Viere fallen.

Man sollte nicht versuchen, einen Grizzly, der droht, durch Schreie o.ä.

zu vertreiben. Grizzlies sind unberechenbar. – Es kann sein, er flieht sofort, es kann auch sein, er greift ohne weitere Warnung an.

**Wenn ein Bär angreift**

Was ist zu tun, wenn ein Bär angreift!? Die richtige Reaktion ist wiederum sehr davon abhängig, ob man einem Schwarzbären in die Augen schaut oder einem Grizzly – und wer es jetzt noch nicht weiß, der wird es womöglich niemehr erfahren.

Wenn ein Schwarzbär angreift,so geht es ihm wie gesagt meist darum, einen Störenfried zu vertreiben. Kommt also ein Schwarzbär auf Sie zugestürmt – laufen Sie, was Sie können! Sie können zwar einem Bären nicht davonrennen, aber wenn er sieht, daß Sie eilends verschwinden und keine Bedrohung mehr darstellen, so wird er's meist zufrieden sein, den Angriff abblasen und Sie in Ruhe lassen. Viele Schwarzbärenangriffe sind durch solch einen 'taktischen' Rückzug schon glimpflich verlaufen.

Greift Sie dagegen ein Grizzly an, so hat er vermutlich vor, Ihnen ernsthaft etwas zu tun – sonst würde er nur drohen.

Grizzlies sind sehr unberechenbar und ich habe schon die verschiedenstenoft widersprüchlichen Ratschläge gehört, wie man sich ihnen gegenüber verhalten soll. Schreit man einen Grizzly an, kann es sein, daß er sofort die Flucht ergreift – oder aber auf der Stelle angreift. Es kann gut vorkommen, daß ein angreifender Grizzly sich auch durch Gewehrschüsse nicht aufhalten läßt – manchmal selbst dann nicht, wenn das abgefeuerte Gewehr auf ihn gerichtet ist. Andererseits wiederum hat mir ein alter Indianer, dessen Großvater die Grizzlies noch mit dem Speer erlegt hat, glaubhaft versichert, daß sich mancher Grizzly schon durch ein entgegen gehaltenes Taschenmesser vertreiben lasse. Die Betonung liegt da wohl auf ' mancher'.

Mit Sicherheit läßt sich jedoch sagen, daß man, solange der Bär nicht tatsächlich angreift, also auf allen Vieren auf einen zu galoppiert kommt, sondern nur droht, besser die Ruhe bewahrt und Schreie, rasche Bewegungen, sowie alles, was provozieren könnte, vermeidet, um die Situation nicht zu verschlimmern.

## Durchführung

Weiß man dies und bewahrt die Nerven, so werden die meisten Begegnungen mit Bären friedlich verlaufen.

Kommt der Bär indes tatsächlich auf einen zugestürmt, wird's ernsthaft brenzlig. Viel hängt davon ab, wieweit er entfernt ist.Bestehen Aussichten, daß der Vorsprung reichen könnte, so rennt man schleunigst zum nächsten Baum und klettert hinauf. Ausgewachsene Grizzly-Bären können nicht auf Bäume klettern. Wenn möglich, wirft man einen Hut, eine Jacke o.ä. von sich, in der Hoffnung, den Bären dadurch aufzuhalten und Zeit zu gewinnen.

Von den Saamen, den Nomaden Lapplands, wird berichtet, daß sie auf die Bärenjagd stets ein altes (ungewaschenes!) Hemd mitnahmen. Wenn der erste Schuß nicht saß, warfen sie das Hemd weg, rannten einige Meter und hatten so meist Zeit zu einem zweiten Schuß.

Übrigens kann man sich auch vor zudringlichen Schwarzbären auf einen Baum zurückziehen, fallsmman einen geeigneten in der Eile findet. Schwarzbären können zwar auf Bäume klettern, aber nicht auf jeden. Ist der Stamm schwächer als ca. 15cm im Durchmesser, so kann der Bär sich nicht richtig festhalten. Allerdings sollte der Baum auch nicht zu schwach sein, sonst schmeißt er ihn womöglich um.

Ist man in der Nähe eines Autos, einer Hütte o.ä., so sieht man zu, daß man so schnell als möglich darin verschwindet. Grizzlybären haben zwar die Kraft, ein Auto oder eine Haustür ohne weiteres zu zertrümmern, werden es aber in den meisten Fällen nicht darauf ankommen lassen. In manchen Fällen kann es womöglich sogar genügen, in einem Zelt zu verschwinden.

Bestehen keinerlei Aussichten, dem angreifenden Bären zu entkommen, so empfehlen viele – besonders auch solche, die's wissen müssen – daß man sich fallen läßt und den toten Mann spielt, indem man das Gesicht zur Erde mit angezogenen Beinen reglos am Boden liegt und die Arme im Nacken verschränkt, um Hinterkopf und Genick zu schützen.

Zugegeben – sofern man nicht vom Schock ohnehin gelähmt ist, wird es sicher schwer fallen, sich zu beherrschen und still zu halten, wenn ein 7-Zentner-Grizzly einen betatscht und beschnobert, aber da jeder Widerstand sowieso sinnlos ist und den Bären nur weiter provozieren würde, sind so die Chancen am größten, den Angriff zu überleben. Bevor man nicht ruhig liegt, wird er kaum von einem ablassen.

Das mag alles sich recht haarsträubend anhören, aber glücklicherweise sind Bärenangriffe, besonders in entlegenen Wildnisgebieten, sehr selten. Und wenn man weiß und beachtet, was in diesem Kapitel steht, kann man Jahrhunderte durch die Wälder streifen, bevor einem die Wahrscheinlichkeitsrechnung einen Bären auf den Hals hetzt.

Zwei Dinge zum Schluß:

1. In Gegenden, in denen Bären leben, sollte man stets daran denken, daß die Bären zuerst da waren. Die Bären haben hier Heimrecht und ihr Territorium – Sie sind der Eindringling!

2. Was Sie an diesem Kapitel für wichtig halten, sollten Sie sich einprägen. Informationen über Bären gehören zu den wenigen, die man nicht eben nachschlagen kann, wenn man sie braucht.

### Raubkatzen und sonstiges 'gefährliches' Großwild

Großraubkatzen wird man auf Wanderungen seltener begegnen als Bären. Sie sind im Gegensatz zu Bären Raubtiere, gehen dem Menschen jedoch in der Regel ebenfalls aus dem Wege. Meist wird man mehr Schwierigkeiten haben, sie zu Gesicht zu bekommen, als ihnen auszuweichen.

Wenn man dieselben vier Punkte beachtet, die ich im Abschnitt über Bären unter 'gefährliche Situationen' besprochen habe, so lassen sich Unfälle mit Raubkatzen und sonstigem Großwild weitgehend vermeiden.

Wichtig bei allem Großwild ist, daß man die Tiere in Ruhe läßt und sich auf Distanz von ihnen hält. Fühlt es sich nicht bedroht und in die Enge getrieben, wird jedes wilde Tier dem Menschen ausweichen.

## Durchführung

Sehr seltene Ausnahmen sind ausgestoßene, alte Herdentiere ('Einzelgänger') und Großraubkatzen, die zu alt und schwach sind, um Wild zu erbeuten ('Menschenfresser'). In den meisten Fällen ist es bekannt, in welchen Gegenden sich solche Tiere aufhalten und man kann sie meiden.

Grundsätzlich ist zu sagen, daß Raubtiere und Großwild weniger gefährlich sind als Kraftfahrzeuge (und seltener 'angreifen').

**Wölfe**

Viele halten Wölfe für ungemein gefährlich und raubgierig (weshalb ich sie auch hier nochmal gesondert ansprechen will).

Tatsache ist, daß viele Menschen ihr ganzes Leben in Gegenden verbracht haben, in denen es zahlreiche Wölfe gibt, ohne je von ihnen bedroht worden zu sein.

Es braucht extrem harte Winter, bis Wölfe dem Menschen vielleicht zur Bedrohung werden können. Unter solchen Witterungsbedingungen wird ohnehin kaum jemand in der Wildnis unterwegs sein, der nicht erfahren ist und ein Gewehr zu handhaben weiß.

Sonst sind Wölfe sehr scheu und im Gegensatz zu Bären bekommt man sie nur selten zu Gesicht. Ich habe in Kanada innerhalb von rund zehn Monaten, die ich in der Wildnis war, nur einen einzigen gesehen – und der war womöglich noch der Hund eines Trappers.

**Schlangen**

Schlangen sind wohl das klassische Beispiel für 'schreckliche wilde Tiere', die irrationale Angst auslösen. Die weitverbreitete Angst vor Schlangen steht in keinem Verhältnis zu der Gefahr,die diese Tiere tatsächlich darstellen. Sie hat gewiß mehr zu tun mit Tiefenpsychologie, Sexualsymbolik und sonstwas als mit den Reptilien selbst.

Schlangen leben nur in tropischen bis gemäßigten Zonen (im Norden Kanadas z.B. gibt es weder giftige noch ungiftige Schlangen), sind von wenigen engumgrenzten Gegenden abgesehen nirgends sehr häufig und nur etwa 8% aller Schlangen sind giftig.

## Durchführung

Einige Gegenden der Erde neben den kalten Zonen sind gänzlich frei von giftigen Schlangen, z.B. Neuseeland, Madagaskar, Polynesien, Jamaica, Haiti, Puerto Rico, die Kanarischen Inseln, Sardinien, Korsika etc.....

Die meisten Giftschlangen sind scheu und verschwinden häufig noch bvor man sie zu Gesicht bekommt. Eine Schlange greift einen Menschen nicht an, solange sie nicht überrascht wird, man auf sie tritt oder sie sich sonstwie bedroht fühlt, ohne ausweichen zu können. In Marokko bin ich einmal einen ganzen Tag lang durch felsiges Bergland gestiefelt auf der Suche nach Schlangen und die einzige, die ich zu sehen bekam, stürzte sich in eiliger Flucht sofort einen Abhang hinunter.

Schlangenbisse sind relativ selten und ein Gutteil der vorkommenden Bisse ist darauf zurückzuführen, daß jemand versucht hat, unbekannte Schlangen zu fangen und zu töten.

Wenn Sie folgende Punkte beachten, ist die Gefahr, die Ihnen durch Giftschlangen droht, minimal:

1. von allen unbekannten Schlangen Distanz halten;

2. In Gebieten, in denen Giftschlangen leben, sollten Sie zusehen, wo Sie Ihre Füße hinsetzen und vor allem dann vorsichtig sein, wenn Sie steile Felshänge erklimmen.

3. Wenn Sie sich – wie Sie es gerade tun – über Schlangen informieren und wissen, was im Notfall zu tun ist, so werden Sie mindestens einen Teil Ihrer irrationalen Ängste vor ihnen verlieren.

4. Da viele Schlangen, besonders in sehr heißen Gegenden, hauptsächlich nachts unterwegs sind, sollte man es vermeiden, in solchen Gebieten nachts zu wandern.

5. Gutes Schuhzeug und derbe Beinkleider können vor Schlangenbissen schützen. Selbst dünne Kleidung genügt oft als Schutz vor Bissen kurzzahniger Giftschlangen, wie etwa den verschiedenen Kobraarten und Korallenschlangen.

## Durchführung

6. Informieren Sie sich über das Vorkommen von Giftschlangen in Gegenden, in die Sie zu reisen beabsichtigen.

7. Schlangen können zwar schneller zustoßen, als man ihnen ausweichen kann, aber sie können sich nicht schneller fortbewegen als ein Mensch. Nur wenige können auf eine Entfernung angreifen, die so groß oder grösser ist als ihre Körperlänge, oder ganz vom Boden emporspringen.

8. In sehr heißen Gegenden liegen Schlangen tagsüber gern im Schatten und man sollte sich deutlich bemerkbar machen, bevor man sich dorthin begibt.
In tiefem Gras oder Strauchwerk, wo es Schlangen geben könnte, ist es ratsam, den Boden mit einem Stock abzuklopfen, bevor man sich hinsetzt, das Zelt aufschlägt o.ä..

Seeschlangen sind zwar giftig, greifen jedoch einen Schwimmer nicht an, solange er sie in Ruge läßt. Sie sind an ihrem ruderartig abgeflachten Schwanz zu erkennen.
Im Atlantik gibt es keine giftigen Seeschlangen; entlang den Küsten des Indischen Ozeans dagegen und im südlichen und westlichen Pazifik können sie zahlreich vorkommen.

Flußschlangen sind von Seeschlangen dadurch zu unterscheiden, daß ihre Körper nicht abgeflacht sind. Sie leben in Flüssen und Buchten Hinterindiens von Bengalen bis Australien.
Die Flußschlangen sind zwar giftig. Da sie jedoch ihre Opfer längere Zeit festhalten müssen, um das Gift zu injizieren, sind sie nicht sehr gefährlich.

Riesenschlangen wie Boas, Python und Anaconda sind nicht giftig, bewegen sich langsam und greifen den Menschen für gewöhnlich nicht an. Die größeren Spezies leben in dichten Dschungelgebieten in Südamerika, Afrika, Südindien, den Philippinen und Südost-Asien. Die größten Arten wie Königpython und Anaconda erreichen eine Länge von sechs bis sieben Meter und können dem Menschen gefährlich werden, der sie nicht in Ruhe läßt.

## Durchführung

**Schlangenbiß**

Wird man von einer Schlange gebissen und es besteht Hoffnung, rechtzeitig Serum zu bekommen, so tötet man die Schlange, um später die Art sicher bestimmen zu können (wichtig für die richtige Auswahl des Serums). Es gibt jedoch auch schon einige polyvalente Seren im Handel, die für die am häufigsten vorkommenden Schlangen einer Region entwickelt wurden.

Bei Bissen kurzzahniger Schlangen wie Kobra, Korallenschlange etc. sind die Schmerzen vergleichsweise gering, das Gift verteilt sich jedoch direkt über die Blutbahnen sehr rasch und wirkt schnell, indem es das Nervensystem und die Atmung lähmt. Taubheit und Lähmungen können schon innerhalb einer Stunde auftreten.

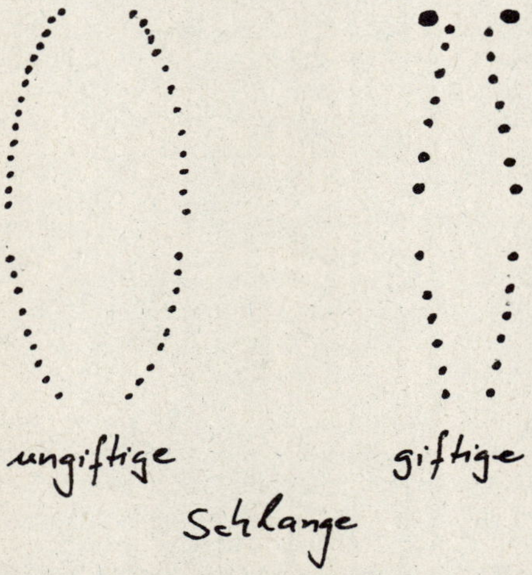


Der Biß viperartiger Giftschlangen ist deutlich schmerzhaft. Das Gift dieser Schlangen zersetzt das Blut und führt zu Schwellungen, die Stunden andauern können. Dieses Gift wirkt langsamer als das kurzzahniger Schlangen, da es nicht wie bei diesen direkt über die Blutbahnen, sondern über das Lymphsystem absorbiert wird.

Wird man durch die Kleidung hindurch von einer Schlange gebissen, so kann es sich nur dann um eine Giftschlange handeln, wenn der Biß deutlich schmerzt. Weitere Gewißheit ergibt das Zahnmuster des Bisses (nach 'Wilderness Survival', Forest Service, Government of British Columbia): Siehe Abbildungen auf Seite 214!

Im Zweifelsfall sollte man jedoch lieber den Biß einer ungiftigen Schlange behandeln als wäre es eine giftige gewesen, als umgekehrt!

Erste Hilfe bei Schlangenbissen

Bisse von ungiftigen Schlangen behandelt man wie kleinere Verletzungen. In jedem Fall sofort desinfizieren!

Bei Bissen von Giftschlangen ist sofortige Hilfe erforderlich!

1. Handeln Sie rasch, aber bleiben Sie ruhig!

2. Machen Sie, falls nicht in kürzester Zeit ein Arzt zur Stelle sein kann sofort je einen Kreuzschnitt durch jede der Giftzahnwunden ca. 1,5 cm lang und gut 1/2 cm tief, mindestens jedoch so tief wie die Bißwunde, sowie kleinere, flachere Schnitte, um die Lymphgefäße zu öffnen.

Ein sofortiger Schnitt wird in den meisten Fällen eine tödliche zu einer nicht tödlichen Dosis verringern.

Falls mit sofortiger ärztlicher Hilfe zu rechnen ist, was auf Wildernis-Trips selten sein dürfte, sollte man wegen des Risikos, größere Blutgefäße zu verletzen, nicht selbst schneiden.

3. Sofort nach den Einschnitten oder als erste Maßnahme (Falls ein Arzt in der Nähe ist) wird am gebissenen Glied zwischen Bißstelle und Herz eine Stauung angelegt. Mit einem Gürtel, Tuch o.ä. wird das betroffene Bein, bzw. der Arm, soweit abgeschnürt, daß der Puls eben noch spürbar ist. Bei einer Stauung gelangt das Blut durch die tiefer liegenden Arterien zwar noch in das betroffene Glied (Puls!), kann jedoch durch die flacher unter der Haut liegenden Venen nicht mehr zurückfließen. So kann das Gift nicht weiter vordringen, das Blut aber weiterfließen und das Gift ausschwemmen.

## Durchführung

4. Zusätzlich kann man die Wunde auspressen, um das Gift daraus zu entfernen, aussaugen sollte man sie nur dann, wenn man absolut sicher ist, daß man im Mund-Rachenraum keinerlei offene Stellen hat, durch das das Gift ins Blut gelangen könnte (Achtung: Zahnfleischbluten!).

5. Kühlen der Bißstelle mit Eis oder nassen Tüchern verlangsamt die Verteilung des Giftes.

6. Der Gebissene sollte möglichst ruhig bleiben und sich wenig bewegen, um die Verteilung des Giftes nicht zu beschleunigen.

7. Alkohol, Kaffee und schwarzen Tee meiden!

8. Wunde nicht ausbrennen!

9. Ist nach einer viertel bis halben Stunde die Bißstelle nicht geschwollen oder schmerzt sie nicht, hat der Betroffene keine Kopfschmerzen, kein Gefühl der Trockenheit im Mund und keine Lähmungserscheinungen, so kann man annehmen, daß die Schlange nicht giftig war.

**Giftige Eidechsen**
Außerhalb der westlichen Hemisphäre gibt es keinerlei giftige Eidechsen. Die einzig giftigen Eidechsen überhaupt leben im Südwesten Nordamerikas, in Mexico und Mittelamerika. Es sind nur zwei Arten: das Gilamonster und die mexikanische Streifeneidechse. Beide Arten sind relativ klein und kommen nur in Wüstengebieten vor. Sie sind so träge und ihre Giftzähne so unzureichend, daß sie dem Menschen kaum gefährlich werden können.

**Blutegel**
Blutegel kommen nicht nur im Wasser, sondern in sehr feuchten Gegenden auch auf dem Land vor, besonders in der Regenzeit, z.B. in Indien, Südost-Asien, Australien, im südpazifischen Raum, sowie in Gegenden Südamerikas.
Sie hängen, wie Zecken, in den Zweigen von Büschen und Sträuchern und saugen sich an vorüberkommenden Tieren und Menschen fest. Blutegel können Infektionen verursachen und in größerer Zahl möglicherweise zu Blutverlust führen.

## Durchführung

Durch Kleidung und durch Zubinden der Hosenbeine (oder in die Stiefel stecken) kann man sich vor ihnen schützen. Entfernen lassen sich Blutegel, indem man sie mit Tabaksaft oder feuchtem Tabak einstreicht, mit der Glut einer Zigarette berührt oder mit einem brennenden Streichholz.

Blutegel, die in flachem schlammigen Wasser vorkommen, sind meist nicht sehr zahlreich und können nur dann gefärhlich werden, wenn man sie mit dem Trinkwasser versehentlich verschluckt. Wasser deshalb stets desinfizieren!

**Skorpione**

Skorpione kommen hauptsächlich in heißen und trockenen Gebieten vor. Meist sind sie nur ca. 4cm lang, manche Arten können jedoch bis zu 20cm groß werden. Skorpione haben einen Giftstachel am Ende ihres nach oben und vorn gekrümmten Schwanzes. Sie stechen in der Regel nur, wenn sie bedroht werden. Ihre Stiche sind zwar recht schmerzhaft, jedoch meist nicht gefährlich.

Skorpione sind hauptsächlich nachts aktiv und verstecken sich den Tag über. In Gegenden, wo sie vorkommen, sollte man daher morgens Kleider und Schuhe, in denen sie sich versteckt haben könnten, gut ausklopfen.

**Spinnen**

Der weitverbreiteten Spinnenangst zum Trotz sind Spinnen, selbst die vielgefürchtete Tarantel oder die Schwarze Witwe, nicht gefährlicher

Schwarze Wittwe

als Bienen oder Wespen. Da jedoch der Biß der Schwarzen Witwe und ihrer tropischen Verwandten – wie der Stich einer Wespe – recht schmerzhaft sein kann, sollte man sie nach Möglichkeit meiden. Sie sind relativ klein, dunkel gefärbt und mit roten, weißen oder gelben Flecken.

**Krokodile**

Krokodile und ihre Verwandten kommen fast nur in den Tropen entlang ruhiger, schlammiger Gewässer vor. Die meisten Arten weichen dem Menschen aus. Wenn man sie überrascht oder zwischen sie und das Wasser gerät, können sie jedoch recht gefährlich werden.

Schwere Verletzungen durch einen Schlag mit dem kräftigen Schwanz sind dabei wahrscheinlicher als Bißverletzungen.

Man sollte sorgfältig auf diese Reptilien achten, da sie oft nur sehr schwer zu erkennen sind, besonders dann, wenn sie reglos am Ufer liegen.

Zu den gefährlichsten zählt das afrikanische Krokodil, das auch auf Madagaskar beheimatet ist und das Salzwasserkrokodil, das an den Küsten des Südpazifik lebt.

## Durchführung

Das amerikanische Krokodil, das man entlang der Küsten Mexikos, Mittelamerikas, Kolumbiens und Venezuelas antrifft, geht dem Menschen aus dem Wege.

Alligatoren leben im Südosten der USA und gelten als gefährlicher als das amerikanische Krokodil.

Gaviale leben im Norden Indiens. Sie gehören zu den größten Krokodilen, sind jedoch scheu und meiden Menschen.
Kaimane leben in den Flüssen Mittel- und Südamerikas und ähneln den Alligatoren.

**Fische**
Unter den Süßwasserfischen gibt es lediglich drei Arten, die dem Menschen gefärhlich werden können und sie kommen alle drei ausschließlich in Südamerika vor.

Piranhas sind wohl die gefürchtetsten Süßwasserfische. Sie leben im Amazonas- und Orinocogebiet und in Gegenden Paraguays. Es sind mit 30 – 60cm vergleichsweise kleine Fische, die in Schulen leben. Sie bevorzugen ruhiges Wasser und kommen in Stromschnellen nicht vor.

Piranha

Ihre Gefährlichkeit ist sehr verschieden oder wird zumindest sehr unterschiedlich beurteilt. Es gibt Berichte, nach denen Menschen von Piranhas schwer verletzt oder getötet wurden. Andrerseits habe ich von Indianern gehört, die ungestört zwischen Piranhas baden. Viele Berichte stimmen darin überein, daß sie unverletzte Menschen für gewöhnlich nicht angreifen, durch Blut im Wasser jedoch sehr agressiv werden können. Man sollte daher mit offenen Wunden auf keinen Fall in Gewässer gehen, in denen Piranhas leben.

Beim Durchwaten von Flüssen sollte man evtl. sehr ruhiges Wasser meiden und Kleidung und Stiefel anbehalten.

Stachelrochen

Stachelrochen sind Plattfische mit einem giftigen Stachel am Schwanz. Sie sind relativ häufig in sandigen und schlammigen Abschnitten vieler Flüsse Südamerikas, wo sie, meist kaum sichtbar, im flachen Wasser im Schlamm oder Sand des Grundes liegen. Beim Durchwaten solcher Flüsse sollte man den Grund vor sich mit einem Stock abtasten, um die Tiere zu verscheuchen und/oder die Füße beim Gehen nicht abheben, sondern durch den Sand ziehen. Die Stiche des Stachelrochen können durch das Gift unter Umständen gefährlich werden.

Der Zitteraal, der in den Flußsystemen des Amazonas und des Orinoco vorkommt, kann Stromstöße mit einer Spannung von bis zu 800 Volt (!) austeilen. Seine elektrischen Organe befinden sich an der Körperunterseite. Der Zitteraal kann dem Menschen sehr gefährlich werden, ist jedoch glücklicherweise selten.

Außerdem soll es, ebenfalls ausschließlich in den Gewässern Südamerikas, ein winziges Fischchen geben, das offenbar sehr gern gegen die Strömung schwimmt, und so jemandem, der im Wasser uriniert, in die Harnröhre gelangen und sich darin festsetzen kann.

## Durchführung

Ich weiß nicht viel über diesen Fisch, kann Ihnen jedoch sagen, wie sich jede Gefahr durch ihn (falls man überhaupt von einer solchen reden kann) vermeiden läßt: Urinieren Sie nicht im Wasser!

**Kleinvieh** (macht auch Mist!)

Die Gefahr durch krankheitsübertragende Insekten, Parasiten und Mikroorganismen sind meist größer als die durch Raubtiere und Schlangen. Während jedoch letztere für gewöhnlich überschätzt werden, neigen viele dazu, erstere aufgrund ihrer Unscheinbarkeit eher zu unterschätzen und zu vernachlässigen.

Die Häufigkeit lästiger, krankheitserregender und gefährlicher Insekten, Parasiten und Mikroorganismen ist in den unterschiedlichen Klimazonen der Erde sehr verschieden. Als Faustregel kann man sagen: jekälter und trockener eine Zone oder ein Gebiet ist, desto geringer ist die Häufigkeit und die Zahl der Arten. In sehr trockenen **Wüstengebieten** und extrem kalten **arktischen Zonen** schrumpft sie auf Null.

In **subpolaren Tundra- und Taigaregionen** sind hauptsächlich blutsaugende Stechmücken zu erwähnen, die oft in riesigen Schwärmen vorkommen. Sie sind nicht gefährlich und übertragen meines Wissens auch keine Krankheiten, können aber sehr lästig werden und manchem erheblich auf die Nerben gehen.

Am lästigsten sind sie in der Regel in der Abenddämmerung und in feuchten, moorigen Waldgegenden. Im freien Gelände, an Ufern und auf Hügeln, wo es etwas windig ist, sind sie meist weniger zahlreich. Ein Zelt mit Moskitonetz und ein gutes Moskitoöl können die Plage erträglich machen.

In **tropischen Zonen** sind Parasiten und krankheitübertragende Insekten besonders häufig. Umfassend darauf einzugehen, würde hier zu weit führen. Ich möchte deshalb jedem, der eine Reise in tropische Gebiete plant, dazu raten, sich anhand spezieller Literatur eingehend darüber zu informieren.
Hier nur einige allgemeine Hinweise in Kürze:

In menschenleeren Wildnisgebieten ist die Gefahr, daß Insekten Krankheiten übertragen, vergleichsweise gering, da eben keine Menschen da sind, von denen sie die Krankheiten übertragen könnten. In solchen Gegenden ist hauptsächlich auf Parasiten und Infektionsgefahr zu achten.

Da viele Parasiten und Krankeitserreger auf das Wasser als Lebensmilieu angewiesen sind, ist es besonders wichtig, mit dem Trinkwasser (auch Kochwasser, Zahnputzwasser etc.) vorsichtig zu sein. Zum Reinigen und Desinfizieren von Trinkwasser siehe Kapitel 'Wasser'. In tropischen Regionen scheint mir als sicherste Methode, um Wasser keimfrei zu machen, ein keramischer Filter sehr empfehlenswert (siehe Seite 157).

Viele krankheitsübertragende Insekten sind an bestimmte Gegenden gebunden ( Sumpfland, Brutgebiet, bestimmte Höhe), viele sind nur zu bestimmten Tageszeiten aktiv, manche meiden die Sonne und fast alle den Wind. Kennt man diese Voraussetzungen, kann man den Insekten ausweichen, sich Unannehmlichkeiten ersparen und Risiken meiden.

**Gefährliche Pflanzen**

Viele Pflanzen enthalten Giftstoffe, die dann wirksam werden, wenn man die Pflanzen ißt. Je nach Art und Menge rufen sie lediglich Verdauungsstörungen hervor oder wirken tödlich. Ihre Zahl ist bei weitem zu groß, als daß man sie sich alle merken könnte. Besser und einfacher ist es, anders herum nur solche Pflanzen zu essen, von denen man sicher weiß, daß sie eßbar sind.

Manche Pflanzen verfügen über Gifte, die schon bei bloßer Berührung wirksam werden. Berührung mit solchen Pflanzen führt zu Rötung, Ausschlägen, Juckreiz, Brennen und Schwellungen, die z.T. recht schmerzhaft sein können. Gefährlich kann das Gift solcher Pflanzen werden, wenn es auf Schleimhäute oder in die Augen gerät. In manchen Fällen kann dies zu zeitweiliger oder völliger Blindheit führen. Die Reaktion auf diese Berührungsgifte ist individuell sehr verschieden. Besonders empfindlich soll man in überhitztem Zustand sein.

Das Holz solcher Pflanzen sollte man nicht als Brennholz verwenden.

## Durchführung

Es ist ratsam, sich diejenigen Pflanzen mit Berührungsgiften der Gegend, in der man eine Tour machen will, zu merken.

Die Smpytome der Berührungsgifte halten zwischen mehreren Stunden und mehreren Tagen an. Als erste Hilfe nach Berührungen wird empfohlen, die betroffene Stelle mit Seife kräftig abzuwaschen.

## Durchführung

## 8. SIGNALE

Die Anwendung von Feuer und Rauch zum Signalgeben wurde bereits im Kapitel "Feuer" S. 124 beschrieben. Was aber, wenn kein Brennmaterial für ein Signalfeuer zur Verfügung steht ?

**Signalpfeife:** Um mit den Mitgliedern der eigenen Gruppe – z.B. in dichtem Unterholz, Nebel o.ä. – Kontakt zu halten, oder um andere Wildnisreisende auf sich aufmerksam zu machen, ist eine einfache Trillerpfeife gut geeignet – sie ist weit zu hören und wird nicht heiser.

**Boden/Luft-Signale** können auf vielfältige Weise hergestellt werden. Sie sollen so groß wie möglich sein und sich deutlich vom Gelände abheben, um auch aus großen Höhen noch sichtbar zu sein.

Sehr effektiv sind erhöhte Zeichen, die Schatten werfen. Im Sommer können sie aus Steinen, Ästen, Grassoden o.ä. errichtet werden; im Winter in den Schnee getreten und mit Ästen, Rinde deutlicher gemacht werden.

Die einzelnen Zeichen sollten einen Abstand von 3 m haben.

Hier einige der gängigsten Boden/Luft-Signale, die die meisten Piloten verstehen:

1. 

2. 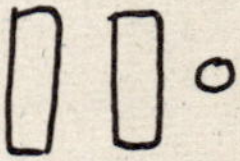

3. 

4. 

## Durchführung

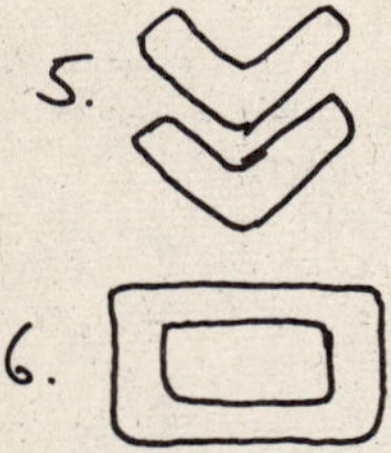


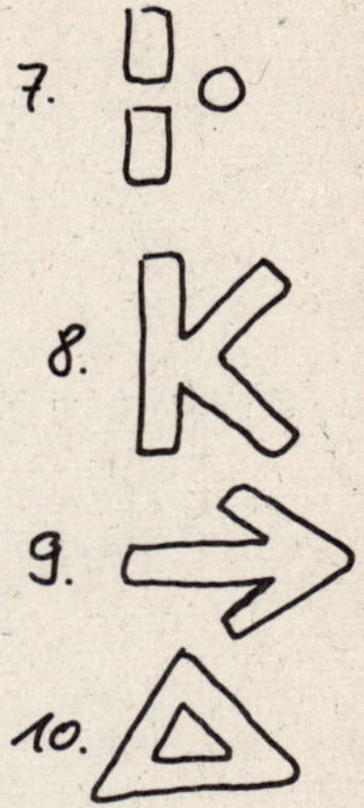


1. Brauche Arzt – ernste Verletzung !
2. Brauche Medikamente !
3. Komme nicht weiter !
4. Brauche Lebensmittel und Wasser!
5. Brauche Schußwaffe und Munition !
6. Brauche Karte und Kompaß !
7. Brauche Signallampe, Batterie und Funkgerät !
8. Bitte Richtung weisen !
9. Gehe in dieser Richtung weiter !
10. Hier landen !

Hat der Pilot die Signale gesehen und verstanden, antwortet er, indem er mit dem Flugzeug seitlich wippt oder bei Nacht mit einem grünen Lichtsignal.

## Durchführung

Hat er die Signale gesehen und nicht verstanden, signalisiert er dies, indem er mit dem Heck nach links und rechts schwenkt, einen vollen Kreis fliegt oder mit einem roten Lichtsignal.

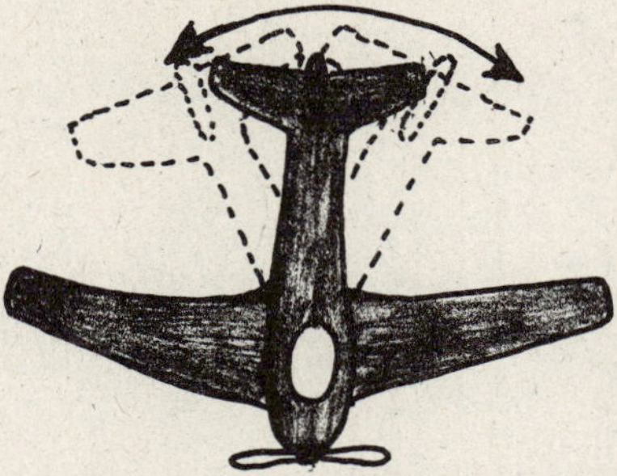

**Morsezeichen:** Mit einer Taschenlampe bei Nacht (oder bei Sonnenschein mit einem Spiegel) können durch Ein- und Ausschalten (bzw. Kippen) weithin sichtbare Morsezeichen gegeben werden.

S O S ist kurz-kurz-kurz / lang-lang-lang / kurz-kurz-kurz ( . . . - - - . . . ). Dabei sollten die langen Signale doppelt so lang sein wie die kurzen.

Bei Tag kann auch mit zwei Flaggen, passendem Ersatz oder mit bloßen Armen gemorst werden.

## Durchführung

**Internationales Morsealphabet:**

| Intervall | Buchstabe | Flagge |
|---|---|---|
| k-l | A | r-l |
| l-k-k-k | B | l-r-r-r |
| l-k-l-k | C | l-r-l-r |
| l-k-k | D | l-r-r |
| k | E | r |
| k-k-l-k | F | r-r-l-r |
| l-l-k | G | l-l-r |
| k-k-k-k | H | r-r-r-r |
| k-k | I | r-r |
| k-l-l-l | J | r-l-l-l |
| l-k-l | K | l-r-l |
| k-l-k-k | L | r-l-r-r |
| l-l | M | l-l |
| l-k | N | l-r |
| l-l-l | O | l-l-l |
| k-l-l-k | P | r-l-l-r |
| l-l-k-l | Q | l-l-r-l |
| k-l-k | R | r-l-r |
| k-k-k | S | r-r-r |
| l | T | l |
| k-k-l | U | r-r-l |
| k-k-k-l | V | r-r-r-l |
| k-l-l | W | r-l-l |
| l-k-k-l | X | l-r-r-l |
| l-k-l-l | Y | l-r-l-l |
| l-l-k-k | Z | l-l-r-r |

l = lang — l = links
K = kurz . r = rechts

**Signalspiegel:** Kein anderes so einfaches Signal ist so weit zu sehen, wie das eines Spiegels, wenn die Sonne scheint. Ein Signalspiegel ist ein doppelseitiger Metallspiegel mit einem kleinen Loch in der Mitte.

## Durchführung

Liegt der Winkel zwischen Objekt und Sonne unter 90°, hält man den Spiegel dicht vor das Gesicht und peilt das Objekt durch das Loch in der Mitte an. Dann behält man das Objekt im Auge und kippt den Spiegel so, daß die Spiegelung des Lichtflecks, den die Sonne durch das Loch auf's Gesicht wirft, genau auf das Loch zurückfällt, d.h. daß er vom hinteren Spiegel nicht mehr reflektiert wird.

Liegt der Winkel über 90°, hält man den Spiegel wie in Skizze 2, peilt wieder das Objekt an und kippt ihn, bis die Spiegelung des Lichtflecks auf der Hand mit dem Loch zusammenfällt, also verschwindet.

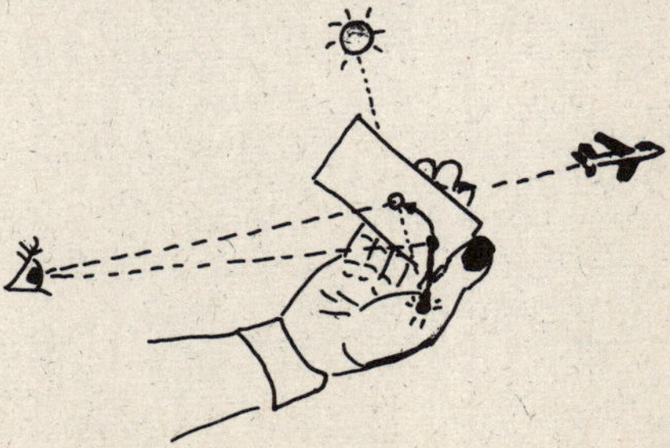

## Durchführung

Mit einem flachen Stück Blech o.ä., in das ein Loch gebohrt wird, kann ein solcher Spiegel improvisiert werden.

**Körpersignale:** Ist man in offenem Gelände unterwegs und es taucht unerwartet ein Flugzeug auf, kann man mit dem Körper Signale geben; die folgenden werden von den meisten Piloten verstanden:

1. Brauche medizinische Hilfe ! — auf den Rücken legen, Arme über dem Kopf

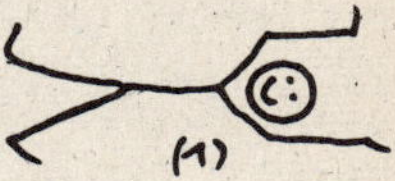

2. Alles ok ! — aufrecht stehend rechten Arm erhoben

3. Kann bald weitergehen Bitte warten ! — s.o. rechter Arm waagerecht

4. Brauche Mechaniker bzw. Ersatzteile ! — s.o. beide Arme waagerecht

5. Will mit ! — beide Arme nach oben gestreckt

6. Bitte landen ! — Arme über dem Kopf hin- und herschwenken

## Durchführung

| | | |
|---|---|---|
| 7. Dort landen ! | Kniebeuge und mit ausgestreckten Armen in die entsprechende Richtung weisen | 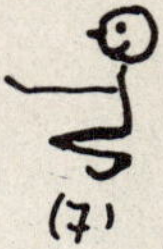  |
| 8. Bin per Funk zu erreichen ! | Ohren zuhalten |   |
| 9. Nachricht abwerfen ! | mit ausgestrecktem Arm mehrmals nach unten winken |   |
| 10. Ja! (positives Signal) | Tuch o.ä. vor sich auf- und abschwenken |   |
| 11. Nein! (negatives Signal) | Tuch o.ä. vor sich hin- und herschwenken |   |

## Durchführung

# WAS TUN, WENN ?

## (Tips für den Notfall)

Angenommen, Sie haben sich verlaufen, Ihr Boot samt Gepäck verloren, oder Sie befinden sich durch sonst ein Unglück mitten in der Wildnis in einer scheinbar ausweglosen Situation.

Was tun ?

**RUHE BEWAHREN !**

Verlieren Sie auf keinen Fall die Nerven ! Panik ist die größte Gefahr, die einen in der Wildnis erwartet. Handeln Sie nicht in Panik ! Setzen Sie sich ruhig hin und warten Sie ab, bis Sie - wieder - klar denken können. Vorher kein Schritt ! Behandeln Sie zunächst evtl. Verletzungen. Kochen Sie sich einen Tee, rauchen Sie eine Pfeife, oder, wenn noch genügend Lebensmittel da sind, machen Sie es wie ich in vertrackten Situationen: Kochen Sie sich zuerst mal ein gutes Essen — es ist erstaunlich, um wieviel einfacher die Dinge nachher aussehen !

**SITUATION EINSCHÄTZEN**

Wenn Sie wieder ruhig nachdenken können, versuchen Sie, sich Ihrer Situation bewußt zu werden und Ihre Möglichkeiten abzuschätzen. Sehen sich nach, was Sie im Survival-Kit haben und in Ihren Taschen.

Dann schätzen Sie ab, wieviel Zeit Ihnen bleibt, bevor es dunkel wird. Einen ungefähren Wert erhält man, indem man die Hand mit ausgestrecktem Arm vor die Augen hält und peilt, wieviel Fingerbreit die Sonne über dem Horizont steht — eine Fingerbreite entspricht ungefähr einer Viertelstunde. (Dies ist natürlich nur ein grober Faustwert — in den Tropen geht die Sonne etwas schneller unter und jenseits des Polarkreises kann es vorkommen, daß sie eine Handbreit überm Horizont steht und nachher für Tage und Wochen nicht untergeht.)

## Durchführung

### GRUNDBEDÜRFNISSE

Die vier Grundbedürfnisse sind: **Wärme, Wasser, Nahrung, Schutz.** Finden Sie heraus, was in Ihrer augenblicklichen Situation das Vordringlichste ist.

Wird es bald dunkel, sehen Sie sich nach einem Schutz um – nach einer windgeschützten, trockenen Stelle, die durch ein improvisiertes Dach verbessert werden kann (s.S. 144). Machen Sie ein Feuer. Falls Sie knapp an Streichhölzern sind, versuchen Sie es mit einer der auf Seite 129 beschriebenen Methoden und sorgen Sie dafür, daß es nicht ausgeht (s.S. 134).

Mit einem Feuer und einem Lager haben Sie gleichzeitig einen guten psychologischen Schutz: allein das Feuer gibt schon ein Gefühl der Geborgenheit und Sicherheit, und vermindert so die Gefahr der Panik und des unüberlegten Handelns. Ein übriges tut ein heißer Tee oder Kakao bzw. eine heiße Mahlzeit. Und wenn Sie danach eine Nacht geschlafen haben, wird die Lage schon erheblich weniger hoffnungslos aussehen.

Wenn irgendeine Chance besteht, daß Sie gesucht werden, bleiben Sie, wo Sie sind! Hoffentlich haben Sie vor dem Aufbruch jemandem Ihre Strecke angegeben. Bleiben Sie, wo Sie sind, sofern Sie nicht ganz sicher wissen, daß eine Straße oder etwas ähnliches leicht zu Findendes in der Nähe ist.

Wenn Sie keine Ahnung haben, wo Sie sich befinden: bleiben Sie, wo Sie sind! Bereiten Sie ein Signalfeuer o.ä. vor, das sofort entfacht werden kann, wenn sich ein Flugzeug zeigt (s.S. 224 / 225). Oder sorgen Sie dafür, daß Sie sonstwie Signale geben können. (siehe Seite 228ff).

Dann können Sie Ihren Wetterschutz verbessern und die Umgebung erkunden. Aber achten Sie unbedingt darauf, daß Sie das Camp jederzeit wiederfinden !

Sorgen Sie dafür, daß Sie immer etwas zu tun haben – Untätigkeit führt zu Langeweile, dem Gefühl der Verlassenheit und zu unkontrollierter Angst.

Sehen Sie sich zunächst nach Wasser um oder einer Stelle, an der Sie danach graben können (s.S. 152 ff.).

Bevor Sie Ihre "Eiserne Ration" anbrechen, suchen Sie, was Sie an eßbaren Pflanzen finden können (s.S. 191ff.), stellen Sie Fallen, legen Sie Schlingen etc. (s.S. 174 ff.) und versuchen Sie zu fischen (s.S. 183 ff.).

Falls Sie sich dazu entschließen, das Camp zu verlassen, sorgen Sie dafür, daß Sie Mittel haben, Ihre Richtung zu finden und zu halten (s.S. 81 ff.) und achten Sie unbedingt darauf, daß Sie jederzeit wieder zurückfinden, sollte sich die Richtung als schlecht gewählt herausstellen. (S.87).

Und falls Sie durch schlechtes Wetter o.ä. an das Camp gefesselt sind und Langeweile sollte sich breitmachen – dann schmökern Sie in diesem Buch – vielleicht finden Sie ein paar Tips, die Ihnen weiterhelfen.

# ANHANG

## KNOTEN

Knoten sind mehr als nur eine Spielerei; ist ein Floß schlecht vertäut, ein Netz nicht sicher angebunden, kann dies sehr unangenehme Folgen haben.

Um mit den folgenden Beispielen etwas anfangen zu können, genügt es nicht, sie anzuschauen – man sollte sich ein Stück Seil nehmen und jeden Knoten einige Male ausprobieren.

**Halber Schlag** (frei)

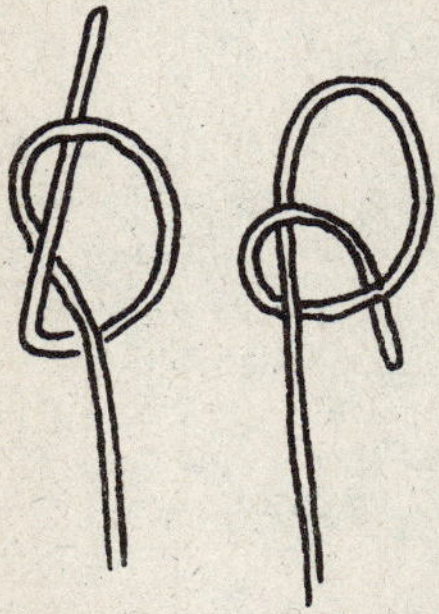

**Zwei halbe Schläge** (eingebunden)

**Halber Schlag mit Slipstek**

**Kopfschlag**

**Einfacher Palstek** (feststehende Schlinge)

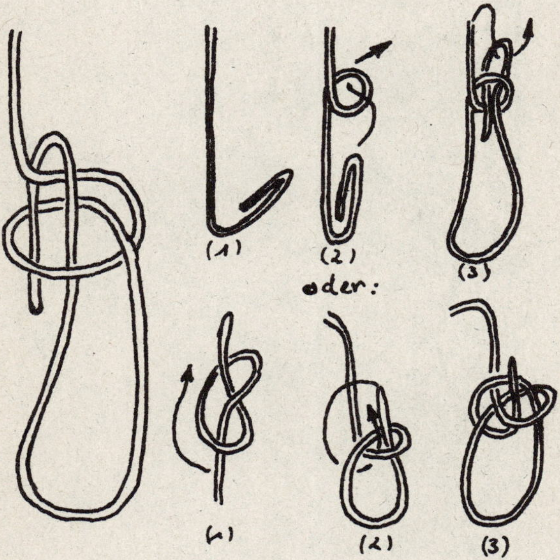


Sicherungsknoten – etwa zum Sichern einer Person;
zieht sich nicht zu

**Doppelter Palstek**

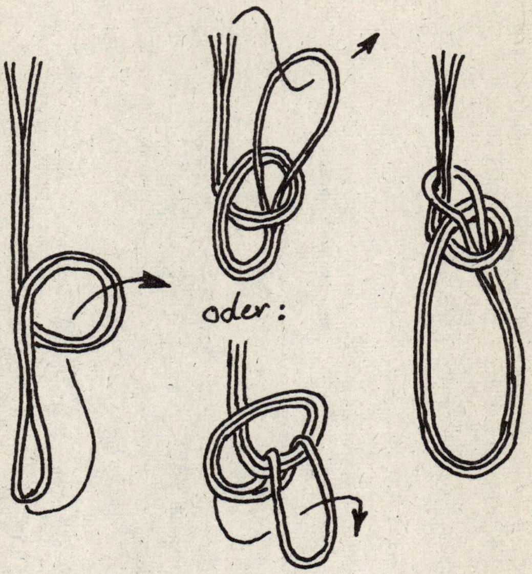


besonders haltbarer Sicherungsknoten;
siehe auch einfacher Palstek

# Anhang

**Laufender Palstek** (Schlinge) 2 Varianten

(1) (2) (3)

oder:

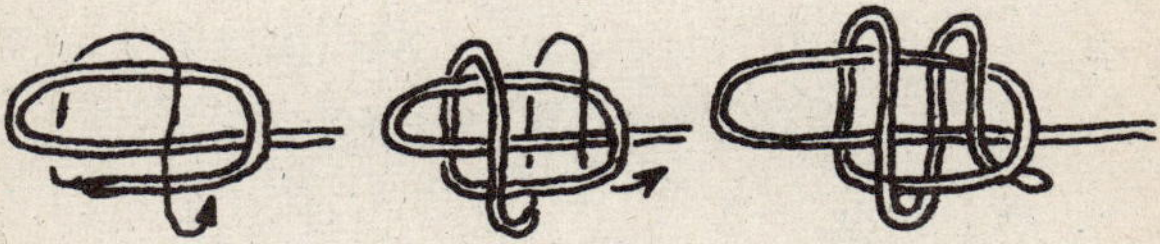

(1) (2) (3)

**Zimmermannsstek**

Zum Anbinden,
Ziehen und Hoch-
hieven von Balken,
Stämmen etc.

mit Kopfschlag

# Anhang

**Webleinstek** oder Mastwurf

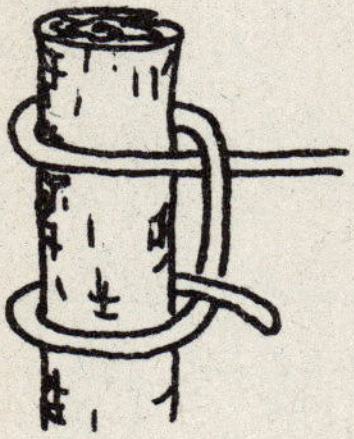

Legen des Webleinsteks
in der Hand

(b) über (a) legen

Webleinstek mit
zwei halben Schlägen

**Einfacher
Ankerstich**

# Anhang

**Seilverbindungen**

Kreuzknoten

**Schotstek**

**Doppelter Schotstek**

**Seilverkürzung**

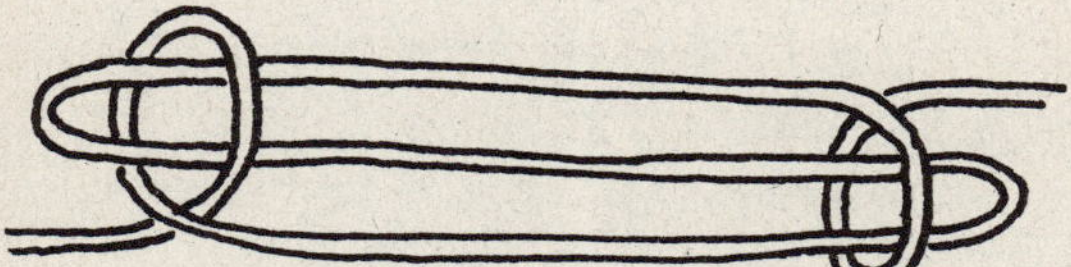

lange Trompete

## Literaturliste

Deutsch-sprachige Bücher:

Ruth Seering **Überleben** Bastei-Verlag (keine Informationen über Ausrüstung); Heinz Volz **Überleben** Verlag Walhalla und Praetoria (in erster Linie für die Armee gedacht); Engelbrecht Ebeling **Kämpfen und Durchkommen** , Verlag Wehr und Wissen ( Einzelkämpferausbildung); H.O. Meissner **Die überlistete Wildnis**, Bertelsmann-Verlag (zum Schmökern und Träumen, recht umfangreich); A. Greenbank **Das SOS-Buch**, Delphin-Verlag; W. Hansen **Das große Pfadfinderbuch**, Überreuter-Verlag.

Englisch-sprachige Bücher:

Kanadisches Forstamt **Wilderness Survival**, Queen's Printer, knapp, handlich,kostenlos; C.E. Patterson **Mountain Wilderness Survival** And–or Press (recht informativ); L.D. Olsen **Outdoor Survival Skills** Brigham Young University Press (Überleben mit steinzeitlichen Mitteln: Feuersteinklingen, Pfeil und Bogen); B. Angier **How to stay** Collier Books (brauchbar und billig);

**alive in the Woods** Collier Books (brauchbar und billig); Jerry Herz **The Compleat Backpacker** Polular Library (recht umfangreich, handlich, gut und preiswert; Russ Mohney **Wintering** Stackpole Books (für Winterwanderer; C. Rutstrum **The New Way of the Wilderness** Collier Books (erschienen 1958, noch ganz im alten Pionierstil); F.C. Craighead, J.J. Craighead **How to Survive on Land and Sea** Naval Institute Press ( sehr umfangreich, mit Informationen zu allen Klimazonen); A.P. Lyttle, C.W. Sutton **Winter Survival** B.C. Hydro; Dian Thomas **Roughing it Easy 2** Warner Books (Schwerpunkt Kochen); C. Rutstrum **The Wilderness Route Finder** Collier Books (umfangreiche Informationen über Orientierung) Lachapelle **Avalanche Safety** The Mountaineers (knappes Heftchen über Lawinensicherheit).

## DANK

Neben den im Text genannten Lesern, die mir ihre Tips zur weiteren Verbesserung dieses Büchleins übersandten, möchte ich
Wofgang Mäsgen, München; Bernd Stapf, Karlsruhe; Detlev Siefken, Westerstede; Stefan Supper; Karlsruhe; Manfred Schumann, Heidelberg; Alexander Sy, Kiel
für ihre Informationen danken.

**Veranstalter von Survival-Kursen**

1. Volker Lapp, Am Albanusweinberg 2, 6450 Hanau/Main 7, Tel. 06181/65410 in Zusammenarbeit mit Fa. Syro und Fa. Globetrott-Zentrale: Verlängerte Wochenendkurse im Hunsrück und in Aachen; 4 bis 6 Kurse jährlich mit durchschnittlich ca. 16 Teilnehmern (max. 25); Preis incl. Verpflegung 150 DM; praktische Anleitung für Wildnis-Trips; auf Wunsch verlängerte Wochenend-Reittrips für 239 DM inklusiv Pferde.

2. Thomas Becker, Suchlandstr. 15, 1000 Berlin 41; DM 25 pro Tag.

3. Horst Wimmer, Dr. Josef-Lamby-Str. 25, 5100 Aachen
Surviavl Training in der Eifel; sieben Tage ab 400 DM.

## STICHWORTVERZEICHNIS

TO
KABUL
1000

CHRISTOPH G. GACK + MANFRED WÖBCKE

# Reise-Handbuch ISRAEL und besetzte Gebiete

Aus dem Inhalt: Reisevorbereitungen, Anreise nach Israel, Einreise nach Israel, Zur Geschichte Israels; Der Nahost-Konflikt; Die Beziehungen zwischen der Bundesrepublik Deutschland und Israel; Zum Politischen System Israels; Der israelische Alltag; Das Land; Tips für den Touristen; Übernachtungsmöglichkeiten; Verkehrsmittel; Ausreisemöglichkeiten; Literatur über Israel; knapp 200 Seiten Städte, Orte, Sehenswürdigkeiten in alphabetischer Reihenfolge.

...ein Reiseführer, in dem nicht nur von Ruinen und religiösen Stätten die Rede ist.

313 Seiten Informationen mit 62 Karten und Plänen, 46 schwarz-weiß Abbildungen, Paperback.

Band 14 der Reihe

Globetrotter schreiben für Globetrotter

ISBN 3-921 628-04-0 26,00 DM

# TRAVEL AIDS
## SERVICE

Als neuen Service eröffnen wir eine **ALLRAD- + CAMPER-BÖRSE**
für Such-, Tausch- und Verkaufsanzeigen von Reisemobilen

**Anforderung der Allrad- + Camper-Börsenblätter:**

Bitte übersenden Sie mit Ihrer Anforderung an den
BUCHVERTRIEB GERDA SCHETTLER, POSTFACH 64, D-3415 HATTORF
(Stichwort 'Allrad- + Camperbörse' bitte in der Anschrift vermerken!!)
1 DM in Briefmarken oder 2 internationale Antwortscheine, sowie einen vorbereiteten Anschriftenaufkleber (Zettel) mit Ihrer Anschrift.

Anfragen können nur von dem jeweils in der Anzeige angegebenen Inserenten, jedoch nicht vom Buchvertrieb Gerda Schettler bearbeitet oder beantwortet werden.

Für den Inhalt und die Form der Anzeige ist der Inserent verantwortlich. Der Buchvertrieb Gerda Schettler behält sich vor, die Anzeigen fotomechanisch zu verkleinern, Anzeigen ohne Begründung abzulehnen, ohne Vorankündigung die Preise für die Allrad- + Camperbörse neu festzusetzen oder die Allrad- + Camperbörse wieder zu schließen.

Bis auf weiteres erscheint die Allrad- + Camperbörse alle zwei Monate neu.

Allrad- +

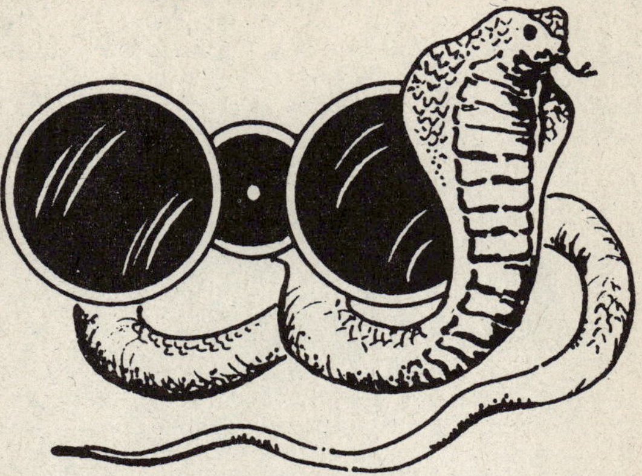

Travel Report 1:
BLOCKHÜTTEN-TAGEBUCH

Travel Report 2:
TRAUMSTRASSE
Wirklichkeiten einer Reise durch Lateinamerika

Travel Report 3:
Türkische Tagebücher